テキスト
現代日本
経済史

Contemporary Economic
History of Japan

中村 宗悦

著

学文社

まえがき

　経済現象にはそれぞれの歴史が存在している。本書では，私たちが日々直面している経済現象を歴史という視点からできるだけ解きほぐしていきたい。あつかう歴史の舞台の中心は，私たちが生活の基盤を置いている日本社会である。しかし，言うまでもなく日本社会は常にグローバルな社会と関係をもってきたし，今後ますますその関係は深まっていくであろう。本書でもできるだけグローバルな関係性に注意を向ける。

　それゆえ，グローバル化の波が本格的に日本を洗う時期から本書の叙述をはじめるのが妥当であろう。19世紀後半の開国・開港期がその時期に当たる。さらに現代社会は資本主義の原理が社会のすみずみにまで浸透し，持続的かつ不可逆的な構造が確立した社会である。日本の場合，その時期は自立的資本主義から国際的資本主義のレジームに入っていく19世紀末から20世紀初頭にかけてであると考えて良い。当時のグローバル・スタンダードであった金本位制を採用したことと不平等条約体制から脱却したことは，そのメルクマールである。

　しかし，1914年に勃発した第1次世界大戦はグローバルな環境を大きく変化させた。イギリスを中心とした金本位制は崩れ，それまで世界経済の中心地域であったヨーロッパが相対的に没落し，アメリカが世界の中心として台頭してくる。また大戦に先立つ1912年に中国で革命が起こり，アジアではじめての本格的な共和制国家である中華民国が誕生し，大戦中の1917年にはロシアにおいて史上初の社会主義革命も起こった。第1次世界大戦は，日本が産業化挫折の危機を乗り越えていく契機となった出来事であったが，つづく1920〜30年代は新たな危機とその対応が必要とされた時代となった。日本はそれによく対応しえた面もあったが，最終的に第2次世界大戦を回避することができなかった。

　第2次世界大戦後はアメリカを中心とする資本主義陣営の国々とソヴィエト社会主義共和国連邦（以下，ソ連）を中心とする社会主義陣営の国々に世界が二

i

分され，「冷戦体制」が形成された。第1次世界大戦終結から現在に至る100年間のうち半分以上の期間，世界は「戦争」あるいは「冷戦」のもとにあったことは，現代史を考えるうえで重要な事実である。そして，第2次世界大戦後の冷戦体制終焉から現在に至るまでの約30年間にわたって世界秩序は再編成の過程にある。

　本書の第1章，第2章では19世紀後半から20世紀初頭の経済状況，産業構造などをいくつかのトピックスを交えながらあつかう。重化学工業が産業の中心となっていくと同時に，世界規模での経済の結びつきがより緊密になってきたのがこの時期の特徴である。とくに国際的な通貨体制であった金本位制をどう考えるかは重要なテーマである。また第1次世界大戦後は資本主義経済の危機が叫ばれた時代でもあった。具体的かつ包括的な危機が，1929年からの世界大恐慌としてあらわれた。かつてない不況にどのように対応するかは各国の経済政策担当者の大きな課題となったが，日本はいち早く高橋是清蔵相によるリフレーション政策の採用によって恐慌からの脱出に成功した。

　第3章では統制経済の試みとその挫折についてあつかう。高橋が採用したリフレーション政策は，財政と金融を巧みに組み合わせた総需要管理政策であった。しかし，1936年の2・26事件で高橋が暗殺されると，日本は統制経済の道を歩みはじめることとなった。また金本位制崩壊後，1930年代の世界各国がブロック経済を指向する一方で，新たな市場拡大の動きもみられた。従来，日本はブロック経済体制のもとで経済的孤立状態に追い込まれて戦争へと突き進むこととなったと説明されてきたが，事実はそう単純ではなかった。当該期，日本の自由貿易主義指向はむしろ強まったともみることができる。

　第4章は，戦後再建された世界秩序（ヤルタ体制）および西側世界経済の秩序（ブレトンウッズ体制）のなかで日本がどのように復興を達成していったのかを中心に述べる。統制経済の残滓を引きずりつつも，基本的には自由主義経済の枠組みの再構築に成功した日本は，文字通り若返った経営者たちを中心にして経済成長を実現していった。日米安全保障条約体制のもと，日本の自立外交の道は大きな制約を受けたが，一方でアメリカによる軍事費負担が日本の経済成

長を助けた点は見逃すことができない。

　第5章，第6章は「奇跡」と呼ばれた日本の高度経済成長のメカニズムとそれが達成した成果，および高度成長の「影」の部分についてあつかう。さらに高度経済成長を終わらせた原因として，地方への所得再分配政策，福祉国家構想などの問題点を取り上げる。経済学にはトレードオフとインセンティブという重要な概念があるが，1970年代に入ると経済効率を犠牲にした過度の公平性の追求が人々のインセンティブを歪め，結果として成長を大きく阻害した。また1973年の第1次石油危機は，日本の資源エネルギー問題を再認識させる契機となった。戦前・戦中期においては資源問題がつねに重要な位置を占め続けてきたが，戦後，安価な中東原油が潤沢に供給されたことによって一時的に日本のエネルギー政策に隙が生じていたことは否定できない。海外にそのエネルギー供給を依存せざるをえない日本経済の脆弱性をあらわにしたのが，第1次石油危機であった。しかし，同時にそれは代替エネルギーや省エネルギーを追求する契機ともなった。

　第7章は，アメリカの経済力を背景に維持されてきたブレトンウッズ体制が崩壊し，変動為替相場制の時代に入ってからの日本経済の状況を述べる。アメリカ経済の相対的地位の低下は，日米貿易摩擦・日米構造協議に象徴されるような問題を生み出した。アメリカにおける保護貿易主義的主張の台頭は，日本を大いに戸惑わせたが，製造業企業は海外に生産拠点を移すなどによってそれに対応した。また1985年のプラザ合意は，ブレトンウッズ体制崩壊後に先進各国が協調して為替調整をおこなおうとする試みであった。G5による為替協調介入は急激な円高・ドル安をもたらしたが，そもそもの問題を解決するにはいたらなかった。そのような状況において先進各国の経済政策のあり方が，ケインズ主義的なそれからフリードマン流の新自由主義的なそれへと転換したことも重要である。アメリカのレーガノミクス，イギリスのサッチャリズムと同様，日本でも中曽根行財政改革路線のもとで公益企業の民営化などが進められた。また1970年代後半からは金融の自由化が進み，企業のファイナンス（資金調達）構造が大きく変化した。一般的には1980年代後半の円高対策による過剰流動性

がバブルを発生させたと考えられているが，この金融自由化の動きはその下地を形成していった。

　第8章以下は，戦後の世界秩序（ヤルタ体制，冷戦体制）が崩壊し，新たな段階に入った世界経済を背景にして日本経済がどのような動きをみせたかについて述べる。プラザ合意は一時的な円高不況をもたらしたが，不況対策としておこなわれた金融緩和と財政出動は国内に過剰流動性をもたらし，それは土地や株式などの資産価格をファンダメンタルズから乖離するほど押し上げた。いわゆるバブルの発生である。第8章は，主としてバブル発生からその崩壊までの過程をたどる。

　第9章は，バブルの崩壊を経験した日本経済が，なぜその後20年以上に及ぶ長期停滞の罠にはまってしまったのかを考える。基本的にはマクロ経済政策の失敗と日本的経済システムの根本的な問題点が解決されずに先延ばしされてきたことが重要である。前者は成長政策，後者は構造政策に関わる問題であるが，1997年からの橋本龍太郎政権の下では後者に重点が置かれた。しかし，同年のアジア通貨危機への対応の誤りから日本経済は大きなダメージをこうむった。こうした対応の失敗はなぜ起こったのか。この時期の日本のマクロ経済政策，とくに金融政策の特徴を跡づけておく。

　第10章ではバブル崩壊から21世紀初頭までのいわゆる「失われた10年」の様相を，やや観点を変えてみておく。長期的な視点から戦後日本の産業構造の変化をたどりつつ，リーディング産業の変化や規制緩和政策によって進んだ産業界内部での再編成を，とくに金融業についてみる。また「失われた10年」でもっとも深刻なダメージを受けたと考えられている雇用および地方経済の情勢についても述べる。さらに，当時なされていた長期停滞をめぐるおもな議論を紹介する。

　第11章では21世紀に入ってからアベノミクス発動までの日本経済の動きをまとめておく。小泉政権時代の「構造改革」，リーマン・ショックへの各国の対応と日本の対応との比較，東日本大震災が与えた経済への影響，民主党政権下での経済政策の特徴と問題点，2012年末の第2次安倍内閣によって発動された

アベノミクスとその成果の中間的な評価について整理しておきたい。また，この時期のトピックスについての詳細な分析は，経済史というよりも「日本経済論」であつかわれるべきであろう。ここでは経済史からみた現代的な課題をいくつか挙げるにとどめておく。読者にはこれら現代的な諸課題の歴史的ルーツに思いを馳せていただければ幸いである。

> *"Nur ein Idiot glaubt, aus den eigenen Erfahrungen zu lernen.*
> *Ich ziehe es vor, aus den Erfahrungen anderer zu lernen,*
> *um von vorneherein eigene Fehler zu vermeiden."*
> *Otto von Bismarck*

> 「愚者は経験に学び，賢者は歴史に学ぶ」
> －オットー・フォン・ビスマルク

目　次

まえがき　　i

第1章
戦前期日本のキャッチアップ過程 ································· 1

1. 自立的資本主義　　1
明治政府の産業化政策／貨幣制度の確立／銀価低落下での企業勃興

2. 自立的資本主義から国際的資本主義へ　　4
日清戦後経営／金本位制への移行／日露戦時外債の発行，日露戦後経営

3. 国際環境の変化：第1次世界大戦前後　　8
第1次世界大戦の影響／大戦景気と米騒動／ヴェルサイユ，ワシントン条約体制／中国の動向

4. 重化学工業化の進展　　11
製鉄業／機械工業／化学工業／蒸気力から電力へ

5. 大衆消費社会の誕生　　15
メディアの発達／百貨店の登場，私鉄の発展／大衆消費社会の限界

コラム①：植民地開発：台湾の事例　　19

第2章
危機への対応とその挫折 ································· 21

1. 1920年代の日本経済　　22
昭和金融恐慌／4大財閥と新興財閥

2. 金解禁と昭和恐慌　　24
金本位制への復帰（金解禁）／昭和恐慌／金再禁止へ

目　次

3. 高橋是清によるリフレーション政策　28

高橋財政／恐慌からの脱却／軍部の台頭と後期高橋財政

4. 産業合理化から統制経済へ　32

産業合理化論／合理化と清算主義／統制経済

5. ブロック経済下の通商戦略　38

海外市場開拓と情報戦略／1930年代の経済外交／1930年代の貿易構造

コラム②：金本位制とは何か　44

第3章
戦時期の日本経済 ················· 46

1. 大恐慌への各国の対応　46

ニューディール政策／社会主義計画経済／ファシズム

2. 日中戦争から太平洋戦争期の日本経済　51

戦時統制経済の開始／第2次世界大戦勃発と統制経済の深化／太平洋戦争の開戦

3. 戦時統制経済の挫折と戦争の帰結　54

食糧と電力の国家管理／「満州国」での実験／財閥の変容，地主制の弱体化／敗戦

4. 戦時下の国民生活　58

資源配分の歪みがもたらした生活困窮／物資統制とインフレ／徴兵・動員・銃後

5. 戦後国際秩序の模索と構築　62

大西洋憲章と大東亜共同宣言／戦後構想の具体化／日本の戦後構想

コラム③：「1940年体制」論　66

第4章
戦後復興と冷戦体制 ················· 67

1. 被占領下での戦後改革　68

非軍事化と民主化／財閥解体と独占禁止政策／労働民主化と労働組合／農地

vii

改革と地主制の解体

2. 戦後インフレーションと安定化政策　73
敗戦直後の経済状況／石橋湛山の復興政策／ドッジ・ライン／シャウプ勧告

3. 東西冷戦の開始と朝鮮戦争　78
朝鮮戦争特需／経済復興の本格化

4. 高度成長への序曲　81
もはや「戦後」ではない／戦後の新企業　ソニーとホンダ

5. 復興期の国民生活　84
敗戦直後の国民生活／ベビーブームと進学熱

コラム④：石橋湛山の経済政策　86

第5章
高度経済成長の時代 ①　87

1. 経済成長の要因 ①供給サイド　87
生産関数／高かった全要素生産性の寄与度

2. 経済成長の要因 ②需要サイド　91
「三種の神器」／投資が投資を呼ぶ

3. エネルギー革命と世界市場の拡大　94
エネルギー革命／石炭産業の衰退，原子力発電事業の遅れ／自由貿易の拡大，規模の経済の追求

4. 高度成長期の経済政策　97
国民所得倍増計画／東京オリンピック，「昭和40年不況」

5. 高度成長期における国民生活　100
消費生活の動向／「一億総中流」

コラム⑤：「人口ボーナス」の時代　104

目　次

第6章
高度経済成長の時代 ② ……………………………………… 105

1. 高度経済成長の「負の側面」　105

過疎・過密問題／公害問題

2. 福祉国家構想　107

経済成長にかわる目標／社会保障給付の見直し

3. ドル・ショック，第1次石油危機，狂乱物価　109

ブレトンウッズ体制の終焉／第1次石油危機，狂乱物価

4. 高度成長はなぜ終わったのか　112

キャッチアップの完了／人口ボーナス時代の終焉／需要サイドの変化／経済成長の条件

5. 高度成長の終焉と消費スタイルの変化　116

サービス化，余暇時間の拡大／大学の大衆化／女性の社会進出と消費スタイルの多様化・高級化

コラム⑥：怪獣映画に託された文明批判　120

第7章
グローバル化の進展と日米経済摩擦 ……………………… 121

1. 第2次石油危機と産業構造の転換　122

第2次石油危機／省エネルギー化の進展／加工組立型産業の伸長

2. 財政再建と行財政改革　125

財政再建に向けて／「一般消費税」導入構想とその挫折／国鉄・電電公社・専売公社の民営化

3. 日米貿易摩擦と先進国による為替協調介入　129

自動車貿易摩擦／前川レポート，日米構造協議／プラザ合意

4. アジアNIEsの台頭　133

グローバル化の拡大／「漢江の奇跡」／台湾の戦略的工業化／東南アジアのハ

ix

ブ，香港／リー・クアンユーによる開発独裁，シンガポール

5. 金融自由化の開始と「財テク」ブーム　139

金融自由化／「財テク」ブーム／アメリカからの金融自由化要求

コラム⑦：日本株式会社論　144

第8章
バブルの発生と崩壊 ………………………………………………………… 146

1. バブル経済とは何か　147

バブルの発生／バブルの歴史／投機的需要

2. 円高の進行と経済政策　149

バブルをもたらした金融緩和政策／ルーブル合意／バブル景気

3. バブルはなぜ崩壊したのか　153

遅すぎた再緩和／土地取引の総量規制

4. 消費税の導入，「55年体制」の終焉　156

消費税法成立／「55年体制」の終焉／阪神・淡路大震災

5. ソ連崩壊，ヨーロッパ統合，中国の台頭　159

東欧民主化革命とソ連崩壊／社会主義市場経済／ヨーロッパ統合への道のり

コラム⑧：中流幻想を打ち砕いたバブル経済　164

第9章
不良債権問題と金融危機 ……………………………………………… 165

1. 不良債権問題と金融システムの動揺　165

不良債権の拡大／不良債権の処理／住専問題／不良債権処理の遅れはなぜ生じたか

2. 橋本構造改革　171

中央省庁の再編／地方分権改革／日本版金融ビッグバンと日銀法改正

目　次

3. アジア通貨危機　176

タイバーツの暴落／IMFの緊急支援，通貨危機の拡大

4. ITバブル，経済再生戦略　179

ITバブル／経済戦略会議

5. ゼロ金利から量的緩和へ　181

ITバブルの崩壊／ゼロ金利導入に至る経緯／インフレ・ターゲティングをめ
ぐる議論／ゼロ金利解除／量的緩和へ

コラム⑨：ITと21世紀の消費社会　189

第10章
「失われた10年」の諸相 ……………………………………………… 190

1. 産業構造の変化　190

デフレ不況期の産業構造／リーディング産業論

2. 金融業界の再編成　195

メガバンクへの再編過程／異業種からの参入

3. 労働市場の変化　198

「就職氷河期」「超就職氷河期」／ニート問題／政府の雇用対策，労働基準法等
の大改正／労働者派遣事業の規制緩和

4. 地域経済への影響　204

地域経済格差／地域経済の再生に向けて

5. 「長期停滞」をめぐる論争　207

「長期停滞」の要因は何か／停滞をめぐる4つの論点

コラム⑩：デフレと「価格破壊」　211

xi

第11章
デフレ下での構造改革からアベノミクスまで ································· 213

1. 小泉構造改革　214

「失われた10年」の克服／輸出が「実感なき景気回復」を牽引／不良債権問題の抜本的解決／郵政民営化／財政投融資改革／そのほかの構造改革政策／日本企業のコーポレート・ガバナンス改革

2. リーマン・ショックと東日本大震災　222

サブプライム危機からリーマン・ショックへ／東日本大震災

3. 台頭する中国経済と日本　225

中国経済の躍進／胡錦濤体制から習近平体制へ

4. アベノミクスの発動　229

金融政策のレジーム転換

補遺：消費税増税とアベノミクスの中間評価　231

消費税増税／アベノミクスの中間評価／今後の課題

コラム⑪：経済格差問題　236

あとがき　239

参考文献　241

索引　247

図表目次

図表1-1　円相場の動向（1874 ～ 1900年）　　5
図表1-2　貿易収支・外債利子支払額・正貨所有高の推移（1901 ～ 14年）　　7
図表1-3　株式会社三越呉服店の社告「デパートメントストア宣言」　　17

図表2-1　卸売物価指数の推移（1910 ～ 36年）　　22
図表2-2　昭和恐慌前後の生糸（横浜現物）・繭価格（1926 ～ 35年）　　27
図表2-3　名目国民総支出と増減寄与度（1928 ～ 36年）　　30
図表2-4　金本位制の仕組み　　45

図表3-1　大恐慌期のアメリカ経済の動向（1930 ～ 35年）　　48
図表3-2　戦争による国富の被害額　　58
図表3-3　東京小売物価指数（1937 ～ 45年）　　60

図表4-1　農地改革による小作地比率の変化　　72
図表4-2　戦後インフレーションの推移　　77
図表4-3　経済復興5カ年計画の目標（1952年）と実績（1951 ～ 53年）　　80
図表4-4　特許，実用新案の出願件数の推移（1885 ～ 1969年度）　　81
図表4-5　高等学校進学率の推移（1950 ～ 71年度）　　85

図表5-1　戦後経済成長率の推移（1955 ～ 2015年度）　　88
図表5-2　経済成長の要因分析（1960 ～ 79年）　　90
図表5-3　農業部門から非農業部門への労働移動　　91
図表5-4　主要耐久消費財の世帯普及率推移　　93
図表5-5　粗鋼生産高推移（1948 ～ 2008年）　　97
図表5-6　エンゲル係数の推移（1946 ～ 2005年）　　100
図表5-7　日本人口の年齢別構成（人口ピラミッド）　　104

図表6-1　社会保障給付費の推移　　109
図表6-2　消費者物価指数（CPI）の対前年比上昇率推移（1965 ～ 85年）　　111
図表6-3　外国技術の導入件数の推移　　113
図表6-4　円ドル為替相場の中長期的推移（1979 ～ 2015年）　　114
図表6-5　大学進学率の推移（1955 ～ 2015年）　　118

図表7-1　最終エネルギー消費と実質GDPの推移　　123

図表7-2　一般会計歳出・税収・公債発行額の推移（1975 ～ 2018年度）　127
図表7-3　アメリカの国際収支と対日収支　132
図表7-4　日米とアジアNIEsの経済発展比較（GDPの平均成長率）　136
図表7-5　間接金融から直接金融へ（法人の外部資金調達構成比）　140

図表8-1　地価と株価の上昇と下落　154
図表8-2　実質経済成長率，消費者物価上昇率（1990 ～ 2001年）　159
図表8-3　中国経済の成長（名目GDPの推移，1978 ～ 2000年）　161

図表9-1　不良債権額の推移　170
図表9-2　タイバーツの対ドルレート　177
図表9-3　NASDAQ総合指数の動向　182
図表9-4　政策金利の推移（1990 ～ 2010年）　182
図表9-5　長期金利の動向　184

図表10-1　経済活動別実質国内総生産の年平均成長率（1955 ～ 2000年）　191
図表10-2　国内総生産の経済活動別構成比（1955 ～ 2000年）　191
図表10-3　長期の失業率・有効求人倍率推移（1948 ～ 2017年）　198
図表10-4　新規学卒就職率の推移（1997 ～ 2003年）　199
図表10-5　年齢別完全失業率の推移（1980, 85, 90, 95, 98, 2001年）　200
図表10-6　就職も進学もしない若者たち（15 ～ 24歳）　201
図表10-7　労働者派遣された派遣労働者数等（2003 ～ 07年度）　204
図表10-8　地域ブロック別1人当たり県民所得（全国平均との乖離）　205

図表11-1　対米・対中貿易の推移（2000 ～ 07年）　215
図表11-2　リーマン・ショックによる株価暴落　222
図表11-3　中国，日本，アメリカの名目GDPと1人あたりGNI　226
図表11-4　対中直接投資実行額（1985 ～ 2015年）　228
図表11-5　名目・実質GDP, GDPデフレータの対前年度比上昇率（2013 ～ 17年度）
　　　　　　232
図表11-6　名目・実質雇用者報酬対前年度比上昇率（2013 ～ 17年度）　232
図表11-7　就業者数・雇用者数の推移（2012 ～ 18年3月）　233
図表11-8　女性の労働参加率　234
図表11-9　クズネッツの逆U字曲線　236

第1章
戦前期日本のキャッチアップ過程

本章では明治維新から第1次世界大戦終結までの日本経済の動向を概観する。明治維新で欧米諸国へのキャッチアップと自立的資本主義確立を目指した日本は，日清戦争での勝利を経て欧米諸国の通貨体制であった金本位制を採用し，国際的資本主義のレジーム（体制）に参入していく。また国内の産業構造は軽工業を主体とするものから重化学工業を主体としたものに重心を移していった。重化学工業化の進展は都市化，大衆消費社会の登場と歩調を合わせながら進んでいった。

【主要な出来事】
1868年　王政復古の大号令（旧暦では前年12月），戊辰戦争
1871年　新貨条例施行
1881年　明治十四年の政変
1882年　松方財政開始，日本銀行設立
1885年頃〜　第1次企業勃興
1885年　初の日本銀行券発行
1894年　日清戦争（〜95年）
1895年頃〜　第2次企業勃興
1897年　金本位制に移行（〜1917年）
1901年　官営八幡製鉄所操業開始
1904年　日露戦争（〜05年）
1914年　第1次世界大戦（〜18年）

1. 自立的資本主義

明治政府の産業化政策

明治維新から第1次世界大戦終結までの約50年，日本経済の変化は非常に急速かつダイナミックであった。江戸時代から引き継いださまざまな遺産が日本

の急速な産業化を可能にしたことは否定すべくもないが，それを割り引いてみても，明治という時代は日本に急激な社会構造の変化をもたらした。

その変化の一番大きなものは，地方分権的な幕藩体制から中央集権的な統治構造への移行，および士農工商の身分制度の解体であった。

前者は統合された国内市場を生み出すことに寄与した。国内市場の統合は全国に拡大していった鉄道輸送網，電信電話網，海運網によってますます強固なものとなり，20世紀初頭にはほぼ完成した。さらにこの国内市場は開港当初から海外市場とも結びつき，日本の産業化の条件を規定した。

明治政府は，幕末期における各藩の産業化の経験から学びつつ，効率よく成功事例を全国に適用することができた。明治政府の中核をなした西南雄藩（薩摩，長州，土佐，肥前など）は，まさにその成功ゆえに「雄藩」たりえたのだが，西南雄藩以外の藩からも人材やアイディアを取り入れることに積極的であった。相対的に希少な人材を有効に活用するにはそれらを集中して効率よく用いる必要が大きかったのである。

身分制度の実質的な解体は幕末期までにかなりの程度進んでいたが，明治に入って公式に解体し，職業選択の自由，居住の自由，土地を含む各種取引の自由化も進められると，効率的な資源配分の可能性は高まった。[1]

また明治政府は，日本が植民地化されることをことのほか警戒し，外資導入によらない自前の資本蓄積による産業化，すなわち**自立的資本主義**を目指したことはよく知られている。自立的資本主義が成功するには**殖産興業**政策のほかに国家資本の源泉としての租税制度の確立，資本主義に適合的な労働力の形成，対外平和確保が必要条件である（三谷 2017）。政府主導の殖産興業政策をおこなうことに資金が必要なのはもちろんであるが，資本主義に適合的な労働力の形成には学校などの教育制度を整備することが重要であった。また対外平和の確保は相応の軍事力をもつことでしか担保されない。そう考えるならば，ま

---

[1] このような制度変革がインセンティブを上昇させるという議論は，近年の経済史研究，とりわけ比較制度分析に顕著であるが，もともとはヒックス（1995）で強調されたところである。

2

ずは租税制度の確立によって税収を確保し，次にその使い道としての「殖産興業」「教育」「軍備」が重要ということになる。まさに「富国強兵」は自立的資本主義確立のスローガンであった。

　しかし，「殖産興業」「教育」「軍備」の3つに十分な財政的手当てをおこなうには明治政府の租税制度はあまりに貧弱であった。明治政府は，地租改正と廃藩置県によって徳川幕府以上の財源を獲得することに一応は成功したが，ほどなく財源不足から官営諸事業の多くを民間に委ねなくてはならなくなった（「官業払い下げ」）。その際に選択的な移譲がおこなわれたのは，民間の担い手＝資本家的企業家も希少な資源であったからである。

貨幣制度の確立

　直接的な殖産興業政策の推進をなかばあきらめた明治政府は，かわって金融を中心とした経済政策を進めた。明治初期の財政政策を担った大隈重信も松方正義もその方法に違いこそあったが，民間に資金が行き渡る仕組み作りに腐心した点は共通していた。最初は国立銀行条例による分権的な銀行制度構築を目指したが，西南戦争勃発で政府紙幣の濫発がインフレをもたらすと国立銀行券や政府紙幣の整理を経て，中央銀行による統一的な発券制度を採用した。1882年に創設された日本銀行は1885年に日本銀行券兌換銀券[3]を発行し，ようやく安定的な通貨供給の体制が整うことになった。また早くから輸出振興策を採った明治政府は，海運事業を三菱に委ねてそれを保護すると同時に，1879年には外国為替業務を専門的におこなう横浜正金銀行を設立し（翌年，営業開始），アジアの金融市場で威を振るっていたイギリス系の商業銀行との競争を担わせた。

---

(2)　もちろん，全面的に政府自らが産業の担い手たることをやめたわけではない。軍工廠などは政府の直営であり，のちに機械産業などの発展に資するところも大きかった。

(3)　法律上は1871年の新貨条例によって金本位制を採用していたが，希少な金は退蔵され，流通上から姿を消したため実際上の海外取引には円銀と呼ばれる銀貨が用いられていた。1885年発行の日本銀行券もこの円銀との兌換が保証された兌換銀券であった。詳細は，三上（2011）を参照。

銀価低落下での企業勃興

1880年代後半から日本はいわゆる**企業勃興**を迎える。渋沢栄一，岩崎弥太郎，安田善次郎などの著名な起業家のみならず，各地方においても多くの起業家たちが事業を興し，日本経済を牽引した[4]。また多くの企業は最初から株式会社として設立された。株式会社システムは希少な資本を有効に活用するための手段であった。1882年に渋沢らによって設立された大阪紡績会社は，日本で最初の本格的な株式会社であった。大阪紡績の成功は綿紡績会社の設立ブームを牽引していった。しかし，株式会社設立などを規定すべき「商法」の成立は1899年まで待たねばならなかった。

また日本銀行による兌換銀券発行は**事実上の銀本位制**の確立を意味し，これは日本の対金本位制国への輸出貿易を有利にする一方，保護関税に相当する役割をはたした。19世紀半ば以降，イギリスに追随する形で欧州各国やイギリスの植民地インドが**金本位制**もしくは**金為替本位制**に移行したことによって，銀は単なる金属素材として流通しはじめ，結果，世界的な銀価低落が起きていたことが背景としてある（図表1-1）。こうした有利な国際経済環境の下，日本では1890年には早くも綿糸輸出が輸入量を凌駕し，日本は自立的資本主義の地歩を固めていった。

2. 自立的資本主義から国際的資本主義へ

日清戦後経営

19世紀末から欧米諸国では鉄鋼業，機械工業，化学工業などの重化学工業が進展した。これら欧米諸国への**キャッチアップ**を目指し，かつ自国の独立を維持していくために日本においても早期の重化学工業化は必須であった。他方，1894年には朝鮮半島をめぐって日本と清国の緊張が高まり，初の本格的対外戦争である**日清戦争**が勃発した。民間への資金供給と軍事費増加は二律背反の関

---

(4) ただし，現代の「中央」と「地方」のイメージとは異なり，明治時代の「地方」は「中央」に対して相対的に経済力があったことには十分留意する必要がある。

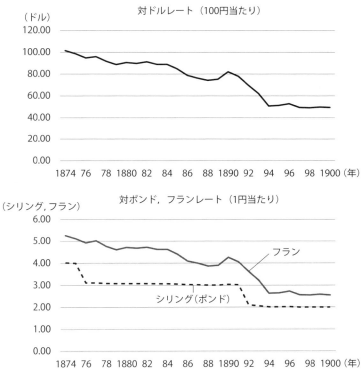

図表1-1 円相場の動向（1874〜1900年）

出所：東洋経済新報社（1982）より作成。

係にある。明治政府は軍事費調達のための内国債発行と増税によってこの矛盾を切り抜けた。1890年に初めて召集された帝国議会において，当初，自由党や立憲改進党などの民党は反増税論（＝「民力休養」論）を唱えて政府と対立していたが，日清戦争開戦時の第7帝国議会で政府案は了承され，挙国一致で戦争に臨んだのである。

　日本は戦後，清国から多額の賠償金と遼東半島，台湾を獲得した（遼東半島は1895年の「三国干渉」によって放棄）。賠償金は重化学工業化を推進するための原資（**官営八幡製鉄所**の建設など）や**インフラストラクチュア**（鉄道や電信・電話設

備，以下，インフラ）の整備，教育の充実，金本位制への移行などに用いられた。戦後の政府のこうした経済政策は「**戦後経営**」と呼ばれたが，いずれも経済成長を促すための政府の積極財政政策と位置づけることができる。もちろん，賠償金だけではこれらの「戦後経営」を十分に遂行することは不可能であったから，政府は増税を相次いでおこなった。タバコ，塩などを専売にしたのもこの時期のことであった。またすでに1889年に導入されていた所得税も改正され，以後，次第に税制の中心的位置を占めるようになっていく[5]。

金本位制への移行

　1897年の**金本位制**への移行は，日本が自立的資本主義から**国際的資本主義**のレジームへ自ら参入したという意味でとくに重要であった。金本位制の採用はそれまで日本経済が享受していた銀価低落による円安メリットを捨てることとなったが，逆に欧米の金本位国からの資本導入はおこないやすくなるというメリットがあった。松方正義は日清戦争前から貨幣制度調査会を起ち上げ，日本の貨幣制度の将来について諮問をおこなっていたが，清国からの賠償金獲得によって金本位制導入へ踏み切った[6]。これは日清戦争後，南下してくるロシアとの武力衝突が予想される国際情勢に鑑みて，外国での戦時外債発行を可能にするための制度変更でもあった。また幕末以来の**不平等条約**もようやく1894年に第1次の改正がおこなわれ，**関税自主権**が回復された。なお，その実施は5年後の1899年で，完全に不平等が解消されたのは1911年のことであった。

日露戦時外債の発行，日露戦後経営

　実際，重化学工業化を推進し，対外戦争に備えるために日本の資本主義の国際化が必要であったことは，1904年の**日露戦争**で証明された。もちろん，日本の国力からして大国ロシアとの戦争はできれば避けたいものであった。しか

---

(5)　所得税などの税制の歴史については中村（2003）を参照。
(6)　しかし，1897年の貨幣法制定時に松方は円と金の交換比率（これを金平価と呼ぶ）を1871年に新貨条例で定めたものの半分に切り下げた（1円金貨の金含有量を半分にした）。これは為替を市場の実勢値に適応させるための措置であった。

し，戦争回避の努力も空しく戦争がはじまると，当時日銀副総裁であった高橋是清は欧米での戦時外債募集に奔走し，4次にわたって合計11億円の外債発行を成功させた（板谷 2012）。この戦費調達成功が日本をかろうじて勝利に導いたのであるが，日清戦争とは異なりロシアからの賠償金は獲得できず，ようやく朝鮮半島における優越権，サハリン（樺太）の南半分，南満州鉄道附属地等をえるにとどまった。しかし，膨大な国家予算と人命を犠牲にしての代償があまりに少なかったことで国民は怒り，日比谷焼き討ち事件などを起こした。以後，日本は日露戦争での犠牲をことあるごとに想起していくことになった。多大な国費と人的犠牲を費やしてえた利権は，やがて満州全体における「特殊権益」という考え方につながっていった。

　一方，日露戦争後の「戦後経営」では国のみならず地方でも外資導入が推進され，都市インフラの整備が進められた。こうした重化学工業化や都市化にと

図表1-2　貿易収支・外債利子支払額・正貨所有高の推移（1901〜14年）

	貿易収支（千円）	外債利子支払額（千円）			正貨所有高（百万円）					
					合計	うち在外	政府所有	日銀所有		
		国債	地方債	合計				在外準備	在内準備	その他共計
1901	−3,467	3,905	15	3,920				0	71	
1902	−13,428	3,897	42	3,939				0	109	
1903	−27,633	3,903	162	4,065	139	19	6	0	117	133
1904	−52,100	6,832	254	7,086	97	71	1	54	30	96
1905	−167,044	41,336	258	41,594	479	442	363	79	37	116
1906	4,971	51,472	623	52,095	495	441	292	123	24	203
1907	−62,054	61,943	1,143	63,086	445	401	237	124	37	208
1908	−58,021	51,802	1,158	52,960	392	330	166	108	62	226
1909	18,914	51,759	2,947	54,706	446	329	144	102	116	302
1910	−5,805	58,743	4,375	63,118	472	337	202	87	135	270
1911	−66,372	62,634	4,372	67,006	364	231	113	98	131	251
1912	−92,010	63,118	8,898	72,016	351	215	82	111	136	269
1913	−96,971	65,452	8,926	74,378	376	246	91	94	130	286
1914	−4,634	48,416	8,922	57,338	341	213	49	90	128	292

出所：三和・原編（2010：94），3・85 表

もなって輸入も増大し，対外債務の増加がもたらされた。対外債務償還のために正貨が取り崩され，日本は1910年代の前半に**デフォルト**（債務償還が不可能になる状態）の危機にさらされていた。

3. 国際環境の変化：第1次世界大戦前後

第1次世界大戦の影響

　20世紀の初頭までに自立的資本主義から国際的資本主義の道へ踏み出していた日本であったが，1914年に欧州で勃発した戦争によって国際環境は大きく変化を遂げていく。

　その変化の第1は，大戦前まで機能していた国際的な金本位制が開戦とともに停止され（日本は1917年に停止），そのため世界各国は1920年代を通じて金本位制の再建へと乗り出さざるをえなかったことである。1922年にイタリアのジェノアで開催された国際経済会議（**ジェノア会議**）においては，各国の金本位制復帰が合意された。日本も「一等国」として再建の責を担わねばならない立場にあったが，その過程で国内経済事情との矛盾が露わになってきた。

　第2は，**第1次世界大戦**を契機に民族自決の動きが高まり，旧来の帝国主義的な国際秩序のあり方が大きく変わったことである。ロシア帝国，オスマン＝トルコ帝国，清帝国など「帝国」を冠する大国が世界史の舞台から姿を消す一方で，新興の「大日本帝国」は朝鮮半島の支配を足がかりに満州へもその触手を伸ばしつつあった。のちに「**満州国**」が建国された際の理念として民族間の宥和と協調を内容とする「五族協和」がうたわれたのは，世界的な民族自決主義の傾向に抗してのことであった。しかし，こうした動きはとくに中国大陸をめぐって取り決められた国際条約体制との矛盾・摩擦をもたらした。

　第3は，日本と東南アジア・南アジア地域との経済的結びつきが急速に強まったことである。第1次世界大戦を契機に欧米宗主国から東南アジア・南アジアの植民地（蘭領インド，仏領インドシナ，英領インドなど）への輸出は滞った。その間隙を縫った日本は同地域への軽工業品輸出を飛躍的に伸ばし，債務国から

債権国へと変貌を遂げた。しかし，欧州諸国が経済復興をはたすと，1930年代には東南アジア・南アジア市場における貿易摩擦が激しくなった。

　第4は，世界の覇権国がイギリスからアメリカへと移行していったことである。アメリカは戦時中のヨーロッパへの輸出によって莫大な債権を蓄積し，ニューヨークがロンドンにかわって世界金融の中心地となった。また国内での重化学工業化，モータリゼーションによって出現した**大衆消費社会**の狂騒は，ジャズ・エイジと呼ばれ，アメリカの1920年代を象徴することばとなった。日本からアメリカへの輸出品もそれまでの生糸から，より付加価値を高めた絹織物製品にシフトしていくと同時に，低価格品は中国産の安価な生糸製品との厳しい競争を強いられていくようになった。しかし，アメリカ市場は日本にとっての最大の海外市場であり，それはやがて起こる日米戦争の直前まで続いた。

大戦景気と米騒動

　以上のような国際環境の変化を念頭に置きつつ，第1次世界大戦中の国内経済の動きをみておこう。第1次世界大戦中の輸出拡大によって大幅な輸出超過になった日本は大戦前のデフォルトの危機を回避することができ，さらに**大戦景気**を謳歌していた。しかし，この大戦景気はインフレーションをともなったものであったため，国民の生活が必ずしも楽になったわけではなかった。「成金」と呼ばれる人々が登場すると同時に，国民の不満も高まっていった。その際たるものが**米騒動**であった。米騒動は1918年に**シベリア出兵**[7]のために米の買い占めがおこなわれ，それに反発した人々によって引き起こされた騒擾事件である。第1次世界大戦前は台湾との樟脳・砂糖貿易によって，そして大戦中は3国間取引（日本を介さず2国間の貿易を仲介する取引）などによって急成長を遂げていた神戸の鈴木商店も米の買い占めをおこなっているというデマに煽動された民衆によって焼き討ちされた[8]。ときの寺内正毅内閣は米価騰貴を抑えるため

---

(7)　1918年から7年にもわたって続いたシベリア出兵については，麻田 (2016) が詳しい。
(8)　鈴木商店の経営については，武田 (2017) を参照されたい。また，城山 (2011) は，この鈴木商店焼き討ち事件に取材した経済小説である。

9

に市場への直接介入をおこなったが，うまくいかなかった[9]。しかし，これを契機として以後，米価統制が大きな政策課題となっていった。

　米騒動の混乱の責任を取って寺内内閣が総辞職すると政友会の原敬が初の平民宰相として本格的な政党内閣を組織する。政友会は支持基盤である地方への利益誘導を各種インフラ整備という形でおこなっていった。第1次世界大戦終結後，なお続いていた好景気のなかで鉄道，電信，学校などが地方への利益再配分としておこなわれたのである。しかし，大戦が終結して2年後の1920年には欧州の景気回復とともに日本は恐慌に見舞われた。日本経済は世界経済の動向に左右されやすい脆弱性をはらんでいたのである。

ヴェルサイユ，ワシントン条約体制

　第1次世界大戦後の世界秩序は，**ヴェルサイユ条約体制**と呼ばれる。この体制のもとで世界大戦を再び引き起こさないように**国際連盟**が創設された。日本はこうした欧米諸国の主導する世界秩序のなかに「一等国」として参加したが，積極的な貢献を成したとは言いがたい。また**国際労働機関**（International Labor Organization: ILO）も設立された。労働者の人権保護の観点から1日8時間，週48時間の労働時間を定めた1号条約が締結されたが，日本は戦後まで批准には至らなかった。資本家代表として会議に参加した鐘淵紡績（鐘紡）社長の武藤山治は，日本的労使関係の存在を盾に8時間労働制に反対した。8時間労働の提案の背景には日本の輸出が不当に安い労働賃金に基づいておこなわれているとの欧米側からの批判が存在したからである。

　日本にとってより重要だったのは中国と太平洋地域をめぐる一連の条約（**9カ国条約，4カ国条約，ワシントン軍縮条約**など）であった。この中国と太平洋地域をめぐる欧米との協調体制は**ワシントン条約体制**と呼ばれる。このレジームのもとでの軍縮と中国の領土保全の取り決めは，日本の軍備縮小をもたらした。この結果，明治維新以来はじめて，軍縮による国際協調という外交的枠組みの

---

(9)　暴利取締令が出され，仕手株で儲けていた相場師などが逮捕されるなどの事件も起こった。

なかで思考する必要が生じたのである。加藤高明内閣のもとで外交政策を担った幣原喜重郎による国際協調主義外交（第1次幣原外交）はこうしたレジームを前提としておこなわれたものであった。軍縮ムードは軍隊・軍人に対する蔑視の感情も国民のなかに生み出していった。[10]

中国の動向

中国の領土保全に関しては，1911～12年の**辛亥革命**以降の中国の動向をみておく必要がある。清朝を打倒し，アジアで事実上初の共和制国家樹立に成功した孫文らの国民党勢力は，しかし，安定した政権基盤を形成することができず，かわって軍事力を背景に台頭してきた袁世凱によって権力の座を追われた。1915年には袁世凱が帝政を復活させ，自ら皇帝の座に就いた。日本は袁世凱政府に対してドイツ領であった山東省および南満州・東部内モンゴルの権益をめぐって「**21カ条要求**」を出した。翌1916年に袁世凱が死去し，中国は各地で軍閥が割拠する事態となった。[11]中国東北部に現れた張作霖もそうした軍閥の一勢力であった。日本は張作霖を操り，満州に勢力を伸長しようとしていた。

中国大陸への勢力拡張を目指した日本に対し，欧米諸国は日本の要求を一部容認せざるをえなかった。ヴェルサイユ会議中に起こった中国での「5・4運動」はこうした日本と欧米列強の妥協的態度に対する抵抗であった。しかし，アメリカは中国の門戸開放・領土保全と引き換えに日本の山東権益を認め，石井・ランシング協定を締結した。一方，イギリスは日英同盟を破棄して日本の中国への進出を牽制した。

4. 重化学工業化の進展

次に19世紀末から20世紀初頭にかけての産業構造の変化を概観する。その特徴を一言で述べれば，軽工業から重化学工業への重点の移行であり，動力源

（10）　たとえば筒井（2018）を参照。
（11）　袁世凱については，岡本（2015）を参照。

の革命であり，現代産業の主要部門が出そろってくる過程であった。さらにそうした産業構造の変化がもたらした政策の変化も合わせてみておく。

製鉄業

　まず製鉄業をみよう。鉄は産業のコメとも呼ばれる重要製品であり，製鉄業は重化学工業の中心をなす。鉄の生産自体は古代にまでさかのぼるが，近代製鉄業は鉄の大量生産によって特徴づけることができる。日本における近代製鉄業は1858年の南部藩釜石製鉄所操業にはじまり，本格的な**銑鋼一貫生産**は，日清戦争の賠償金をもとに1896年に設立された**官営八幡製鉄所**によって開始された。大島道太郎らの海外調査とドイツ人技師の設計をもとにした銑鋼一貫生産計画が当初計画を大幅に拡充して開始，清国からの鉄鉱石の優先輸入契約も結ばれ，1901年に官営八幡製鉄所は操業を開始した。しかし，最初の操業は失敗し，一旦は操業中止に追い込まれた。その後，技術者たちは日本の原料条件に合わない高炉の欠陥を改善し，日露戦争直前にはその経営を軌道に乗せた。

　民間での製鋼業も日清・日露戦争後に勃興した。神戸製鋼所，住友鋳鋼場・住友伸銅所（1935年に合併して住友金属工業），日本製鋼所，日本鋼管などのメーカー群がそれである。しかしこれら製鋼各社は銑鉄・屑鉄をインドなどから輸入し鉄鋼生産をおこなう平炉メーカーであった。銑鋼一貫生産をおこなった八幡製鋼所と民間の製鋼業が並進する状況は，第1次世界大戦期の発展を遂げた後も続き，1920年代の終わりには日本国内の鉄需要を国内生産でまかなえるようになった。

　しかし同時に，日本の製鉄業が国際的な競争力をもつには銑鋼一貫生産による**規模の経済性**をより一層追求する必要があるという考えが，第1次世界大戦中から財界を中心に登場してくる。政府においても国内での過当競争を抑制し，協調と統制によって合理化を推進すべく諮問委員会などでの審議が開始されていった。

（12）　銑鉄と鋼鉄を一貫して生産すること。練度の低い銑鉄は主に鍋釜などの鋳鉄製品原料に用いられ，鋼鉄は輸送機械や兵器などに用いられる。

機械工業

　製鉄業と並んで重化学工業を代表する産業は機械工業である。機械工業は工作機械を中心とした一般機械，重電機・弱電機・通信機を含む電気機械，自動車・造船・航空機に代表される輸送用機械，兵器，そして時計・光学機械といった精密機械等の機械を生産する工業の総称である。日本においてまず機械工業の発展を牽引したのは，兵器製造であった。東京，大阪の砲兵工廠，横須賀，呉の海軍工廠といった軍工廠がそれを担った。とくに軍艦等を製造する海軍工廠は多くの技術者を集め，1906年時点では官設鉄道で働く機械技術者を上回っていた。鉄道車輌製造も官営の新橋・神戸鉄道工場，民営の山陽鉄道兵庫工場，日本鉄道大宮工場などがあり，技術導入と輸入代替を担った。

　電気機械のうち重電機分野では，1909年，アメリカのGE（ジェネラル・エレクトリック）社との提携を契機にその発展の基礎を確立していった芝浦製作所が有名である[13]。また通信機器分野では，工部省電信寮製機所で技術を磨いた沖牙太郎の沖商会とウエスタン・エレクトリック社との外資提携企業である日本電気が代表的2社であった。

　しかし，こうした機械工業の発展にもかかわらず，アメリカやドイツなどからの輸入品の優位は続いた。またこれら輸入品やそれに匹敵する国産品は高価であったため，在来の織物業者向けなどに安価な機械を製造する中小機械製作所が都市近郊を中心に展開していった。また日露戦争によってこのような中小機械製作所も軍需品製造に動員されることによって高度な技術の周辺部への拡大もみられ，戦後，さまざまな加工用機械製造を担う製作所が発展していく契機をつかんだ。

　しばしば「ものづくり」日本の技術は，広範に展開する中小企業群によって担われているといわれるが，そうした階層的な技術の拡大は，明治末期から展開していったのである。織機製造からのちに自動車産業のトップ企業に躍り出るトヨタの初期の発展も，明治末期のこのような機械工業の展開のなかに起源

---

(13)　1939年，東京電気と合併し，東京芝浦電気，現在の東芝が誕生した。

を求めることができる (沢井 1996)。

　輸送用機械工業で早くから発展をみたのは，造船業であった。産業化に必要な諸資源を輸入にたよらざるをえない日本にとって海運業と造船業はとくに国策として支援が続けられたからである。また，国防上において海軍の役割は重要であり，造船業界は海運業だけでなく軍艦建造でも大きな需要をえた。

化学工業

　化学工業も明治期に最初の企業化を経験する[14]。1880年，工部省からイギリスに派遣されて化学肥料の存在を知った高峰譲吉は，過リン酸石灰が日本の農業発展に必要であることを渋沢栄一，益田孝らに説き，1886年，東京人造肥料会社を設立，自らも官を辞して事業を軌道に乗せるべく奮闘した。しかし，当時知名度が高くなかった過リン酸石灰を普及させることは困難であり，高峰は途中で退社し，渋沢がその事業を引き継いだ[15]。その後，過リン酸石灰市場は拡大したが，その製法が容易であったため，過当競争の壁にぶつかることとなった。

　もう一方の戦前期の代表的な化学肥料としては，**硫酸アンモニウム**（硫安，$(NH_4)_2SO_4$）があったが，硫安製造の事業化に成功したのが，日本窒素肥料会社（1907年に設立された日本カーバイド商会が翌年，曾木電気株式会社と合併し，商号変更。現・チッソ）の野口遵であった。野口は第1次世界大戦までに日本窒素肥料を国内最大の硫安製造会社に発展させた[16]。硫安を用いた肥料は大量生産されて農業の生産性向上に寄与した。

　衣料の染色にも化学技術が導入され，合成染料による新しい捺染が可能になった。さらには人造絹糸などの半合成繊維も登場した。

---

(14)　伝統的な醸造業なども広い意味での化学工業と考えられなくはないが，ここでは西洋化学の知見にもっぱら基づいた工業を化学工業と考えておく。

(15)　なお，高峰は1894年，消化酵素タカジアスターゼを発明し特許を取得，1913年に三共株式会社の初代社長となった。

(16)　野口は1924年には朝鮮半島へ進出，1926年 朝鮮水力電気（朝鮮水電）と朝鮮窒素肥料の2社を設立した。また1929年には日本ベンベルグ絹糸（現・旭化成）を設立し，「電気化学工業の父」「朝鮮半島の事業王」などと称された（大塩 2004）。

蒸気力から電力へ

　以上，主要な重化学工業の発展について概括した。ところで，「最初の工業国家」イギリスが製造業の生産性を飛躍的に高めていった要因の1つには言うまでもなく蒸気エネルギーの利用がある。蒸気エネルギーの利用はほとんど「**産業革命**」と同義に考えられており，日本の開国・開港を象徴する「黒船」(蒸気船)も，まさに産業文明の象徴であった。それゆえ明治初期に日本の製造業がまず導入したのも動力源としての蒸気機関であった。富岡製糸場の動力源も新橋〜横浜間の鉄道も渋沢らが創設した大阪紡績の工場もすべて蒸気力をその主要なエネルギー源としていた。蒸気機関の導入と展開が明治期の産業化を牽引する役割をはたしていったのである。しかし，一方で全国的な動力化率はそれほど高いものではなかった。蒸気機関の導入工場は規模の大きな一部の工場に限定され，中小の工場では伝統的な水力 (水車) が利用されることが多かった。人馬の力も依然として産業の動力として用いられていた。

　しかし，1910年代以降は電力をエネルギー源とした動力化が進行し，軽工業，重化学工業を問わず，製造業部門での生産性を上昇させた。とくに小規模工場への電力供給と小型電動機の導入がもたらした効果は大きかった。一方，電力供給会社は近年までのような地域独占ではなかったため，激しい自由競争にさらされ，「**電力戦**」と呼ばれるような値下げ競争 (電力価格の低下) が発生していった。やがて電力会社同士の合併等の合理化もおこなわれていった。

5. 大衆消費社会の誕生

メディアの発達

　日露戦争後，鉄道や電信の敷設が全国レベルで展開していくと同時に全国市場も急速に拡大していった。全国的な市場拡大は，全国的な商品広告の有用性を企業者達に意識させた。日清・日露戦争中に生じた新聞・雑誌等のマス・メディアの発達がそれに拍車をかけた。新聞・雑誌は商品広告の宣伝媒体となり，人々の消費意欲をかき立てた。化粧品，薬品，タバコ等々，不要不急の奢侈品

が広告宣伝の主役となったことは，**大衆消費社会**の一側面を象徴していると言えよう。

　また資本主義社会の担い手は，当初は経済的に自立した（私有財産をもつ）市民層であったが，資本主義が進展してくると私有財産をもたない一般民衆，すなわち工場労働者やサラリーマンなどの重要性が増してくる。これらの民衆は組織化された存在ではなく，むしろ従来の集団や組織から切り離された存在であったが，マスコミュニケーション技術の発展によってそうした個々の意見が結びつけられ，社会の勢力として立ち現れてくる。これを大衆と呼ぶ。メディア産業はこうした大衆をターゲットに発展してきた。とくに大衆を動員する国民規模の戦争は大衆の社会問題に対する関心を引き起こした。

　日本では明治維新以降，多くの新聞や雑誌が発行されてきたが，19世紀末から20世紀の初頭にかけて大衆をターゲットとする大新聞や雑誌が確立する。新聞では，『東京日日新聞』，『大阪毎日新聞』，『東京朝日新聞』，『大阪朝日新聞』，『時事新報』，『報知新聞』などであり，雑誌では『太陽』，『中央公論』，『改造』などである。とくに新聞は明治時代のように特定の主義主張を論じる政治的な性格をあまりもたずに「不偏不党」を売り物にした。しかし，これらの新聞が日清・日露戦時期にその売上げを伸ばしたことからもわかるように，戦争に関してはそれを支持する側に回った。

　さらに昭和に入ると映画やラジオなどの新しいメディア産業も登場した。メディア産業の発達によりエリートが大衆を把握，操作する方法も変化してきた。次章でもみるように，浜口内閣のときに繰り広げられた「金解禁キャンペーン」はまさに政府が実行したい政策を直接的に国民大衆に支持させようとするものであった。開始されたばかりのラジオ放送で浜口首相はデフレの痛みに耐えることを国民に訴えかけたのである。

百貨店の登場，私鉄の発展

　百貨店が都市の大衆消費を推進する担い手として登場してきたのもこの時期である。江戸時代から続く老舗の三越呉服店は，1904年に「デパートメントス

第1章　戦前期日本のキャッチアップ過程

トア宣言」をし，1905年に全国紙に社告を掲載した（図表1-3）。陳列販売方式やショウ・ウィンドウの導入，広告や宣伝のウェイトの大きさ，品揃えの豊富さ等々，従来型小売店にはなかった特徴を百貨店は有していた。

さらに日本の大衆消費社会化を加速した契機の1つは，第1次世界大戦であった。大戦景気が，過剰な設備投資や株式・土地への投機をもたらし，それがバブルを発生・崩壊させ，戦後恐慌と1920年代の長期不況をもたらしたことは否めないが，産業化と都市化は着実に進行していった。

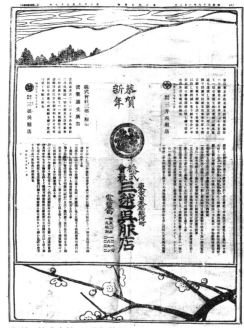

図表1-3　株式会社三越呉服店の社告
「デパートメントストア宣言」
（『朝日新聞』1905年1月3日付 朝刊8面）

出所：株式会社 三越伊勢丹

それを象徴するのが，私鉄を中心とした民間資本の郊外開発である。1910～20年代には，現在ある東京の大手私鉄のほとんどが産声を上げ，郊外の宅地開発と沿線整備を進めていった。

私鉄による郊外開発は都市の拡大と新しい消費形態をもたらした。東急の前身の目黒蒲田電鉄が営業を開始し，西武鉄道の前身の武蔵野鉄道が池袋～所沢間の電化をおこなったのが1922年，「いっそ小田急で逃げましょか」と『東京行進曲』（西条八十作詞・中山晋平作曲，1929年）にも歌われた小田原急行鉄道株式会社が小田原線（新宿～小田原）を開通させたのは1927年のことであった。また東武鉄道や京王帝都電鉄（現・京王電鉄）も似たような戦略で郊外へとその路線を延伸していった。東京だけではない。むしろ大阪の方が都市開発では東京に

17

先行した。三井銀行から転じた小林一三は箕面有馬電気軌道（現・阪急電鉄）設立に参画（1907年），やがて沿線開発やターミナル・デパート（梅田の阪急百貨店）の創業などを積極的に推し進めていった。大阪市長の関一による御堂筋の開発も民間の反対にあいながらも，将来的な都市発展を見越しておこなわれた。

大衆消費社会の限界

　また重化学工業化の進展にともなう大企業の発達と企業内組織の複雑化は，サラリーマンと呼ばれる都市大衆層を増加させていった。彼らの多くは中学校卒業以上の学歴を有し，事務・技術・専門・サービスに従事するいわゆるホワイトカラー層であると同時に，大衆消費文化の担い手であり，文化住宅や百貨店，出版や音楽，映画などの産業化と密接に関連していた。私鉄が開発した都市郊外の住宅地に一戸を構え，鉄道で都心のオフィスに通勤したのも彼らであった。

　もっとも1920年代の大衆消費社会の展開には限界もあった。第1に，担い手となるサラリーマンの雇用は，相次ぐ不況のなかで不安定なものであったし，ほかの大部分の労働者・農民の所得は低水準にとどまっていた。第2に，消費社会そのものを否定的にとらえる風潮はまだまだ根強く，しばしば官憲の取締の対象とすらなった。そして第3に，1931年の満州事変以後，軍需産業への偏った資源配分が民需の停滞を余儀なくさせ，やがて本格的な戦争への突入が消費社会の展開の阻害要因となったのである。

コラム①　植民地開発：台湾の事例

　戦前期日本経済の国際化は，欧米列強と相争う形でアジアの植民地争奪レースに参入していったこととしても現れてくる。日清戦争後の台湾領有，日露戦争後の南樺太割譲，関東州の租借権獲得，そして日韓併合へとつづく道のりは，まさに帝国主義的な領土拡張の過程にほかならなかった。この拡大過程は，昭和に入ると，満州，華北，東南アジアへと広がり，アジア・太平洋戦争へと突入していった。しかし，戦後これら植民地が放棄されてからの当該地域の経済状況はさまざまであった。以下ではもっとも長期にわたって植民地であり，かつ戦後も1つの経済単位としてのまとまりであり続けている台湾について，戦前期の経済開発についてみてみよう[(17)]。

　台湾は1895年から1945年の日本の敗戦までの半世紀，台湾総督府の支配・統治下に置かれた。台湾の植民地経営の方向を決定づけたのは，1898年に民政長官に就任した後藤新平の政策であった。後藤は台湾の法制度・社会慣習などを徹底調査し，この調査に基づいて土地制度の改革，インフラ整備，アヘン中毒患者の撲滅，学校教育の普及，製糖業などの産業育成をおこなった。のちに台湾産業の主力となる製糖業は，1900年総督府の呼びかけで三井物産などの出資によって設立された台湾製糖によって発展の先鞭がつけられた。

　また台湾の有力な1次産品としては，砂糖のほかに米や樟脳があった。とくに米作については，日本への食糧供給基地としての役割が期待されたため，領有直後から米作の研究が続けられた。また水田の整備事業として台湾西部の平野部における大規模灌漑工事が総督府を中心に進められた。前者は生物学的な適応であり，後者は工学的適応の一例である。

　前者では農学者・磯永吉の貢献が大きい。磯は東北帝大の農業大学 (札幌) を卒業後，1912年に渡台し，以後台湾の在来種と内地米の交配から台湾の気候風土に適した米 (「台中65号」のち蓬莱米と命名) の開発に成功した。

　後者を担ったのが石川県出身の水利技術者・八田與一であった。八田は1910年に渡台後，下村宏民政長官 (1915～21年) のもとで桃園大圳の工事に当たり，

---

(17)　朝鮮については，木村 (2018) を参照されたい。

これを成功させた。次いで，難事業と言われた台湾南部の嘉南大圳の工事にも尽力し，10年がかりでこれを完成させた。台湾米の開発と水利事業の成功は，台湾農民の所得向上にも寄与し，やがて蓄積された資本は産業化投資へと向かい，戦後の経済発展の基礎を築いた。さらに台湾における教育，つまり人的資本への投資も総督府が力を入れた政策であった。物理的なインフラ整備や教育への投資が産業化にとって必要欠くべからざるものであることは，日本が自らの産業化の経験から学んだものでもあった。

台湾製糖の工場跡（現・台湾糖業博物館）
出所：著者撮影　高雄市

台南の林百貨[18]
出所：著者撮影　台南市

---

(18)　林百貨店は戦前期に開業した百貨店。戦後，迂余曲折を経て2014年から新しい形のショッピングセンター「林百貨」として営業している。

第2章
危機への対応とその挫折

　　本章では1920年代から1930年代半ばまでの日本経済についてみていく。1920年の恐慌以降，日本経済は長期のデフレーションと停滞に陥った。1931年末の金本位制の再停止（金再禁止）まで消費者物価の上昇率が対前年比でプラスに転じたのはわずか数年であった。しかし，国際的な金本位制への復帰（**金解禁**）が1920年代の重要課題であったため，政府は景気を引き締めがちにコントロールしていかざるをえなかった。なぜならば重工業化が進展するなかで原材料および資本の輸入は増加し，為替の安定は不可欠であったからである。金解禁を公約に掲げた浜口雄幸民政党内閣は，1930年に旧平価での解禁を断行する。しかし，これは「昭和恐慌」をもたらし，失敗に終わった。「**昭和恐慌**」からの脱出にはリフレーション政策とレジーム・チェンジが必要であった。

【主要な出来事】
1918年　第1次世界大戦終結，米騒動
1919年　ヴェルサイユ講和会議
1920年　1920年恐慌
1921年　ワシントン軍縮会議（〜 22年）
1922年　ジェノア会議（再建金本位制で合意）
1923年　関東大震災
1927年　昭和金融恐慌
1928年　張作霖爆殺事件
1929年　浜口雄幸民政党内閣成立，世界大恐慌
1930年　旧平価による金解禁，昭和恐慌，ロンドン軍縮条約
1931年　満州事変勃発，イギリス金本位制停止，犬養毅政友会内閣成立
1932年　5・15事件，斎藤実挙国一致内閣成立，「満州国」建国
1933年　塘沽停戦協定
1934年　帝人事件で斎藤実内閣総辞職，岡田啓介内閣成立
1936年　2・26事件，広田弘毅内閣成立

1. 1920年代の日本経済

昭和金融恐慌

　1920年の戦後恐慌によって日本の経済成長率は，大戦景気の時期から大幅に落ち込んだ。物価も低迷し，デフレ不況の様相を呈していた（図表2-1）。

　一方，前章でみたように1920年代には重化学工業化も進展し，ゆるやかながら成長を遂げていた。そのような状況にあって日本に大きな打撃を与えたのが，1923年の**関東大震災**であった。震災はさまざまなインフラを破壊し，とくに東京・横浜の経済は沈滞を余儀なくされた。政府，日銀は復興にかかる資金を融通するための措置を取ったが，かえって不良企業の延命を助長する面もあり，焦げついた震災手形(1)の蓄積は，やがて金融不安へと発展していった。

　その代表例が前述した鈴木商店のケースであった。大戦中に三井物産，三菱商事と並ぶほどの大商社に発展した鈴木商店は，しかし，大戦後に急速にその経営状況を悪化させていった。また鈴木商店と強く結びついて機関銀行化していた台湾銀行も同様に不良債権を多く抱え込む状況になっていた。

図表2-1　卸売物価指数の推移（1910～36年：1934～36年平均＝1）

出所：日本銀行統計局（1999）より作成。

（1）　日銀が震災時に割り引いた手形。事実上，企業への直接的な救済融資となった。

1927年，政府は震災手形の処理と銀行法の制定によって，金融システムの安定をはかろうとしたが，その矢先に若槻礼次郎憲政会内閣の片岡直温蔵相の失言を機に金融恐慌が発生した。**昭和金融恐慌**である。これによって華族系大銀行であった十五銀行を含む多くの金融機関が破綻し，鈴木商店も倒産した。若槻礼次郎内閣は緊急勅令による台湾銀行救済を枢密院に要請したが，拒絶されて総辞職した。[(2)]　かわって政権を担当した政友会の田中義一は，高橋是清を大蔵大臣に任じて混乱の収拾を託した。高橋蔵相は**モラトリアム**（**支払猶予令**）を発して，恐慌を収束させたあと，蔵相を三土忠三に譲った。

4 大財閥と新興財閥

　昭和金融恐慌によって金融機関の整理淘汰が急速に進んだ。いわゆる5大銀行（三井，三菱，住友，安田，第一）の預金比率は5割を超え，金融の寡占化が進行した。また銀行を中心とした**財閥**の力が強くなり，産業全体の寡占体制も確立していった。5大銀行のうち三井，三菱，住友，安田銀行を中心とするコンツェルンを4大財閥というが，三井，住友はそれぞれ江戸時代の両替商，銅山経営にルーツをもち，三菱，安田は明治期にその基礎が築かれるなど，財閥の出自は異なっていた。しかし，この時期になると銀行を中核としてその傘下に寡占企業を有する企業として共通の特徴をもつようになる。安田財閥は安田善次郎と同郷の富山出身の浅野総一郎率いる企業グループとの結びつきが強かったので，実態は安田・浅野財閥と呼ぶべきものであった。4大財閥には入らない第一銀行系企業グループも渋沢・古河系企業との結びつきが強かった。

　一方，重化学工業を中心に事業を多角的に拡大し，多くの企業を傘下に収めた企業グループを**新興財閥**と呼ぶ。代表的な新興財閥としては，鮎川義介の日産コンツェルン，野口遵の日窒コンツェルン，森矗昶の森コンツェルン，中野友礼の日曹コンツェルン，大河内正敏の理研コンツェルンなどがあった。こ

---

(2)　台湾銀行自体は，田中政友会内閣の下でのモラトリアムと政府支援によって救済された。

れら新興財閥の特徴として挙げられるのは，日産を除く4財閥の創業者は技術者出身であり，系列の金融機関をもたないということであった。新興財閥は事業拡大の資金をおもに株式市場から調達した。また新興財閥の多くは朝鮮や満州に積極的に進出し，1930年代に入ると重化学工業化を進めた。森・日窒の各コンツェルンは朝鮮において大規模な水力発電所を建設，アルミニウム，硫安製造のコンビナートを形成した。

2. 金解禁と昭和恐慌

金本位制への復帰（金解禁）

　1920年代は第1次世界大戦前の国際金本位制への復帰（**金解禁**）がつねに1つの政策目標であった。しかし，政友会は基本的には国内の景気重視であり，無理に緊縮政策を採用して円為替を旧平価へ戻して金解禁をおこなうことに対しては消極的であった。他方，憲政会（のち民政党）は国際協調主義を基本としつつ早期の金本位制復帰を政策として掲げた。第1次若槻内閣の際も浜口雄幸蔵相は金解禁への準備を進めていたが，党内事情から蔵相が片岡に交代し，昭和金融恐慌が発生してしまったため，金解禁は先送りになってしまった。かわった政友会の田中義一内閣の三土蔵相も金解禁準備を進めたが，必ずしも積極的とは言えなかった。

　そのような状況のなか，1928年6月4日に満州において**張作霖爆殺事件**（当時は「満州某重大事件」と呼ばれた）が発生した。前章でも触れたように張は満州に拠点を置く奉天軍閥の指導者であり，日本も張を利用することで満州に対する影響力を維持しようとしていた。しかし，蔣介石が率いる国民革命軍がソ連の支援を受けて北伐（第1次）を開始すると張は親日路線から親欧米路線へ転換してこれに対抗し，1926年12月には中華民国の指導者であることを宣言した。

　1928年5月，日本は中国における居留民保護を目的に山東出兵をおこない，済南において北伐軍との武力衝突がおこった（**済南事件**）。他方，国民革命軍は張作霖を追い詰めたが，張は奉天に逃げる途中，関東軍の河本大作らによって

列車ごと爆殺されたのである。その後，蒋介石は国民政府による全国統一を宣言し，同年末には張作霖の息子の張学良も国民政府と和解したため，中国は一応の統一をみた。

　日本は満州での権益を維持するため，日本に従わない張作霖を謀殺したのであるが，結果的にみれば蒋介石と張学良は協力して日本と対抗していくこととなった。いずれにせよ，この事件は政府のあずかり知らないところで引き起こされた謀略であったため，田中首相は事件そのものを隠蔽しようとした。しかし，最終的には昭和天皇の知るところとなり，田中内閣は総辞職を余儀なくされた。

　田中内閣総辞職によって新たに成立したのが，浜口雄幸民政党内閣であった。敵失で転がり込んできた政権であったが，浜口は蔵相に日銀出身で国際的なバンカーであった井上準之助を，外相に協調外交の幣原喜重郎を起用することで内政面と外交面の立て直しを図ろうとした。欧米との協調路線を採って軍縮を実行し，中国との関係も修復（**第2次幣原外交**），金本位制を採用することで国内の不採算企業を整理して国際競争力をつけようとする方策であった。また金本位制への復帰は期限が迫っている日露戦時外債の借り換えをおこなうためにも必要であった。さらに欧米諸国が次々と金本位制への復帰をはたしていくなかで「バスに乗り遅れるな」という空気もあった。いずれにせよ，浜口内閣は政策綱領（十大政綱）の1つとして金解禁を掲げて緊縮政策を推進していった。

昭和恐慌

　しかし，緊縮政策によって円為替の価値を旧平価（100円≒50ドル）まで近づけて金解禁をおこなうことに対しては反対意見もあった。すでに金解禁を実施していた欧米諸国においても市場での実勢値に近い新平価での解禁をおこなっていった国もあったし，逆に旧平価での解禁を強行して不況に陥ったイギリス

---

(3)　第1次世界大戦後の各国の金解禁状況は岩田編（2004：324）を参照。

25

のような事例もあったからである。[4]

　新平価解禁論をとなえ，経済をソフトランディングさせようと論陣を張った
のが，『東洋経済新報』の主幹であった石橋湛山，経済評論家の高橋亀吉，『中
外商業新報』の小汀利得，『時事新報』（のちに『読売新聞』に移籍）の山崎靖純ら
いわゆる“新平価解禁四人組”であった。しかし，多くのメディアでは旧平価解
禁一辺倒の論調が支配し，新平価解禁論はあくまでも一部のマイナーな意見に
留まっていた（中村 2005a）。

　浜口首相も井上蔵相も旧平価解禁によって日本経済がハードランディングす
ることは承知していた。そのため，浜口は「明日伸びんがために今日屈するの
であります」とのレトリックを用いつつ国民に対して“痛み”に耐えることを要
求した。井上も金解禁キャンペーンで全国を行脚し，緊縮の必要なことを訴え
た。そして最終的に日本は1930年1月11日に旧平価で金本位制に復帰した。浜
口は，翌2月に衆院を解散して総選挙で信を問うている（第17回衆議院議員総選
挙）。[5]結果，民政党は273議席で過半数を大きく上回り，政友会は174議席と惨
敗した。

　国民の信任をえた浜口内閣はその経済政策，軍縮政策などを強力に推し進め
られるはずであったが，景気の悪化は予想を超えて急速に進んでいった。1929
年10月24日に発生したアメリカでの株価大暴落（「暗黒の木曜日」）はやがて世界
経済に飛び火し，**世界大恐慌**に拡大しつつあったからである。もっとも予想を
超えたという表現は正しくないかもしれない。たとえば，鐘紡社長の武藤山治
は「嵐に際して戸を開け放つが如き政策である」[6]として浜口内閣の金解禁政策
を鋭く批判していたことを忘れてはならない。

　アメリカの景気後退は日本の農産物輸出，とくに生糸輸出を直撃した。暴落

（4）　経済学者のJ.M.ケインズはときのW.チャーチル蔵相に対して旧平価解禁の害悪を説
　　いていたが，1925年，チャーチルは旧平価での解禁に踏み切った。
（5）　1928年におこなわれた第16回衆議院議員総選挙が最初の男子普通選挙であった。こ
　　のときは与党政友会が僅差で民政党に勝っている。
（6）　武藤（1930）の中のことば。武藤山治は旧平価解禁論者であったが，石橋湛山や高橋
　　亀吉の論説を読むうちに意見が変わった（山本 2013）。

第2章　危機への対応とその挫折

図表2-2　昭和恐慌前後の生糸（横浜現物）・繭価格（1926～35年：1929年＝100）

出所：三和・原編（2010：115），4・66表より作成。

した生糸は農民が作れば作るほど損を生み出す状況であり，農村の借金は膨らむ一方であった（図表2-2）。手っ取り早い現金収入をえるために農家の娘が人身売買の犠牲となった。また欠食児童が溢れ，取引も部分的に物々交換に戻ってしまうような有様であった。都市においても失業者が溢れ，「大学は出たけれど」（1930年の小津安二郎による同名映画）が流行語となった。それでも当初はメディアも"物価が下がり生活が楽になる"と喧伝し，デフレ不況の深刻さに無頓着であった。しかし，実際には急速に経済状況は悪化し，**昭和恐慌**と呼ばれる事態に陥っていたのである。

金再禁止へ

　この昭和恐慌のさなか，浜口内閣が推し進めたロンドン海軍軍縮条約が政治

---

(7)　欠食児童とは家庭の経済的困窮により，十分に食事を与えられていない子どものことであるが，当該期においてはとくに学校へ弁当を持参できずにいた児童を指す。

27

問題となった。いわゆる**統帥権干犯問題**である。野党である政友会は統帥権の
独立（海軍軍令部の要求は天皇の統帥権に属するものであり，政府が勝手に海軍軍縮
を決めることは天皇大権である統帥権を侵すものであるとの主張）を掲げて軍部と
ともに民政党を攻撃した。そして，とうとう1930年11月には浜口が右翼団体の
テロリストに襲われて翌年命を落とし，幣原外相が進めていた協調外交路線も
暗礁に乗り上げることとなった。

　しかも1931年に入っても景気回復の気配はなく，逆に井上蔵相は不良企業を
清算する良い機会だとの認識判断から，より一層の緊縮をおこなった。しかし，
9月18日に**満州事変**が勃発，22日にはイギリスが金本位制から離脱すると井上
路線は行き詰まりをみせた。さらにいよいよ与党民政党内でも金本位制からの
離脱，すなわち金再禁止が取り沙汰されるようになっていく。また金再禁止が
近いとの予想から財閥による"**ドル買い**"[8]もおこなわれ，これが実際に金本位制
の維持を揺るがせた。また政治的にも浜口の後ろ盾を失った井上は閣内で次第
に孤立するようになり，民政党内部の分裂（政友会との協力内閣運動を画策した安
達謙蔵内相の離反）によって，民政党内閣は瓦解することとなった。

3. 高橋是清によるリフレーション政策

高橋財政

　民政党内閣の後に政権を担当することとなったのは，政友会総裁の犬養毅で
あった。犬養は蔵相に高橋是清を当て，その高橋は，1931年12月14日，内閣成
立と同時に大蔵省令によって即刻金再禁止をおこなった（当時，日銀副総裁で
あった深井英五の助言による）。高橋は金本位制から離脱することで円為替が低
落することを放任して輸出産業へのカンフル剤とし，景気回復の第一弾とした

---

(8)　円が相対的に高くドルが安い間にドルを買って，金再禁止によって円が安くなってか
　　ら買い戻せば濡れ手に粟の大儲けができると考えた投機のこと。この時期，円は実力以上
　　に高いと見られており，財閥はこうした投機に走った。のちに財閥経営者のトップがテロ
　　リストの標的になったのもこうした投機が国家に対する裏切りと見られた面もあった。

のである。実際，これによって一時的に景気は回復に向かったが，3月には再び
踊り場に立った。高橋は続けて低金利政策と日銀による国債引受による大規模な
金融緩和を実施することを宣し，また財政面からは農村救済のための時局匡救事業
の実施，満州事変費の増額などの積極財政策を実施していった。いわゆる「**高
橋財政**」である。デフレからの脱却を目指した政策であったので，当時はイン
フレーション政策と呼ばれたが，デフレ状態から元に戻す政策，すなわち**リフ
レーション政策**と呼ぶのが正しいであろう。満州事変に対する財政支出増額[9]
は，現在の視点から見れば問題の多い政策であったことは確かであるが，高橋
是清は石橋湛山との対談のなかで「赤字公債が余計になるのを困る困るという
のも一応もっともだと考えるが，しかし軍事費もむださえしてくれなければ，
そう苦情を言わなくてもよかろうと思う」(高橋 1935) と述べていることからも
わかるように，まずは国内の景気回復，経済再建を優先した政策であった。為
替低落の放任，低金利誘導，大規模な国債引受策によってレジーム・チェンジ
を明確にしたことによって日本経済は恐慌から脱却していったのである (岩田
編 2004)。

恐慌からの脱却

　具体的な数値を確認しておこう。経済成長は短期的には有効需要(購買力に支
えられた需要)から決まってくる。左辺に国民所得 (Y) を取ると，右辺の需要項
目は，消費 (C : Consumption)，投資 (I : Investment)，政府支出 (G : Government)，
および純輸出 (X : Export 輸出 − M : Import 輸入) で構成される。

$$Y = C + I + G + (X - M)$$

　まず，1932年の景気回復の初期段階では，輸出 (X) と政府支出 (G) が経済成
長に大きく寄与した。1933年以降は，政府支出の成長への寄与率は小さくな
り，民間部門 (消費：Cと投資：I) 拡大が輸出とともに経済成長を主導した。こ

---

(9)　当時も reflation policy ということばはあったが，一般にはあまり知られていなかった。

のような持続的な投資の拡大には，国債の日銀引受発行による積極的な資金供給と低金利政策が貢献したと考えられる（岸田 2017：199）。

　実際，製造業の生産額は，1930年から35年に約1.6倍に増加し，製造業に占める重化学工業の割合は，1930年の35％から35年には43.7％へと拡大した。このような1930年代の重化学工業の発展を主導した分野は，鉄鋼業を中心とする金属工業，造船・電気機械などの機械工業であった。背景には為替低落と保護

図表2-3　名目国民総支出と増減寄与度（1928～36年）

(百万円)

	個人消費支出 (C)	民間固定資本形成 (I)	政府支出 (G)	輸出と海外からの所得 (X)	輸入と海外への所得 （控除）(M)	国民総支出 (Y)
1928	12,210	1,508	2,923	3,033	3,168	16,506
1929	11,782	1,605	2,822	3,300	3,223	16,286
1930	10,850	1,312	2,462	2,486	2,439	14,671
1931	9,754	1,044	2,587	2,029	2,105	13,309
1932	9,804	937	2,932	2,466	2,479	13,660
1933	10,850	1,272	3,240	3,092	3,107	15,347
1934	12,097	1,686	3,242	3,580	3,639	16,966
1935	12,668	1,992	3,471	4,158	3,991	18,298
1936	13,328	2,195	3,610	4,580	4,389	19,324

増減寄与度および国民総支出対前年比増加率

(％)

1929	−2.6	0.6	−0.6	1.6	−0.3	−1.3
1930	−5.7	−1.8	−2.2	−5.0	4.8	−9.9
1931	−7.5	−1.8	0.9	−3.1	2.3	−9.3
1932	0.4	−0.8	2.6	3.3	−2.8	2.6
1933	7.7	2.5	2.3	4.6	−4.6	12.3
1934	8.1	2.7	0.0	3.2	−3.5	10.5
1935	3.4	1.8	1.3	3.1	−2.1	7.9
1936	3.6	1.1	0.8	2.3	−2.2	5.6

資料：大川ほか（1974）。

注：政府支出は政府経常支出と政府固定資本形成の合計値。また，民間固定資本形成は政府固定資本形成との重複分を除いた値。

　※増減寄与度＝（当年の各項目の増減／前年の国民総支出）×100

出所：岸田（2017：193）表4-5より作成。

第2章　危機への対応とその挫折

関税政策，綿業を中心とする輸出産業の好況があり，製造業全体の設備投資を活生化した。

　農村において時局匡救事業の受け皿になったのは，1900年に産業組合法によって組織された産業組合であった。各農村の産業組合の事業は，組合員からの貯金の受け入れ，生産や生活に必要な資金の貸し付けなどをおこなう「信用」，組合員が生産した生産物を共同で有利に販売する「販売」，組合員の生産に必要な資材，生活物資を共同購入して供給する「購買」，組合員が個人ではもてない施設を共同で設置し，利用する「利用」という内容であったが，この昭和恐慌期には政府から農村への低利融資の受け皿になるとともに，農林省が主導した**農山漁村更生運動**の担い手となって農村の立て直しをはかっていった（中村 2008）。

軍部の台頭と後期高橋財政

　しかし，同時期，軍部の台頭が政党政治の根幹を揺るがせつつあった。1931年3月には陸軍の桜会による3月事件，同年9月に満州事変，10月には10月事件が起こる。さらに1932年2月には民間右翼の井上日召率いる**血盟団事件**で井上準之助，団琢磨が暗殺され，5月には海軍将校による**5・15事件**で犬養毅首相が暗殺された。1934年には陸軍士官学校事件，1935年には陸軍統制派の永田鉄山が皇道派の青年将校相沢三郎中佐に斬殺されるという事件が発生し，陸軍の統制が揺らぐとともに政府要人は急進派の暗殺テロに絶えず注意を払わなければならなくなっていた。

　また外交面においては満州事変および「満州国」建国（1932年）に関する調査をおこなったリットン調査団による報告が出されると，日本は国際連盟やアメリカによる経済制裁を回避しようとして，1933年，国際連盟を脱退した（井上2011）。

　そのような状況下で高橋蔵相は，1936年度予算において公債漸減策に転じた

---

(10)　三月事件，十月事件，いずれも陸軍中堅幹部によるクーデター未遂事件。背景には，急進派（皇道派）と統制派の対立があった。

(**後期高橋財政**)。つまり，国内の経済状況が一応の回復をみたとの判断を前提に，軍事費の抑制によってシビリアン・コントロール（文民統制）を回復しようと考えたわけである。この予算折衝で高橋は軍部を相手に一歩も譲ることなく，自説を押し通した。しかし，陸軍部内の皇道派青年将校たちは**2・26事件**を引き起こし，高橋を「君側の奸」として暗殺した。「高橋財政」はこれによって挫折させられた。2・26事件後に成立した広田弘毅内閣の下で蔵相の任に着いた馬場鍈一は経済人としてのキャリアは優れていたが，政治的にはもはや軍部の要求を止めようもなく，以後，公債発行による軍事費調達に歯止めがかからなくなっていった。

4. 産業合理化から統制経済へ

産業合理化論

　金解禁のための緊縮政策を実施した浜口民政党内閣は，同時に**産業合理化**政策も推進していった。たとえば，1931年に制定された「重要産業統制法」によるカルテルやトラストの強化，1933年に制定された「日本製鉄株式会社法」による**製鉄合同**などがその一例である。製鉄合同の目的は，官営ゆえにさまざまな規制を受け弾力的な運営ができないでいる官営製鉄所を民営化するという側面もあったが，民間の業者を統合し統制することが第一義的な目的であった。[11]ここではこの時期に広がった合理化論の特徴とそれを支えた精神構造をみていく（以下，Nakamura 2009を参照）。

　結論から言えば，そこには"非効率的な"資本主義システムに取ってかわるべきものとして計画や統制を置く反資本主義的なイデオロギーと，「合理化」＝「節約・勤勉」という通俗的な禁欲主義が，「民政党＝善，政友会＝悪」という構図を取りつつ現れていた。大嶽（2003）は，1990年代以降の日本政治のポピュ

---

(11)　ただし，製鉄合同には川崎造船所や神戸製鋼所は不参加，浅野財閥系の日本鋼管等の3社なども参加を保留し，結局，1所（八幡製鉄所）5社（輪西製鉄・釜石鉱山・三菱製鉄・九州製鋼・富士製鋼）の統合により日本製鉄株式会社が発足した。

リズム的傾向を分析し，メディアによって「構造改革＝善，抵抗勢力＝悪」という二元論的構図が創り出されたと結論づけているが，大嶽が描いてみせた善悪二元論的な構図は，この昭和恐慌期にも当てはまる。[12]

　合理化ということばは，今でこそ『広辞苑』にも「無駄を省き，能率的に目的が達成されるようにすること。労働生産性を高めるため，新技術の採用，企業組織の改変，人員削減などを行うこと[13]」として掲載されているが，当時は耳になじまない，ある意味で新奇な感じを与えることばであった。合理化のもともとのアイディアは，19世紀末にアメリカのフレデリック・テーラーが主唱した**科学的管理法**に由来するものである。テーラー・システムとして知られるその方法は，時間管理を徹底することによって工場労働者の生産性向上を目標としたものであった。[14]さらに1920年代には合理化は一工場の生産性向上にとどまらず，産業全体の効率化，すなわち競争力の弱い企業を淘汰し，一部の大企業をカルテルなどの統制によりつつ保護していくことまでも含んだ内容のものとして喧伝されるようになっていった。19世紀末にアメリカで生まれた合理化思想が，1920年代初頭にドイツで産業合理化思想にまで拡張していき，1920年代末には日本でも広まっていたのである（小野 1996）。

　しかし，一企業，あるいは一工場の効率を論じる合理化から産業全体の合理化へと議論を拡張していくことには，よほど慎重であらねばならない。個別企業の合理化であれば，その責任を負うのは経営者である。そして，個々の企業が創意工夫のもとでコスト削減をはかっていくのは，資本主義的競争のもとでは当然のことであり，何も政府に言われるまでもないことであろう。それができない企業はやがて競争に敗れ，市場から退出していくのみである。しかし，浜口民政党内閣がとなえた産業合理化政策は，そうした個別企業が自らの利潤

---

(12)　戦前期日本のポピュリズムについては，筒井（2018）も参照。

(13)　新村編（2018）の「合理化」項目を参照。この新版から「人員削減」が説明として加わった。

(14)　チャップリンの映画『モダン・タイムス（Modern Times）』（アメリカ，1936）はテーラー主義に代表される資本主義社会を揶揄した作品であるが，日本では1938年に公開された。

追求をはかってコスト・ダウンをおこなっていくことを意味するものではなかった。政府のいう産業合理化の根本概念を，当時の日本の代表的なメディアの1つであった『大阪毎日新聞』（以下，『大毎』と略す）は，次のように説明していた。

　　社会生活に必要とされる商品を，需要の限度を計って生産し，適当な機械力と労働力を配合して過不及なきを期するのが，真に合理的な産業だ。事業は，この方向に統制されねばならない。これは企業家が商品の社会的意味を知ることを最も必要とする。儲けるよりも，社会的利便が商品の第一性質である意義の認識が，合理化の根本条件である。（「社説　合理化の根本概念」『大毎』1930年1月27日）

　すなわち，ここで言われている合理化は，むしろ資本主義的な競争原理や企業の利潤追求を否定したところに成立する，きわめて社会主義的な計画経済に近いものだったのである。武藤山治は，当時，民政党内閣の政策思想を「社会主義的思想と官僚主義的思想の合ひの子」（松浦 2002）と評していたが，まさに合理化の本質と核心を突いていたと言えよう。
　政府が先導し，大新聞がそれを持ち上げ，宣伝された当時の合理化イデオロギーは，端的に言えば「今日まで誤れる軌道の上を走っていたわが経済界を正道に引きもど」し，「破壊でなく，新しき建設」（「社説　誤れる金解禁の災害視」『大毎』1929年12月27日）を求めることであった。
　しかしこれは裏を返せば，民政党内閣が実行した金解禁政策だけでは，真の繁栄は来ないということを意味していた。しかも金解禁政策は政府当局者の責任という色合いが濃いが，合理化努力は，各企業，各個人レベルにまで及ぶものであり，政府の直接の責任を問いにくい構造となっていた。

合理化と清算主義
　当時の合理化論のなかに典型的に現れてくるのが，不良企業の清算はまさに

合理化を通じてのみ可能であり，一時的な景気回復（＝中間景気）はかえってそれを妨げるものであるとの主張である。こうした論説は当時極めて盛んに主張されていた。たとえば，その1人が，民間エコノミストの勝田貞次であり，もう1人は，慶応義塾大学教授であった堀江帰一である（岩田編 2004）。

　彼らの主張の骨子は，安易なデフレ脱却政策は「中間景気」を現出させ，根本的な産業・企業の合理化を妨げてしまうというものであった。つまり，世界恐慌で生糸の輸出市場であったアメリカ経済が崩壊，さらに追い討ちをかけるようにして銀本位制国であった中国の輸出増，また輸出市場としての重要性を増しつつあったインドを含む東南アジア市場での関税引上げが，日本の輸出産業界に打撃を与えていたが，そうした外生的な要因による困難に対しても，それは生産費削減努力によって競争力をつけるチャンスであり，保護に頼らずに自力救済せよということであった。こうした論説が，経済学的分析を土台として導かれる政策提言であるはずもなく，もっぱら人々の情緒的な部分に訴えようとするものであることは明らかであろう。

　当時，資本主義システムがこのままでは立ち行かなくなるのではないかという漠然とした不安が，人々の心をとらえていた。社会主義による計画経済は，資本主義システムにかわりうる，あるいは，それをはるかに凌駕する理想のシステムとして紹介されていた。革命によって誕生したソヴィエト政権を危険なものと警戒する勢力があったのはもちろんであるが，逆にそれを評価する人々も多かった。とくにマルクス主義者に限らず，資本家，経営者，官僚，政治家のなかにも計画経済システムのプラス面を評価するものが多かったのである。たとえば，浜口内閣のときに設置された臨時産業合理局の中島久万吉はそうした論者の1人であった。

　中島は，自由民権運動家であり，初代衆議院議長も務めた中島信行の長男で，当時「財界世話業」として財界を仕切っていた郷誠之助の側近であった。中島自身，1922年の**日本経済連盟会**誕生の際にも，郷や井上準之助とともにその設立発起人となっていることからもわかるように財界世話業の1人であったと言って良い。また製鉄大合同を成功させ，1934年の日本製鉄誕生にも郷らとと

もに中心的な役割を担った。したがって，中島は財界代表とは言っても，**統制経済論**者の1人であり，その考え方は社会主義計画経済的なものに近かった。実際，中島は日本経済連盟会の機関誌などにも，この臨時産業合理局顧問時代の経験を踏まえて，統制経済論についての論文を寄稿している（松浦 2002）。中島など財界主流派にみられた統制への強い指向が，政府の産業合理化路線を支えた部分があったのである。

中島は，雑誌『サラリーマン』（1930年3巻9号）のインタビューにおいて合理化の原則について次のように語っている。「産業合理化の問題は一面に於て冷かな科学的管理の指導と同時に，更に一面に於て熱き人間協力の運動である。[中略] 産業合理化ということは決して一時の救済策でなく新日本創造の時代的運動であるとも言えるし，産業上に於ける新生活様式の産出運動であると言えよう」（中島 1930）。

産業合理化が，単に金解禁政策の後始末でなかったことは，中島も述べている通りであろう。むしろ本当にやりたかったことは，金本位制導入によって不採算企業の清算を大胆に押し進め，最終的には一産業一企業（製鉄業においてはまさにそれがほぼ実行された）的な，そしてそこに国家の介入を大々的に認める，計画経済への移行だったのかもしれない。そこには下からの社会主義革命によるのではなく，上からの動員による官僚主導の計画経済化の遂行というヴィジョンを読み取ることができる。

民政党内閣の経済政策は，非常に厳しい経済環境をもたらしたが，井上蔵相はそうした不況下でも「緊縮整理」の必要を訴え続けた。たとえば，1931年4月におこなわれた全国貯蓄銀行大会において「不景気打開策として或は消費を盛んにして需要を増加すれば，生産過剰も緩和され，好景気に転ずることが出来る。このためには政府において多額の公債を募集して事業を起すことが最も必要であると述べているものがあるが，かかる手段によって，今日の不景気を好景気に転ずるのは困難なのみでなく，却って将来に大害を残すものである」と述べた。新聞はこの井上の演説を引きながら，「公私経済の整理の未だ完了せぬ今日，政府が積極策に転じて，公債を濫発するが如きことがあれば，それは

なお癒りかけた病人が急に不養生をすると同じ結果を招くであろう。蔵相が積極政策の転換の非を指摘したのは当然のことと思われる」（「社説　蔵相の演説／貯銀大会にて」『大毎』1931年4月3日）と論じた。

統制経済

　しかし，実際に産業の合理化は政府が企図する方向へは進まなかった。戦時統制経済については次章であつかうこととして，ここでは日本における自動車産業の統制についてみておこう。

　この時期，20世紀の産業を牽引していくこととなる自動車産業の日本における発展は，はるかアメリカの後塵を拝していた。アメリカでは1910年代にフォードによる大量生産技術が確立し，1920年代の最盛期にはすでに国内のモータリゼーションが進行していた。「自動車王」ヘンリー・フォードが考案したそれは，黒一色で統一され徹底的に標準化された消費財であった。モデルＴと名づけられたフォードの自動車はまたたく間に売り上げを伸ばし，アメリカの全世帯における自動車保有率を50％にまで押し上げた。モデルＴが爆発的に売れた理由は，労働者の所得にあわせた価格設定と，自動車という奢侈品を所有するという満足感を与えることに成功したからである。このことがなぜ画期的だったのであろうか。それは，工場労働者の給与水準を上昇させ，自らの工場が生み出した製品の買い手に育てていくという点にあった。所得水準が上昇すれば，かつての奢侈品は奢侈品ではなくなっていく。フォードの工場での労働は決して楽だったわけではない。しかし，1日5ドルという給与は当時のほかの工場に比べて倍の水準であった。"フォードの工場で働きたい。そして高給を手に入れて自動車を買いたい"という欲望を作り出すことに成功したことが，**大衆消費社会**誕生の画期をなしたのである。

　しかし，日本では豊田自動織機製作所が自動車部を設置したのがようやく1933年のことであった。日本でも都市化は進みつつあったが，自動車は「円タク」と呼ばれるタクシーの需要などに限られており，1920年代半ば以降にはじまったアメリカからの輸入（ノックダウン式という形での現地生産）に依存してい

た。日本で国産自動車製造の重要性が認識されたのは，満州事変後の陸軍においてであった。1936年に制定・公布された「**自動車製造事業法**」は外資系自動車メーカー（フォード，GMなど）の生産活動を厳しく制限し，政府が許可した日本企業に対する補助・育成政策をおこない，自動車生産の国産化を目指したものであった。この時に許可会社として指定されたのが，現在の日産自動車と豊田自動織機製作所（後のトヨタ自動車工業）であったが，こうした自動車製造保護政策は必ずしも成功したとは言えず，戦時中も日本軍は輸送用自動車の確保に悩まされることになった。

　「自動車製造事業法」をはじめとする各種事業法等による統制は，民間企業の反発にもかかわらず国策として進められ，日本経済におけるそれまでの競争による資源配分を大きく歪めたのである[15]。

　1930年代の日本経済においても統制経済の問題点は認識されていたが，そうした「正論」は，国のためという大義名分のもとに押さえ込まれがちであった。1937年に日中戦争が勃発すると統制を実行する経済官僚と軍部との結びつきは強まり，資源・資金の配分，そして生産物の分配と統制は強まっていった。

5. ブロック経済下の通商戦略

海外市場開拓と情報戦略

　そもそも日本の産業化過程では，海外からの資本財の輸入が不可欠であり，外貨獲得のためには，外資導入に加えて輸出の拡大が必要とされた。とくに海外への輸出に際しては，需要地におけるニーズを正確に把握し，それに見合った製品をいかに生産するかが重要な課題であり，日本は早くから海外市場の動向についてその情報収集に官民あわせて力を傾注していった。時代は遡るが，

（15）　戦後，通商産業省が主導して日本の自動車産業を特定産業振興臨時措置法（通称：特措法，1964年審議未了廃案）によって統制下に置こうとした際に，業界はこれに猛反発し，頓挫させた。戦時期における苦い経験があったからであった。

第2章　危機への対応とその挫折

たとえば，益田孝は貿易商社の重要性を説き，1876年には三井物産会社を創立し，同時に現在の日本経済新聞社の前身にあたる中外物価新報社を設立し，『中外物価新報』を発刊した。三井物産も日本経済新聞もやがて日本を代表する商社，新聞社へと発展を遂げていった。

　しかし，こうした民間企業の努力だけにとどまらず，政府もまた海外市場の情報収集を，外務省の在外公館に駐在する領事を通じておこなわせ，それを『通商彙纂』(外務省通商局編，1881年〜現在)⁽¹⁶⁾ などの広報誌を通じて広く商工業者に周知する政策を採った。海外との電信・電話など情報インフラが未整備であった明治期において，速報性には劣るものの現地駐在の領事からもたらされる情報は，価値の高いものであった。このような「**領事報告**」は，通商国家日本の情報戦略の最右翼に位置づけられるものであった (角山 2018)。また実際に日本の商品を海外に紹介するため，各地に商品陳列所が設けられた。国内においても商品陳列所のほか，博覧会や共進会を通じて，広く民間有志によって物産改良の具体的実例が共有されていたが，海外の商品陳列所においては日本製品の宣伝活動がおこなわれた。こうして獲得された日本製品の評判は，「領事報告」を通じて国内の商工業者にフィードバックされていった。また第1次世界大戦中には，日本の輸出製品の「粗製濫造」が問題となっていくが，逆に言うならば，こうしたフィードバック機能を含むネットワークが第1次世界大戦中にはすでにできあがっていたということになるであろう。

　「領事報告」に掲載された情報は，当時の日本のおもな貿易相手国の主要取引産品を中心とするものであったが，それだけにとどまらず，さまざまな未開拓市場や産品におよんでいる。また現地商人との取引に関する法制度上の留意点，商慣習の違い，伝染病などの情報なども掲載された。こうした情報収集にあたって領事の能力を超える場合も多く，別途，商務官を設置する措置が採られたり，あるいは特命を帯びた調査官が農商務省や商業会議所などの業界団体

---

(16)　誌名変更は数次にわたり，現在では独立行政法人日本貿易振興機構 (JETRO) が『ビジネス短信』を発刊している。

などから派遣されたりする場合もあった。こうした海外市場情報の収集や分析は，のちにさまざまな官民のネットワークのもとに発展していった。

　たとえば，学校組織も人的ネットワークの形成に関与した。のちの一橋大学になる東京高等商業学校の専攻部には領事科がおかれ専門職育成に力を注いだし，東京外国語学校 (現在の東京外国語大学) も各国語の通訳を育成した。さらにアジア地域への進出が本格化していく日清戦争前後からはとくに中国語のエキスパート養成がはかられた。なかでも1901年に上海に開校した東亜同文書院は，日清貿易研究所 (1890年，陸軍大尉・荒尾精らが設立) の根津一を初代校長に据え，戦前期の日中関係にさまざまな側面からかかわっていった。

　さらに貿易情報の民間の担い手としては，三井物産，大倉組といった**総合商社**が挙げられる。総合商社とは，貿易業務の多角化のみならず，為替，保険，情報提供など，貿易に関わるあらゆる業務を一手に引き受ける形で発展した日本独自の商社の形態である。遅れて産業化を開始した日本にとって，このような総合商社は，中小企業のみならず大手の紡績会社なども含めて，独自の販売流通ルートを開拓するコストを引き下げ，インフラ的機能をはたした (中村 2017：144-6)。

1930年代の経済外交

　1930年代においても明治期以来のこうした海外市場開拓の努力が続けられ，決してブロック経済圏だけに留まっていたわけではない。とくにこの時期においては従来からのアジア圏のみならず，中近東，アフリカ，さらには中南米にまで日本の商業圏を拡大していく試みがなされた。井上寿一は，この時期にもなぜ日本が通商自由の原則に基づく経済外交を重視したのかについて，「金本位制からの離脱によって円安を誘導し，輸出を拡大する。高橋蔵相の積極財政の対外経済政策は，経済外交の拡大を促した」(井上 2011：152) と述べている。1933年に政府は外務省内に通商審議委員会を設置し，対外経済政策を統合する。「満州事変や国際連盟脱退後だからこそ，日本は経済外交をとおして対外関係の修復をめざ」(井上 2011：153) したのである。以下，井上 (2011) によりな

がら，この時期の日本の経済外交の様子を要約しておく。

　1930年代の日本の経済外交が直面した大きな困難が，世界経済の**ブロック化**であった。ブロック化を主導したのはイギリスであった。[17] イギリスは，1932年の帝国特恵関税制度によりスターリング・ブロックを形成した。[18] 日本の対英貿易依存度が高かったのはもちろんであるが，カナダ，オーストラリア，ニュージーランド，インド，南アフリカなどの英連邦諸国も日本の通商相手国として重要であったので，このブロック経済を乗り越えていくことは重要であった。日本の当初の戦略は，相手国が買ってくれるだけこちらも買うという相互主義に基づくものであった。しかし，考えればすぐにわかるように相手の国が買うだけこちらも買うということは価格の調整が難しい。加えて相手国から買いたいものがなければ，すぐにこの相互主義は崩れていってしまう。相互主義による貿易の拡大は行き詰まってしまった。

　このような状況下，対日経済圧力が高まっていった。カナダは，1932年に為替ダンピング税の新設と産業保護税を日本からの輸入品に適用し，日本からカナダへの輸出（陶磁器や絹織物）はおよそ3分の1にまで激減した。一方，日本は農産物や工業用原料（パルプや木材）の輸入をカナダに依存していた。日本は報復措置としての「**通商擁護法**」（1934年制定「貿易調節及通商擁護ニ関スル法律」）を発動したが，カナダでは保護貿易に対する反対の立場をとる自由党が保守党を破って政権につくと一転して対日貿易推進の風が強くなり，日加貿易は1936年から新協定のもとで進んだ。カナダの政治情勢についての情報はすでに在外公館情報で織り込み済みであり，それゆえ外交の駆け引きとしての通商擁護法発動だったのである。

　次にオーストラリアをみてみる。もともと対豪貿易は日本の輸入超過が続いていた。日本の輸出1に対して輸入が4である。日本は羊毛の輸入をほぼすべて

---

(17)　アメリカも1930年にスムート・ホーリー法（Smoot-Hawley Tariff Act）によって関税を高め，保護主義を採用した。

(18)　イギリスの通貨はポンドを単位とするが，ポンド，シリング，ペンスを含む貨幣としてはスターリングと総称されるため，スターリング・ブロックと呼ばれた。

オーストラリアに依存していたからである。輸出品は綿布と人絹布であった。これらの輸出品はイギリス製品と競合していたが，1932年以降，日本製品が不利となった。しかし，オーストラリアはスターリング・ブロックの主要国として対イギリス貿易に依存している一方で，太平洋国家を目指してもいた。太平洋地域における最重要貿易相手国は日本である。ここに日豪両国は通商条約締結に向けて動き出した。交渉は難航し，一時は相互に報復措置を応酬したが，こうした措置は自由貿易の利益を相互に損なってしまう。両国は，1937年に報復措置を停止することとなった。

スターリング・ブロックとの経済摩擦がもっとも先鋭化したのは，インドをめぐるイギリスとの関係であった。日本の対インド綿布輸出が日英綿業摩擦を引き起こし，インド政府は1933年4月に日印通商条約の破棄を宣言，緊張が高まった。同年インドのシムラで通商交渉（**日印会商**）がはじまった。交渉はイギリスに有利な形で妥結した。日本は満足しなかったが，それでも日印英3国の協調の観点から妥結に応じた。当時，インド国内では反英のマハトマ・ガンジーが率いるインド国民会議派が台頭してきており，日英はこうしたインドのナショナリズム勢力に対抗することでお互いに協調したのであった。

オランダ領東インドでの経済摩擦も同様であった。当時の日本の輸出先として第4位の同地域は，1933年に伝統的な自由貿易主義を廃棄し，非常時輸入制限令を発動した。翌1934年6月，貿易摩擦の調整のため**日蘭会商**が開始された。交渉は難航を極めたが，1937年日蘭通商仮協定の成立に至る。その背景にも政治の意思が働いた。「日本は国際連盟脱退後の対外関係修復の1つとして，仲裁裁判条約のネットワーク化を図っていた。その最初の成果が1933（昭和8）年4月19日の日蘭仲裁裁判条約の調印である。これをきっかけとして，日本はアメリカやタイとも仲裁裁判条約の締結をめざす。日蘭の外交関係は経済関係に優先する重要性があった」（井上 2011：176）。

以上のように経済的自由主義の原則を掲げる日本の通商戦略は，主として2国間交渉によって経済摩擦の調整をはかるものであった。その結果は，関税障壁の一角を崩すこともあれば，不利な条件を呑んで妥協することもあった。こ

うした過程で日本は包括的な通商政策確立の必要性を認識するようになる。1934年，外務省は「協和外交」を掲げつつ，「無競争品の輸出」「輸入品の分散による輸出増進」「輸出統制」「対外国輿論の善導」「新市場の開拓」などの通商原則を在外公館に指示した。日本の官民協調による通商政策は，日米開戦の破局を迎えるまで続けられていたのである。

1930年代の貿易構造

　最後にこの時期の貿易構造の変化をみておく。まず輸出額においては，1931年に11億4,700万円であったものが，1936年には26億9,300万円と約2.3倍に飛躍した。これは，主として繊維製品や電球・マッチなどの軽工業製品の中国・東南アジア向け輸出が中心であった。この日本の輸出拡大は，当該地域に植民地市場をもっていたイギリス・オランダ・アメリカとの間に**貿易摩擦**問題を引き起こした。また日本の植民地（台湾・朝鮮・関東州）および満州との貿易のアジア貿易全体に占める割合が高まり，輸出入とも約6割を占めるようになった。これはそれまでのアジア貿易とは大きく異なる点であった。1935年時点で同圏への輸出は12億220万円にのぼり，そのうち軽工業品が39％，重化学工業品が36％を占めた。一方，同圏からの輸入は10億151万円で食料品が61％，各種原料品が22％であった（岸田 2017：200）。

　他方，この時期にアメリカとの貿易関係で輸出停滞と輸入増加がみられた。恐慌によって生糸輸出が激減したほか，レーヨンなど化学繊維製品が普及したことがその原因であった。輸入については，高度な技術を要する工作機械等が依然として輸入に依存していたのと同時に国内での重化学工業化の進展にともなって屑鉄等の金属原料や石油等の原材料・資源輸入が増加した。

　このように1930年代の日本の貿易構造は，対アジア貿易の輸出超過と対米貿易の輸入超過という構造で特徴づけられるが，対アジア貿易の約6割が「植民地経済圏」，つまり円を最終的な決済通貨とする「**円ブロック**」内部の取引であったため，資源輸入の拡大による外貨不足が，以後，日本経済発展の足枷となった。

コラム② **金本位制とは何か**

　金本位制とは決済手段を金という実物に置く貨幣制度である。金ではなく銀に置いた場合は銀本位制度，両方ともに置く場合は金銀複本位制度と呼ばれる。たとえば，通貨１円を金の重量750mgと等価に定めれば，金本位制を採るということになる。日本は1871年の「**新貨条例**」で金本位制を採用したが，金が退蔵され，実際には開港場で通用していた**貿易銀（のち円銀）**が正貨の役割をはたした。1885年に日本銀行が初の兌換券を発行した際，円銀が兌換貨幣となったのはこうした事情による。しかし，1897年制定の「**貨幣法**」では「純金ノ量目二分（0.2匁）ヲ以テ価格ノ単位ト為シ之ヲ圓ト称ス」と定められた（0.2匁はメートル法換算で750mg）。これによって金の含有量750mgの１円金貨（正貨）が発行され，同時に正貨と兌換可能な紙幣も発行された。兌換券をもつ人はいつでも自由に正貨と兌換できるが，通常は紙幣の利便性から兌換はおこなわれないので，中央銀行は兌換に応じるための正貨準備を１対１で保有しておく必要はない。したがって実際には一定の正貨準備に応じた紙幣が発行されて流通する。これを保証準備制度と呼ぶ。しかし，正貨準備を大きく超える紙幣が発行されると紙幣に対する信用が失われてしまい，インフレーションを引き起こしてしまう。中央銀行は信用を維持する範囲内での紙幣発行が可能であるといえよう（逆に正貨準備以下の紙幣発行しかしなければ，デフレを引き起こす。これを「**金の不胎化**」という）。

　世界の各国がそれぞれに金本位制を採用すれば，各国間で生じた取引の最終的な決済は金の移動によって完結する。またアメリカが１ドル＝1.5 g（1,500mg）と法定していれば，日本円とアメリカドルの交換比率（為替レート）は１ドル＝２円という固定相場となる。1897年に日本が金本位制を採用した時のレートはこれであった。実際には，100円＝50ドルなどと表記された。第１次世界大戦中に金本位制は一時停止されたので，1920年代，このレートは「旧平価」と呼ばれた。

　では，この固定レートはどのように維持されるのか。金本位制の下では，たとえば日本からアメリカへの輸出超過が発生すると金は逆にアメリカから日本へと移動する。これによってアメリカの通貨供給は縮小し輸入も減少する。逆に日本は通貨供給が増加して輸入が増える。アメリカの輸入減少，日本の輸入増加

は，日本の対米輸出超過を解消する方向に動く。これを金本位制度の自動調整機能と呼ぶ。

　戦前期，各国が金本位制度を採用したのは，この金本位制の自動調整機能の作用による為替の安定を期待してのことであった。日本が1897年に金本位制採用に踏み切ったのも，すでに金本位制への移行がほぼ完了していた欧米諸国との為替を安定化させ，外資導入への利便性等を享受するためであった。

図表2-4　金本位制の仕組み

出所：黒田監修，帝国書院編集部編（2017：265）より作成。

第3章
戦時期の日本経済

　　1937年7月7日の**盧溝橋事件**をきっかけに**日中戦争**がはじまると，日本は
戦時体制に移行した。中国での戦争によって日本はアメリカ，イギリスとの
対立を深め，最終的には**太平洋戦争**の開戦に至る。本章ではこの戦時期の日
本における経済状況を統制経済の深まりとその挫折の過程として述べる。ま
たアメリカとイギリスは早くも1941年8月には第2次世界大戦後の国際秩序
構想を探っていく（大西洋憲章）。対する日本は「大東亜共栄圏構想」を打ち
出した。

【主要な出来事】
1937年　日中戦争（〜45年），企画院発足
1938年　近衛文麿内閣（第一次近衛声明），国家総動員法施行
1939年　ノモンハン事件，第2次世界大戦（〜45年）
1940年　日独伊三国同盟
1941年　東条英機内閣成立，大西洋憲章，太平洋戦争（〜45年）
1942年　ミッドウェー海戦
1944年　サイパン島陥落，小磯国昭内閣成立，本土空襲本格化
1945年　鈴木貫太郎内閣成立
　　　　沖縄戦，広島・長崎に原爆投下，ポツダム宣言受諾，日本敗戦
　　　　連合国軍による進駐開始

1. 大恐慌への各国の対応

　世界各国は大恐慌期にそれぞれの対応を迫られた。アメリカは**ニューディー
ル政策**を発動し，それまでの自由主義を修正していく。ソ連はスターリンの指
導のもとで**計画経済**を導入し，産業化を進めた。イギリスは他国に先んじてブ
ロック経済を形成，自由貿易から保護貿易へと舵を切りつつ，国内では労働党

と保守党の連立による挙国一致体制を形成した。第1次世界大戦の敗戦国で
あったドイツはワイマール共和国体制下でナチスが台頭し，やがてヒトラー独
裁のもとで経済の立て直しをはかった。しかし，どの国も自由主義や民主主義
の勢力が後退し，国家が経済に全面的に介入してくるという意味では共通の部
分を多く含んでいた。

　前章でもみたように，大恐慌に対応する最初の経済政策は，保護貿易主義政
策であった。19世紀以来自由貿易主義で一貫してきたイギリスも1932年のオ
タワ協定により英連邦内の各国各地域に特恵関税を適用し，域外には高率の関
税を適用した（スターリング・ブロック）。同様にフランスもフラン・ブロックを，
アメリカもドル・ブロックを形成した。ドイツでは「生存圏」「広域経済圏」と
称され，自国の自給自足を可能にする政治的支配権を形成すべく東欧，南欧方
面に侵攻していくことになった。

ニューディール政策

　国内政策でも各国は大不況に対応してあらゆる手段を動員していった。大恐
慌の震源地となったアメリカでは，1933年に全国産業復興法（National Industrial
Recovery Act: NIRA）により生産統制を通じて企業利潤の確保，農産物価格の支
持が試みられ，また最低賃金規制によって需要を下支えしようとした。また失
業者を吸収するための公共事業をおこなう機関としてテネシー川流域開発公社
が設立された。

　しかし，産業統制法であるNIRAについては自由主義経済原則に抵触すると
して違憲判決が出され，これに基づく諸政策は不可能となった。そのため，
1935年には社会保障法（Social Security Act），全国労働関係法（ワグナー法）など
によってセーフティネットを敷かざるをえなかった。アメリカの自由主義原則
は大恐慌によって大きな変更を余儀なくされたのである。

　これら一連の政府による市場経済介入政策は，ニューディール政策と呼ばれ
た。1936年に出版されたケインズによる『雇用・利子および貨幣に関する一般
理論』はニューディール政策の理論的基礎を与えたわけではなかったが，事実

図表3-1　大恐慌期のアメリカ経済の動向（1930 〜 35年：1929年＝100 ＊失業率を除く）

	1930 年	1931 年	1932 年	1933 年	1934 年	1935 年
卸売物価	90.7	76.6	68.0	69.2	78.6	83.9
鉱工業生産	80.7	68.1	53.8	63.9	66.4	75.6
輸出価格	73.3	46.1	30.6	24.8	24.8	26.4
輸入価格	71.8	48.1	30.5	25.8	24.1	32.7
失業率(％)	9	17	28	28	25	23

出所：三和・原編（2010：114），4・63表より作成。

上，有効需要の創出，完全雇用を目的とするこれら諸政策は**ケインズ政策**の先取りとなった。

社会主義計画経済

　一方，ソ連は資本主義経済の影響を受けずに独自の躍進を遂げたと考えられていたが，実際にはどうであったのだろうか。社会主義経済のモデルとして戦後も大きな影響を与えたソ連経済についてやや詳しくみておこう。

　1918年7月4日から7月10日にかけて開かれた第5回全ロシア・ソヴィエト大会は最初のソヴィエト憲法を採択した。憲法の基本的任務は「ブルジョワジーを完全に抑圧し，人間による人間の搾取をなくし，階級への分裂も国家権力もない社会主義をもたらすために，強力な全ロシア・ソヴィエト権力のかたちで，都市と農村のプロレタリアートおよび貧農の独裁を確立すること」（第9条）とされた。

　国内での反対勢力を弾圧し，対外的な干渉戦争に勝利した革命政権は，1922年にソヴィエト社会主義共和国連邦の建国宣言をおこなったが，レーニンの病気による指導力低下によって政権内部の権力闘争が激化していた。そのようななかで権力奪取に成功したのが，ジョージア人のヨシフ・スターリンであった。スターリンは，赤軍の創始者で政敵であったレフ・トロツキーを追放（のちに亡命先のメキシコで暗殺）すると，次々と反対派を粛清し，独裁的地位を確立していった。スターリンは，戦時共産主義体制のあとに導入された**新経済政策**（ネッ

プ）にかわって，1928年から農業の集団化（コルホーズ［集団農場］，ソフホーズ
［国営農場］）を核とする**第１次５カ年計画**を導入した。これによって，ネップ中
に復活していた自営農民による農業経営は徹底して解体され，クラークと呼ば
れる土地所有農民は処刑されたり，シベリアの収容所に送られたりした（その犠
牲者は数百万人に及ぶとされる）。この無理な農業集団化の強行により，1932〜
33年には大飢饉が起こり，500万人とも1,000万人ともいわれる餓死者が出た。
とくにウクライナにおけるホロドモール（飢餓）は甚だしく，400万人から700万
人の餓死者が出た。2006年にウクライナ政府はこの飢餓をウクライナ人に対す
るジェノサイド（大虐殺）と認定している。

　しかし，こうしたソ連の悲惨な状況は当時世界の人々には知らされていな
かった。むしろ逆に第1次5カ年計画によってソ連が急速な重化学工業化を成し
遂げていたことが賞賛されていた。ソ連を訪問した西側の知識人たちのなかに
は資本主義の行き詰まりを打破するには，こうしたソ連型社会主義が望ましい
と思っていたものも数多くいたのである。実際，ソ連が発表する経済成長の数
字は驚嘆すべきものであった。また先進国だけではなく，第2次世界大戦後に
誕生した多くの社会主義国家にも（ソ連の衛星国家はもとより，社会主義を標榜す
るほかの国家群，とくに中華人民共和国をはじめとするアジアの社会主義国）大きな
影響を与えた。**マルクス＝レーニン主義**による経済政策は，すなわち共産党指
導に基づく計画経済とイコールと思われたのである。

　では，共産党指導による計画経済とはどのようなものであったのであろう
か。まず，達成すべき統制数値がゴスプラン（国家計画委員会）により定められ，
国有企業や集団農場に対して生産計画数値であるノルマの達成を厳命するとい
うのがその基本にあった。ゴスプランの研究者であったG.A.フェリドマンのモ
デルにしたがって，重工業優先の発展戦略により，コンビナートと呼ばれた工
業地域の計画・建設，天然資源（石炭など）の大規模な開発が進行した。一方で，
こうした計画経済のあり方に異をとなえるものもいた。レーニンによって「党
の寵児」と言われたニコライ・ブハーリンなどがそうであった。ブハーリンは
ソ連経済のあり方を過渡期の経済と規定し，漸進主義的な社会主義路線を主張

したが，スターリンによって「右派」の烙印を押され，政治局員等共産党の要
職を罷免され，1938年に銃殺された。

　ロシアでの社会主義革命は，マルクスが予言したような成熟したブルジョア
国家での体制転換という形をとらなかった。ブルジョア国家として不完全で
あった国でも社会主義体制への移行が可能かどうかについては，論争ともなっ
たが，現実的にはむしろ後進国で「社会主義国家」が多く誕生し，逆に先進国
では階級宥和的な諸社会政策によって，混合経済型の資本主義体制がとられる
ようになったのである。

ファシズム

　また第1次世界大戦後，イタリアやドイツで台頭してきた**ファシズム**も世界
恐慌を契機にその勢力を増大させていった。ファシズムとは個人の自由を制
限・抑圧しつつ，強力な全体主義体制を志向する政治運動を指す。イタリアの
ベニト・ムッソリーニ率いるファシスト党やドイツのアドルフ・ヒトラー率い
るナチス（Nationalsozialistische Deutsche Arbeiterpartei：国家社会主義ドイツ労働者
党）は，ファシズム志向がとりわけ強かった。

　とくにドイツではヴェルサイユ条約によって第1次世界大戦の賠償を重く負
わされており，国民の間でもヴェルサイユ条約体制への不満が高まっていた。
大恐慌によってアメリカから環流していたドイツへの資金的援助が滞ると，そ
の傾向はますます強くなり，煽動的な政治手法で台頭してきたヒトラーは，
1933年に授権法を制定，議会機能を停止させて政権を掌握した。ナチス政権下
のドイツでは，対外的な危機意識を煽りつつ再軍備によって需要が創り出され
るとともにアウトバーン（高速道路）の建設をはじめとする公共事業が導入さ
れ，失業者の吸収が図られた。[1]

　またナチスの金庫番と呼ばれたヒャルマル・シャハト（ライヒスバンク総裁，
経済相）は軍備費手形（メフォ手形）を発行して軍備費を調達し，事実上の貨幣供

（1）　ヒトラー政権成立直前の1932年，ドイツの失業率は45％程度で先進国中もっとも高か
　　った。

給増加策をおこない，一時的なドイツ経済の立て直しに成功した。またクルップなどのドイツ軍需産業資本もヒトラー政権を支持した。しかし，元来市場経済主義者であったシャハトはその後統制を強めていくナチスの方針と対立し，**第2次世界大戦**前には総裁を解任された。1939年9月にドイツ軍が**ポーランド侵攻**をおこない，第2次世界大戦が勃発したときにすでにドイツの国内経済状態は深刻なインフレの危機にあり，対外戦争による事態打開にしかその克服が見いだせなかったのである。

2. 日中戦争から太平洋戦争期の日本経済

戦時統制経済の開始

1936年の2・26事件後に成立した広田弘毅内閣のもとで蔵相に就任した馬場鍈一は，高橋の国債漸減方針を撤回し，軍事予算は以前の3倍増と跳ね上がった。以後，日本の軍事予算は政府財政を大きく圧迫していく。また軍需物資価格の高騰と輸入の増加によって国際収支が悪化したため，1937年1月に**輸入為替管理令**が出された。これは軍備拡大に不要な物資の輸入に制限を課すものであったが，貿易赤字は前期比で2倍になった。

広田内閣が政党と軍部の対立を収拾できずに総辞職を余儀なくされると，宇垣一成陸軍大将（予備役）に組閣の大命（天皇の命令）が降下したが，かつて「宇垣軍縮」を実行した人物に対する陸軍の反発によって流産した（宇垣流産内閣）。あらためて林銑十郎が首相となると，林首相は蔵相に財界出身の結城豊太郎，日銀総裁に池田成彬を起用し，軍部と財界の協調を目指す「軍財抱合」路線を模索したが，軍拡への動きは止められず，民間企業は軍需産業へと進出していった。結局，林内閣も短命に終わり，1937年6月に近衛文麿が首相となって挙国一致内閣を組閣した。

1937年7月，**日中戦争**が勃発すると第1次近衛内閣は，「輸出入品等臨時措置法」「臨時資金調整法」を制定し，また「財政経済3原則」において，① 生産力の拡充，② 物資需給の調整，③ 国際収支の均衡を掲げた。一方，苦境に立たさ

れた蔣介石の国民政府はソ連との不可侵条約締結，共産党との提携（**第2次国共合作**）で日本への抵抗を続けていった。近衛内閣は「国民政府を対手とせず」とした近衛声明（第1次）を1938年1月に発表し，自ら日中和平の道を絶ってしまう。そして，同年3月には「**国家総動員法**」が制定され，これに基づき企画院による**物資動員計画**が策定されると，モノとカネからヒトにまで統制が拡大した。一方，軍需中心の資源配分における重点産業から除かれた産業である繊維産業などは大きなダメージを受けた。

　近衛首相は，1938年11月に「東亜新秩序建設」を戦争目的と規定する声明（東亜新秩序声明，第2次近衛声明）を発表し，さらに同年12月には親日派の汪兆銘（中華民国の政治家。蔣介石と対立し日本との和平を模索した）に対して「近衛三原則」（善隣友好，共同防共，経済提携）を日中和平の基本方針として呼びかける声明（第3次近衛声明）を発表したが，汪兆銘に呼応する中国側の有力政治家はおらず，和平は頓挫し，近衛内閣は1939年1月に総辞職した。その後，平沼騏一郎内閣，阿部信行内閣，米内光政内閣と短命政権が続いたが，いずれも外交政策に失敗し，日中戦争は泥沼に陥っていった。

第2次世界大戦勃発と統制経済の深化

　1939年9月にヨーロッパで第2次世界大戦が勃発すると，阿部内閣は，価格等統制令，地代家賃統制令，賃金臨時措置令などの勅令によって物資価格，賃金，給与，地代・家賃の統制を開始した。

　1940年になるとヨーロッパからの輸入減，中国を巡って米英との緊張がますます高まり，7月には，官僚組織・政党・産業界・労働組合等を「公益優先・職分奉公・生産増強・指導者原理・官民協力」といったスローガンで再編する**新体制運動**を主導した近衛が第2次近衛内閣を組織し，「大東亜新秩序」建設，「高度国防国家」建設を目的に掲げた。実際に政党と労働組合は，それぞれ大政翼

---

(2)　国家総動員とは，同法第1条に規定されたように「戦時（戦争に準ずべき事変の場合を含む以下之に同じ）に際し国防目的達成の為国の全力を最も有効に発揮せしむる様，人的及物的資源を統制運用する」ことを指す。

賛会，産業報国会へと再編されていった。また**企画院**は会社利益統制令，会社経理統制令を公布して利益分配の制限，価格設定への介入，官僚主導の業界団体（統制会）設立などを強行していく。しかし，企画院が内閣に提出した「経済新体制確立要綱に関する企画院案」に対し，小林一三商工相，財界人らは「赤化思想の産物」と非難し，さらに平沼騏一郎内務大臣の方針によって企画院調査官・職員が検挙されることとなった（**企画院事件**）。実際，被検挙者の多くはかつて左翼運動に参加し，治安維持法違反によって検挙された経験をもっていた。

それより先，1940年1月に「日米通商航海条約」が失効し，日本の貿易環境が不安定になっていくなか，東南アジア方面のフランス領，オランダ領を奪取するという「**南進論**」が台頭していたが，フランスがドイツに敗北するとそれを機に日本はイギリス・アメリカによる援蔣ルート[3]遮断のため仏領インドシナの北部（北部仏印）に進駐した。また中国・太平洋地域における英米を牽制するために9月にはドイツ，イタリアとの軍事同盟（日独伊三国同盟）が結ばれた。ここに至って日本は枢軸国側につき，アメリカとイギリスを中心とする連合国側と決定的に対立することになった。さらに1941年6月22日，独ソ戦がはじまると日本は南部仏印に進駐，アメリカ，イギリス，オランダは日本の対外資産を差し押さえ，対日貿易禁止措置を採るなど，日本に対して経済制裁をおこなった。

太平洋戦争の開戦

第3次近衛内閣は，対英米強硬論をとなえる陸軍と仏領インドシナからの撤退，日独伊三国同盟の廃棄を要求するアメリカとの板挟みになり総辞職した。近衛の後継として指名されたのは，陸相の東条英機であった。開戦を回避したい昭和天皇の意を汲んで陸軍をコントロールできる人物は東条しかいないと思われてのことであった。しかし，東条内閣は対外交渉に失敗し，1941年12月8日，アメリカ，イギリスとの開戦に踏み切った。日本軍は緒戦で勝利し，香港，

---

(3)　イギリス・アメリカ・ソ連などが中国の蔣介石率いる国民政府軍を援助するために物資を輸送したルート。香港，仏印，ビルマなどを通過するルートが主であった。

マニラ，シンガポール，スマトラ，ボルネオを制圧した。しかし，東南アジアの石油，錫，ボーキサイト，ゴムなどの天然資源は軍票で調達し，太平洋方面での戦線維持は，"作戦軍の自活"，すなわち略奪で成立させるという杜撰な作戦計画にのっとったものであった。

東条内閣は開戦と同時に物資統制令を公布，また官民協調の産業統制団体として「統制会」を拡充強化し，民間企業同士の自主調整で戦時経済に対応しようとしたが，「統制会」は大企業が優遇され，兵器工業は陸海軍が直接管理にこだわったため，結局，機能不全に陥らざるをえなかった。東条内閣は軍需会社法を制定し，直接統制をおこなうが，資源獲得は予想通りに進まず，国内生産も落ち込んでいった（永江 2017）。

3. 戦時統制経済の挫折と戦争の帰結

食糧と電力の国家管理

統制経済とは市場経済の全部ないしは一部に政府が介入して取引をコントロールするあり方をいう。これは政府介入なしの市場での自由な取引が資源配分に失敗するという考え方（「市場の失敗」）に基づいている。しかし，国家が基本的に資本を所有する社会主義計画経済とは異なり，私有財産制は一般的に認められている。戦時・準戦時などの「非常時」において戦争遂行目的のために統制経済が導入されることが多く，第1次世界大戦時には欧州各国で統制経済が導入された。

日本でもすでに第1次世界大戦後の時期から統制政策は一部導入されてきた。たとえば，前に述べたようにシベリア出兵を機として発生した米騒動時における「**米穀法**」（1921年）による米価統制の試みがその1つである。米穀法は1933年に「**米穀統制法**」となり，1936年には「**米穀自治管理法**」も制定された。1942年の「**食糧管理法**」成立までの米穀統制は基本的には市場での流通を前提に政府が過剰米を買い入れて市場価格を調整するためのものであった。つまり，消費者に安い米を供給することに重点が置かれた。しかし，「**食糧管理法**」は米の

54

供出・配給制と公定米価を定めたもので，これは戦争遂行のために前線の兵士への食糧供給が第一の目的であった。ここに至って流通米全量に対する国家管理が完成した。戦後間もない時期には国民への安価な米の供給がその主要目的であったが，高度成長期になると都市と農村の格差解消という観点から食糧管理体制が継続された。しかし，1994年の「**主要食糧の需給及び価格の安定に関する法律**」（**新食糧法**）制定，2004年の同法大改正を経て，国による食糧統制は事実上終わった。

　また食糧と並んで重要な統制対象としては，電力が挙げられる。第1章でみたように1920年代は「電力戦」と呼ばれるような電力会社による過当競争が繰り広げられていた。こうした状況に対して革新官僚，軍部はエネルギーの国家統制を進めようとした。東邦電力の松永安左エ門や小林一三らは自由主義経済の立場からこれに反対したが，1938年には「**電力管理法**」等が成立し，翌年には民間電力会社や公営電気事業から設備提供を受けて**日本発送電株式会社**が発足した。1942年には配電事業の統合もおこなわれて，発送電事業は日本発送電が，配電事業は全国9つの配電会社がそれぞれ担当する電力国家管理のシステムが完成した。

　電力の国家統制のもとでは電気料金が低く抑えられ，結果生じた収入減を政府が補助するという食糧管理体制と同じ方策が採られた。しかし，こうした政府の補助金は日本発送電や9配電会社の合理化努力を鈍らせる弊害をもたらした。こうした電力国家管理の終焉は，とりあえず1951年の電気事業再編成による民営9電力体制の誕生を待たねばならなかった。

「満州国」での実験

　日本の国内での統制経済の試みは，既存業界の激しい抵抗にあった部分もあり，政府，官僚の意図する通りに進まない部分も多かった。しかし，国内での

（4）　本来は政治にしたがう立場にある官僚が，政治に積極的に介入していくケースが第1次世界大戦期以降多くみられるようになった。そうした官僚群を，時期やその性格によって新官僚，革新官僚などと呼ぶ。

統制経済をより拡充した計画経済の試みは，1932年に誕生した傀儡国家「**満州国**」でおこなわれた。革新官僚の一部は，満州での理想国家建設を企て，それを実行に移していった。彼らは第1次世界大戦後の世界史的大変動のなかで，国家が主導する計画経済体制の構築を目指したが，満州はその実験場とされたのである。目的は，日本の重要物資供給を担っていくためであり，具体的には「**満州産業5カ年計画**」などが策定された。この革新官僚のなかで最も影響力をもったのが，1937年，満州国国務院総務長官となった星野直樹であった。星野は帰国後，第2次近衛内閣のもとで企画院の総裁に就任した。さらに1941年東条内閣が成立すると，内閣書記官長となり，東条内閣を支え続けた。

満州には新興財閥も重化学工業の担い手として進出した。1928年，久原鉱業社長に就任後，同社を日本産業株式会社と改称し，傘下に日産自動車，日立製作所，日本鉱業，日産化学などを置く日産コンツェルンを形成した鮎川義介は，1937年に満州に本社を移し，**満州重工業開発株式会社**の初代総裁に就任した。鮎川は東条英機（関東軍参謀長），星野直樹，岸信介（満州総務庁次長），松岡洋右（満鉄総裁）らとともに満州の重化学工業化に尽力したが，のちに関東軍との関係が悪化すると1942年，満州重工業開発の総裁を辞任した。

財閥の変容，地主制の弱体化

国民と社会経済のすべてを戦争に動員する**総力戦**（Total War）として戦われたアジア・太平洋戦争は，その過程で戦前の経済システムも大きく変化させた。その1つが財閥の変容である。これは重化学工業の進展にともなって，財閥の株式公開が進み，財閥の同族支配が弱体化していったことを指す。また財閥が私的な利益の追求のみをおこなっているのではないことをアピールする必要性もそれを後押しした。さらに金融統制が進むなかで間接金融体制に重点が移行していったため，財閥持株会社の支配力がさらに弱まっていく結果となった。

---

(5) 協調会は，社会政策・社会運動に関する調査研究，政府への意見提出，社会政策学院などの経営，労働者教育，労働争議の仲裁，和解など幅広い事業をおこなった財団法人で，1919年に設立された（梅田ほか 2004）。

産業全体でみると，1938年に協調会主導でなされた**産業報国運動（産報運動）**が重要である。この運動は，やがて事業所別に組織された職工一体の単位産業報国会（単位産報）形成へと繋がっていった。単位産報は，労働者の戦時体制への統合を強要するとともに，職員と工員の心理的格差を縮小させ，戦後の企業別組合へと連続していった面がある。

また戦時期には明治以来の地主制が後退した。すでに大正時代には**小作争議**が頻発したことから地主が農地を賃貸しして小作人が小作料を支払うというシステムの採算性が悪化していたが，戦時期には，食糧増産の観点から直接耕作者を優遇する一連の政策が採られることによってそれが助長されていった。1939年の小作料統制令，1940年の米の供出制度，1941年の臨時農地価格統制令によって終戦前までに地主制は大幅に弱体化していった。

敗戦

1943年2月のガダルカナル島での敗退後，政府は，船舶・航空機・鉄鋼・石炭・軽金属を超重点産業に指定，生産増強をはかった。しかし，これは従来の統制がすでに破綻していることを意味していた。1944年6月のマリアナ沖海戦，サイパン島陥落によってそれは決定的なものとなり，東条内閣は総辞職した。以後，1945年8月15日の敗戦までの約1年間，本土決戦がとなえられたが，実際には戦争遂行は困難さを増し，1945年2〜3月の硫黄島の戦いでの敗退，1945年3〜6月の沖縄戦敗退，繰り返される本土空襲，そして8月の原爆投下，ソ連参戦によってついに**ポツダム宣言**を受諾し，敗戦を迎えることとなった。

戦争において日本がこうむった損失は甚大であった。ポツダム宣言受諾による領土の喪失（日清戦争以後に獲得した全植民地の喪失など），工場や諸生産設備などストックの被害，そして何よりも尊い人命が失われ，それまで日本が築き上げてきた成果を大きく毀損したのである。

図表3-2　戦争による国富の被害額 (億円)

	被害計	無被害想定額	終戦時残存国富	被害率(%)	1935年国富の終戦時現在換算額
資産的国富総額	643	2,531	1,889	25	1,867
建築物	222	904	682	25	763
工業用機械器具	80	233	154	34	85
船　舶	74	91	18	82	31
電気ガス供給設備	16	149	133	11	90
家具家財	96	464	369	21	393
生産品	79	330	251	24	235

出所：中村 (1993：135) 第34表。

4. 戦時下の国民生活

資源配分の歪みがもたらした生活困窮

　戦時統制経済下では民需よりも軍需を優先した資源配分がおこなわれた。その結果，本来であれば国民生活を豊かにするはずの経済活動は滞った。日中戦争勃発直前である1937年時点の日本のGNPは明治維新以来の最高水準であったから，国民はそれなりの暮らしを享受できていた。しかし，1941年の太平洋戦争突入以降，戦争は急激に国民生活を圧迫していった。以下，毎日新聞 (2015) によりつつ，戦時下の国民生活の様子についてみておこう。

　まず食糧供給はどのようであったのか。軍需優先の統制経済下で農業に回されるはずの化学肥料 (窒素肥料，リン酸肥料) の生産は1944年には1940年比の20％以下にまで落ち込んでいった。このため農業の生産性は急激に下がり，1945年には戦前水準 (1933〜35年平均) の7割を下回ってしまった。「**大東亜共栄圏**」[6]構想では不足する主食の米を外地 (朝鮮や台湾，東南アジア) からの移入で補うはずであったが，戦争による輸送船被害によって内地への米の供給は滞るばかりであった。政府は配給制を開始し，指定物資ごとに配給割当量を取り

――――――――――

(6)　第2次近衛内閣のときに策定された「基本国策要綱」以降，大東亜新秩序構想を実現する範囲として唱えられた。

決めた。主食の米については1941年4月に6大都市（東京，大阪，名古屋，京都，神戸，横浜）を皮切りとし，11 〜 60歳は1人1日当たり2合3勺（=330g）と，従来の平均消費量（3合=450g）の約4分の3に削減することで，主食を海外に依存しない戦時体制の強化を目指した。しかし，配給だけでは従来の生活水準を維持することが困難になるのみならず，労働生産性にも影響を与える。工場で働く人々に就業・残業の忌避や退職希望者が激増し，徴用された労働者の中には逃亡する事例もみられた。

　そのような状況で「闇（ヤミ）取引」が蔓延していくのは必然であった。1944年上半期において，政府が定めた公定価格（配給価格）に比べ，ヤミ値は米が東京，大阪で約33倍，砂糖が東京で約38倍，大阪で45倍にもなっていた。そのため，生産出荷組合職員による横流し，町会職員による配給券の偽造，配送段階での荷抜きなども続発した。農家は配給用に農産物を供出していたが，ヤミ値が政府の買い入れ価格をはるかに上回ったため，隠匿行為が相次いだ。都会での食糧不足に拍車がかかり，ヤミ取引がさらに横行するという悪循環にも陥り，当局の取り締まりにもかかわらず，国民生活はますます逼迫していった。

　戦時中，「欲しがりません勝つまでは」という標語が作られたが，空腹は精神論では克服できない。1941年の配給制施行と同時に経済犯罪（価格等統制令，繊維製品配給消費統制規則，食糧管理法などの違反容疑）は急増し，検事局の受理人数だけでも1943年度には全国計16万5,945人に達した。政府は1944年2月に「決戦非常措置要綱」を閣議決定し，「時局の突破のためには，国民生活を徹底的に簡素化し，第一線将兵の困難欠乏を偲び，如何なる生活にも耐うる覚悟を固めしむ」と布告し，国民に耐乏生活を呼びかけた。しかし，国民の間では軍人勅諭のフレーズ「一つ，軍人は忠節を尽すを本分とすべし」をもじり，「一つ，庶民は要領をもって本分とすべし」ということばがはやったという。

物資統制とインフレ

　不足したのは食糧ばかりではなかった。1942年5月，政府は国家総動員法に基づき，企業整備令を公布し，商業・民需部門の中小企業を中心に整理を進め

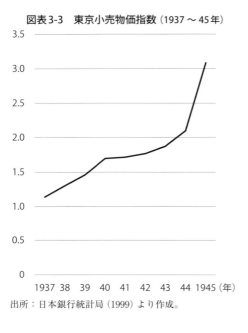

図表3-3 東京小売物価指数 (1937 ～ 45年)
出所：日本銀行統計局（1999）より作成。

た。とくに綿糸紡績，製紙，羊毛工業は，3割を閉鎖・休止させ，2割を軍需工場に転換させた。1943年には鉄鋼，石炭，軽金属，船舶，航空機の5業種を重要産業に指定し，繊維・食品（油脂，製粉，ビール），肥料産業などから転換させた。こうした物資統制が招いたのは急激なインフレだった。全国小売物価指数は日中開戦の1937年を境に右上がりの急カーブを描き，日米開戦後の1942年には1929年比で74.4％増にまで上昇した。さらに増大する軍事支出に充てるため，政府は租税の増徴と公債の発行を強化した。公債は日銀引き受けで消化されたため通貨は膨張し，インフレをさらに昂進させた。

　政府は，インフレによる物価騰貴を抑えるため，食料品などを除いた価格を1939年9月18日時点に据え置き，賃金の凍結などを強制した（**9・18停止令**）。しかし，物不足が解消されなければ，抜本的な解決にはならない。軍需産業の増強による労働時間の増加などで賃金は上昇したが，それを物価の上昇が上回ったため，実質賃金は減少するばかりだった。これに戦費を捻出するための増税が追い討ちをかけた。政府は1940年に**所得税の源泉徴収**を開始するなど収税を強化し，さらに健康福祉の充実を名目に社会保険料を増額した。また戦時公債を消化するために給与に応じた強制貯蓄を実施した。こうした課税と貯蓄が国民総所得額中に占める比率は，1944年に61.4％と1936年の12％に比べると約5倍にもなった。

徴兵・動員・銃後

　戦時下で国民に強いられたのは，税金や公債の購入，強制貯蓄ばかりではなかった。1943年，徴兵年齢は19 〜 45歳に拡大され，「赤紙（召集令状）」1枚で一般男性が次々に戦地へ送られた。大学生などは当初徴兵義務を免除されていたが，同年には在学徴集延期臨時特例が出され，多くの学生が戦場へと送られていった。同年10月21日におこなわれた明治神宮外苑における出陣学徒壮行会はNHKでも実況され，また映画『学徒出陣』も製作されるなど軍部によるプロパガンダにも利用された。

　また日本の植民地であった台湾や朝鮮でもこうした動員は，より積極的におこなわれた。大日本帝国臣民として十分な権利を有していなかった植民地の民衆にとっては戦争に積極的に協力加担することで，臣民の権利を拡張する機会であるともとらえられたからである。台湾の先住民族（高砂族）なども日本－台湾の支配－被支配の関係に加えて台湾島内の平地人－高地人という差別構造のなかで，より一層の忠誠心を強要された側面を否定できない。[7]

　一家の働き手を失い残された人々も勤労を通じての戦争協力が強制された。工場などには子どもや女性らが根こそぎ動員されたが，生産性は当然のように低下した。こうした労働力の移動について，終戦直後に「アメリカ合衆国戦略爆撃調査団」が日本政府の国勢調査報告などをもとにまとめているが，それによると，おもに軍需産業と直接の関係が薄い分野（農林漁業，商業）から，軍事動員が進められたことがわかる。

　もっとも戦時下の動員体制下にあっては，いわゆる「銃後の守り」が喧伝されるのみならず，そうしたイデオロギーを介して，実際上の階級的格差を解消しようとする力が働いた。企業は従来の職員と工員の差別を解消し，一丸となって合理化の努力をおこなう面もあった。小作農民もまた直接の生産者という立場が強化され，次第に地主からの自立をはたしていった。女性や子どもと

---

(7)　戦争末期，台湾の先住民族（高砂族）により高砂義勇隊が日本軍の部隊として編成された。フィリピン，ニューギニアなど密林地帯の戦場に投入するために創設された部隊であった。隊員は軍属であり軍人ではないが，戦闘に参加し，戦死者の割合が作戦をともにした軍人よりも多かったといわれている。

いった非生産的とみなされていた人々も生産活動に携わることによって「経済的自立」の端緒をつかんでいった。女性解放論者の多くがこの時期に戦争遂行の礼賛者となっていくのは，それなりの理由があったのである。

5. 戦後国際秩序の模索と構築

大西洋憲章と大東亜共同宣言

　太平洋戦争開始前の1941年8月，アメリカはまだ枢軸国に対して宣戦布告をしていなかったが，すでに第2次世界大戦後の国際秩序についてイギリスと合意した（**大西洋憲章**）。この憲章は(1) アメリカとイギリスの領土拡大意図の否定，(2) 領土変更における関係国の人民の意思の尊重，(3) 政府形態を選択する人民の権利，(4) 自由貿易の拡大，(5) 経済協力の発展，(6) 恐怖と欠乏からの自由の必要性，(7) 航海の自由の必要性，(8) 一般的安全保障のための仕組みの必要性の8項目であった。連合国側の戦後構想は，先進的な「恐怖と欠乏からの自由」などを掲げる一方で，必ずしもアジア・アフリカの植民地にまで適用しようとしたものではなかった。この大西洋憲章には同年9月24日にソ連など15カ国が参加を表明した。

　この憲章に対して植民地支配の否定と有色人種に対する人種差別撤廃を掲げ，1943年11月6日に開かれた**大東亜会議**で日本が提唱したのが**大東亜共同宣言**であった。この会議には，中華民国（南京）国民政府の汪兆銘行政院長，満州国の張景恵国務総理大臣，フィリピン共和国のホセ・ラウレル大統領，ビルマ国のバー・モウ内閣総理大臣，タイ王国のワンワイタヤーコーン親王（首相代理），そしてオブザーバーとしてイギリスからの完全独立を目指していたインドの亡命政権である自由インド仮政府首班のチャンドラ・ボースが参加した。この会議は世界史上初の有色人種のみによる国際会議という性格を有していたが，日本の利権に変更を加えようとするものではなく，アジア各国の真の解放に結びつくものではなかった。

戦後構想の具体化

　第2次世界大戦開戦後，緒戦では後退を余儀なくされた連合国であったが，1943年2月，スターリングラードの戦いでドイツがソ連に敗れ，以後，ドイツの軍事的・外交的な後退が決定的なものとなった。逆に言えば100万人以上の犠牲を出してドイツを退けたソ連の発言力が増すことにもなり，対ファシズム戦線で協働していた米ソの亀裂が生じていく契機ともなった。アメリカを中心とする連合国軍が欧州戦線で決定的な勝利をえることが必要とされ立案されたのが，「史上最大の作戦」と呼ばれるノルマンディー上陸作戦である。1943年に立案され，翌年6月に実行されたこの作戦でドイツ軍の西部戦線は崩壊し，以降，アメリカ軍とソ連軍は東西からドイツを追い詰め，1945年4月にヒトラーは自殺，ドイツ軍は降伏した。

　こうした作戦が進行しているなか，米英ソ中は戦後体制の構想を本格化させていった。アジアを含むものとしては1943年11月にエジプトのカイロでおこなわれた**カイロ会談**が最初のものである。ここではローズヴェルト，チャーチル，蔣介石によって話し合いがもたれ，日本の降伏と満州・台湾・澎湖諸島の中国への返還，朝鮮の自由と独立などに言及した宣言が出された。カイロ宣言の対日方針は，その後連合国の基本方針となり，**ポツダム宣言**に継承された。蔣介石は天皇制の存廃に関しては日本国民の決定に委ねるべきだとした。

　同じく1943年の11月28日から12月1日にかけてイランのテヘランで開かれた**テヘラン会談**は，米英ソの首脳が一堂に会した初めての会談であり，会談の内容も戦争上の諸問題から戦後処理問題へと移っていった。

　戦後処理問題などと並行して国際経済秩序の再構築についても連合国間で合意が形成されていく。それが**ブレトンウッズ協定**（Bretton Woods Agreements）であり，1944年7月，アメリカのニューハンプシャー州ブレトンウッズで開かれた連合国通貨金融会議（44ヵ国参加）で締結され，1945年に発効した。この協定は，金1オンスと35米ドルの兌換，および米ドルと各国の通貨の交換比率を一定に保つという米ドルを基軸とした**固定為替相場制**を規定したものであり，さらに**国際通貨基金**（International Monetary Fund : IMF），**国際復興開発銀行**（International

Bank for Reconstruction and Development: IBRD)[8]の設立を決定した。この協定は世界大恐慌により各国がブロック経済圏をつくってしまったことの反省によっているだけでなく，第2次世界大戦で疲弊・混乱した世界経済を安定化させる目的があった。具体的には国際通貨価値の安定，貿易振興，開発途上国の発展によって自由で多角的な世界貿易体制をつくるため為替相場の安定をはかることであった。

　IMFについては，イギリスのケインズ案とアメリカのハリー・ホワイト案が英米両国の間で討議され，ホワイト案に近いものとなった。採用されたホワイト案は，基金方式であり，国際収支の不均衡に陥った加盟国に対して短期的な資金を供給することで通貨価値の安定を目指したものであった。一方，ケインズ案は信用創造機能を兼ね備えた世界の中央銀行設立を構想したものであった。ケインズ案は世界の基軸通貨として"バンコール"を発行し，1国だけでなく全世界の不均衡を是正することを目的としたものであった。当時，巨額の外貨を保有して唯一の黒字国だったアメリカは，ケインズ案を採択してしまうと，ドル資金を一方的に支出しなくてはならなくなることを懸念したため，それを拒否してホワイト案を採択することとなった。ケインズも自案にこだわるよりも現実的なホワイト案に譲歩することにより，アメリカからの援助を期待した[9]。

　1945年に入ると，戦後処理の問題は具体的な連合国同士の利害調整という性格が強くなっていく。2月にクリミア半島のヤルタでおこなわれた米英ソの首脳会談（**ヤルタ会談**）では，領土に関するさまざまな取決めがおこなわれ，戦後の中・東欧の政治体制，外交問題等に大きな影響を及ぼした。またソ連の対日参戦についての密約が交わされた。

　ドイツ降伏後，連合国は日本との戦争を終結させる最終局面に入った。1945年7月から8月にかけてのポツダム会談では日本に対して無条件降伏を求めたポツダム宣言が7月26日に公表されたが，アメリカのトルーマン大統領は会議中

---

(8)　現在は1960年設立の国際開発協会と併せて世界銀行グループを形成している。
(9)　しかし，1970年代にドル基軸通貨体制が崩壊し，21世紀初頭には欧州連合（EU）でユーロが登場したことを契機にあらためてケインズ案の先駆性も注目されている。

に原爆実験成功の報を聞き，対日占領政策からソ連を完全排除する決意を固めたと言われている。

日本の戦後構想

　以上，連合国側の戦後構想についてみてきたが，対する日本においても1944年に東条英機内閣が総辞職し，小磯国昭内閣が成立すると戦後の復興へ向けて秘密裏に準備が進められていった。戦後，第1次吉田茂内閣の蔵相を務めることになる石橋湛山は，連合国の戦後構想に刺激を受け，戦後研究の重要性を石渡荘太郎蔵相に進言し，それにより設立された大蔵省戦時経済特別調査室で荒木光太郎，大内兵衛，中山伊知郎らの経済学者や金融関係者とともに戦後研究をおこなった。従来からの石橋の主張であった小日本主義に立てば，日本の敗戦によって植民地放棄がなされることはむしろ願ってもいないことであった。それゆえ，石橋は植民地喪失による一部の悲観論を排して自由貿易体制の復活を構想しえたのである。また連合国による国際的な経済機構の設立構想に類似する「世界経済機構」設立構想も調査室では議論がなされていた。戦後復興期において石橋が蔵相になり，戦後復興の先導者となった背景にはこうした戦時中からの石橋の研究蓄積があったのである（増田2017）。

65

「1940年体制」論

　戦時中に形成された国家総動員体制を支えたシステムが戦後においても温存され，戦後の日本経済システムの骨格が形成されたとする考え方を「**1940年体制**」論という（野口 2010，岡崎・奥野編 1993）。「戦時体制」のもとで企業や銀行の種類ごとに分断された労働市場や金融市場の仕組みが作られ，企業は自らの利益ではなく国家に奉仕すべきという思想が形を変えて継続していったとするところに特徴がある。

　「1940年体制」論では，戦時動員体制のもとで労働者を1つの企業に長期間定着させるために導入された賃金統制や雇用統制が**終身雇用**や**年功序列型賃金**の源流となり，また産業報国会などによって組織された各企業報国会が**企業別組合**の源流であるとする。また企業の取引先を指定会社に固定して企業間取引のコストを削減するいわゆる「**系列取引**」なども戦時統制下で定着したと考える。金融面でも1937年「臨時資金調整法」，1939年「会社利益配当及資金融通令」，1940年「銀行等資金運用令」などにより資金配分の統制，軍需産業への融資最優先，融資の命令などがおこなわれ，日銀資金や大蔵省資金運用部資金は，日本興業銀行を窓口として軍需産業へ流入した。こうした命令融資制度は，戦後，大蔵省の「**護送船団方式**」(10)へと繋がっていったとされる。「1940年体制」論の背景には「**経路依存性**」という考え方があり，いったん選択されたシステムはそれが必ずしも経済合理性を有していなくても，そのシステムを選択し続ける場合があるという性質を拡大的に援用している。

　しかし，「1940年体制」論には原田（1998），大来（2010）をはじめ多くの批判が存在している。原田は，「1940年体制」論におけるいくつかの事実誤認とともに，戦時期にさえうまくいっていなかった「1940年体制」が戦後の高度成長を支えたとすることは間違いであり，戦後の日本経済の発展はむしろ統制を捨て去り，自由主義原則を取り入れたからだと考える。また次章でみるように「戦後改革」は日本経済にとって非常に大きなインパクトをもっており，単純に戦時に形成されたシステムが高度成長期にも継続したとは考えにくいのである。

（10）　船足の遅い船を護衛しながら船団が航行する場合，船団全体のスピードはその遅い船のスピードに合わせなければならない。業界中，最も効率の悪い企業に合わせて他の企業の効率を調整するように政府が指導をおこなう方法を「護送船団方式」と呼ぶ。

第4章
戦後復興と冷戦体制

　1945年8月14日，日本はポツダム宣言を受諾して無条件降伏する旨を連合国に通告（翌15日，ラジオ放送で国民に発表），9月2日の降伏文書調印によって正式に連合国軍による占領統治下に置かれた。以後，独立を回復する1952年4月28日までが被占領下の日本である。この約7年の間に日本は経済復興を開始するが，そこに至る過程は決して平坦な道ではなかった。日本は戦争の痛手をどのように解消し，国際社会への復帰と経済復興を遂げていったのか。国際情勢の大きな変化のなかで位置づける。

【主要な出来事】

1945年	連合国軍による占領統治開始
	東久邇宮稔彦内閣（45年8月17日～10月9日）
	幣原喜重郎内閣（～46年5月22日）
1946年	第1次吉田茂内閣（蔵相に石橋湛山，～47年5月24日）
1947年	復興金融金庫開業，トルーマン・ドクトリン発表
	片山哲内閣（～48年3月10日，最初の社会党首班内閣，
	傾斜生産方式本格化）
1948年	芦田均内閣（～10月7日），第2次吉田内閣（～49年2月16日）
1949年	第3次吉田内閣（～52年10月30日）
	ドッジ・ライン，中華人民共和国成立
1950年	朝鮮戦争勃発（～53年休戦）
1951年	サンフランシスコ講和条約締結（52年4月28日発効）
1952年	第4次吉田内閣（～53年5月21日）
1953年	スターリン死去，第5次吉田内閣（～54年12月10日）
1954年	鳩山一郎内閣（～56年12月23日）
1955年	日本社会党，自由民主党が成立（「55年体制」）
1956年	日ソ共同宣言によりソ連との国交回復
	石橋湛山内閣（～57年2月25日）

1. 被占領下での戦後改革

非軍事化と民主化

　戦争によって壊滅的な打撃を受けた日本は，ポツダム宣言を受諾して無条件降伏し，マッカーサー元師を最高司令官とする**連合国 (軍) 最高司令官総司令部**（General Head Quarter, Supreme Commander of Allied Powers , GHQ/SCAP，　以 下，**GHQ**）の統治下に入った。占領行政は主としてアメリカによって担われ，占領目的は「降伏後における米国の初期対日方針」（1945 年 9 月 22 日公表。以下，「**初期対日方針**」）に沿った日本の非軍事化，および民主化であった。

　GHQは日本が戦争をした原因として，国内の所得格差が大きく，かつ国内市場が狭隘であったため，アジア諸国への市場拡大を目指す侵略という行為に出たとの認識をもっていた（**国内市場狭隘論**）。そのため，軍国主義の打破はもちろん，国民の所得と資産の再分配政策に重点を置いた。戦後の 3 大改革（**財閥解体，農地改革，労働民主化**）も基本的にはこうしたGHQの考え方に基づくものと位置づけることができる。また 3 大改革は，ある意味では反資本主義的ともいえる極端な所得再分配政策が「軍国主義日本の非軍事化」という大義名分のもとに実行されたと評価することもできる。このような急進的な改革が進められた背景にはGHQの理想主義，とくに民政局（Government Section : GS）の**ニューディーラー**たちの親社会主義的思想などがあった[1]。しかし，そのすべてがGHQによって主導されたわけではない。以下，事実関係については福永（2014）に依拠しつつ，3 大改革についてみていく。

財閥解体と独占禁止政策

　まず，GHQは財閥が軍部と結託して利益をえるために戦争を引き起こしたという認識に基づいて，財閥解体をおこなった。当初，経済界の指導者たちは，

（1）　GSの局長はマッカーサーの分身と言われたコートニー・ホイットニー准将（弁護士出身）が務め，彼の部下にはローズヴェルト政権下でニューディールに携わった人々が集結した。またホイットニーは日本国憲法草案作成指揮を執ったことでも著名である。

財閥が軍や右翼から敵視され，実際にテロの標的になったりもした"被害者"であるという意識を抱いており，敗戦後はむしろ財閥が平和産業をリードしていくよう期待されるところも大きいであろうと考えていた。しかし，「初期対日方針」には「日本の商業及び生産上の大部分を支配し来りたる産業上及び金融上の大コンビネーションを解体する」とあり，財閥等が厳しい試練にさらされることを明示していた。GHQはとりわけ**持株会社**のもと企業がグループ化した財閥を，軍部や官僚と並ぶ好戦的勢力とみなしていた。9月末にはGHQのクレーマー経済科学局長は，4大財閥の代表に参加企業を統括する財閥本社を解体する方針を伝え，11月6日に日本政府に4大財閥の解体案を発表させた。また解体の対象となったのは4大財閥に限らなかった。1946〜47年にかけて第1次〜第5次にわたり多くの持株会社が指定を受け，解体させられた。

　また戦時中には日本経済連盟会，重要産業協議会，全国商工経済会協議会，商工組合中央会と4つの有力団体があり，各企業を糾合して戦争に協力していたが，GHQは日本経済連盟会に対しても財閥系の有力団体であるという理由で解散を迫った。4団体はGHQとの窓口として経済団体連合委員会を発足させ，1946年8月にはそれを引き継ぎ「**経済団体連合会（経団連）**」を結成したが，GHQから，財閥勢力を温存しない，役員は民主的に選ぶという条件をつけられた。

　1945年11月，エドウィン・ポーレーを団長とする対日賠償調査団が来日し，12月に「日本からの賠償即時実施計画」（「ポーレー中間報告」）を公表する。この報告は日本の戦争遂行能力を奪うために，非軍事化を徹底し，過剰な重工業設備や在外資産を賠償に振り向け，それらは主として日本によって被害を受けたアジア諸国に引き渡されるとした。また日本国民の生活水準は「アジアの他の諸国を上回らない程度にとどめられる」とし，経済人の公職追放などにも言及していた。同報告の内容は，極東委員会の[2]「中間賠償計画」に引き継がれるこ

---

(2)　占領統治の実際はGHQによって担われたが，最高政策決定機関は連合国の代表からなる極東委員会（本部：ワシントン）であり，極東委員会の決定がアメリカ政府を経由してGHQに指令されるという形を取っていた。しかし，マッカーサーはしばしばこれらを無視して占領政策を推進した。

ととなったが，マッカーサーなどは工場設備等をアジア諸国に引き渡しても実際にうまく稼働できるかについて疑問を抱いており，かつ実際の賠償実施は各国の利害が錯綜し，簡単には運ばなかった。

さらに1946年1月，国際カルテルの専門家として知られるコーウィン・エドワーズを団長とする調査団が来日し，財閥解体，**独占禁止政策**が本格的に始動した。これによって上述した持株会社を有する企業グループのみならず，日本製鉄，大日本麦酒などの巨大企業も1947年制定の「**過度経済力集中排除法**」などにより解体させられた。⁽³⁾ さらには同年の「**私的独占の禁止及び公正取引の確保に関する法律**」（**独占禁止法**）制定や**公職追放令**の経済界への適用拡大などの施策も導入された。

これら一連の施策は，産業の寡占度を低下させ，市場競争を促進する効果をもった。さらに経営者の若返り，企業の「**所有と経営の分離**」の徹底化が推進された。たとえば日本製鉄の富士製鉄と八幡製鉄への分割は，川崎製鉄や住友金属などライバル企業の設備投資を促進させ，鉄鋼を生産財として利用する他の産業へプラスの効果ももった。もっとも市場競争の促進は，のちに過当競争を生み出していると批判され，1970年代に入ってからは国際競争力の強化を旗印に企業の大型合併が繰り返された。

労働民主化と労働組合

占領下の3大改革のうち，「労働の民主化」（労働者の団結権・団体交渉権・争議権の労働三権を保障すること）は，労働組合の政治力を強め，大企業の利益を減らし，それと結びついた軍国主義の復活阻止を意図しておこなわれた。「**労働組合法**」制定の動きは，1919年のヴェルサイユ講和会議での討議を受けて，農商務省と内務省が相次いで法案を作成したことにはじまる。1920年には政党からも法案が出され，1931年には衆議院を通過したが，貴族院で審議未了廃案となっ

---

(3)　指定された企業は多かったが，実際にはアメリカの外交政策の転換などにより，解体された大企業は少数に留まった。

ていた。

　敗戦後，東久邇宮稔彦首相は閣議で厚生省案をもとに「労働組合に関する法制審議立案」を了解し，労務法制審議会を設けていた。その後，マッカーサーによる「**5大改革指令**」(婦人参政権の賦与，労働組合の結成奨励，教育の自由化，特高警察などの廃止，経済機構の民主化) が出され法案作成が加速した。「労働組合法」制定案件は幣原喜重郎内閣の芦田均厚相に引き継がれ，1945年12月に第89帝国議会に提出，21日に制定された。これによって労働三権が認められることになり，官公吏については警察・消防・監獄の職員を除き，すべて同法の適用を受けることとなった。

　次いで「**労働関係調整法**」が，今度はGHQの主導により1946年9月27日に公布，同年10月13日から施行された。同法施行により非現業の公務員については争議行為が明文の規定で禁止された。また「**労働基準法**」は1946年に公布された「**日本国憲法**」第27条に基づいて制定され，1947年4月に施行された。労働者の基本的人権を守る法律として戦前には「**工場法**」(1911年制定) などが存在したが，部分的で不十分であったため，この労働基準法制定が初の包括的労働者保護法ということになる (その後，最低賃金法などは別途分離されるなど数次の改訂を経て現在に至っている)。

　一連の労働関係法の制定によって成立した労働組合は，実際には戦時体制からの流れを受けた日本型の**企業別組合**という性格を有していた。大企業では長期雇用と生活給を保障する雇用慣行が普及し，以後の**労使協調**路線の前提となった。しかし，一般に言われる**日本型雇用慣行**が，日本の企業すべてに普遍的であったわけではなく，大企業中心の慣行であったことには注意を払う必要がある。また雇用の安定や賃金上昇は，労働者への利益配分をもたらす。労働法制の整備は，以後，膨大な中所得者層を生み出し，国内消費市場の拡大につながる1つの条件となった。

---

(4)　1947年に皇籍を離脱して東久邇稔彦と名乗ったが，当時は皇族であったので，東久邇宮と表記する。

農地改革と地主制の解体

　最後に**農地改革**（地主・小作制度の改革）についてみる。農地改革とは，地主の土地を小作人に配分する資産再分配政策である。農地改革も戦前から農林官僚を中心にプラン策定が進められていた。戦前期日本では，農民が総人口の50％以上を占めていたが，小作地総面積が約236万町歩（1町歩は約1ha）におよび，全農地の半分を占めていた。また自小作農を含めた小作農は全農民の67％であった。農林官僚にとって自作農創設は戦前・戦中からの懸案であった。なぜならば農民の生産意欲を高めるためには小作からの解放が必要であると考えられていたからである。また戦後の食糧難という事情からも農地改革を進める必要があった。

　そもそもポツダム宣言にも「初期対日方針」にも農地改革を示唆する文言はなかったが，敗戦を好機とみた農林省は農地改革の原案を1945年10月には作成し，松村謙三農相に提出した。松村自身は当初1町5反歩以上の小作地を小作農に解放することを考えていたが，あまりにも急進的すぎるという意見もあり，農林省原案は不在地主の全所有地と小作保有地限度を3町歩にするということになった。しかし，閣議ではこれに対しても反対が続出し，在村地主の保有地限度は5町歩までとされた。

　こうした議論のさなかにGHQ天然資源局から政府に対して「農地改革に関する覚書」が出された。そこでは地主制が日本農民を奴隷化し経済的に束縛するものであり，その束縛を破壊する措置を採るよう要求が書かれていた。この覚書は具体的な数値を示してい

図表4-1　農地改革による小作地比率の変化

	農地総面積 （千町）	うち小作地割合（％）	
		1946年11月	1950年8月
総　　数	5,156	45.9	10.1
北海道	726	48.7	6.7
東　北	813	48.2	8.4
関　東	874	50.6	12.5
北　陸	426	49.0	9.1
東　山	298	43.4	10.3
東　海	343	40.5	12.4
近　畿	352	44.9	13.6
中　国	398	40.3	10.2
四　国	220	43.5	10.0
九　州	706	41.0	10.3
内地計	4,430	45.5	10.7

出所：中村（1993：144）第37表

なかったが，急速に法案審議を加速化させ，結局，不在地主の全所有地の解放と在村地主の5町歩までの保有，残った小作地について物納を金納とする農地調整法改正案が議会に提出され，12月29日に公布された（**第1次農地改革**）。しかし，1946年6月にGHQはさらなる改革を求め，最終的には在村地主の所有地を1町歩以下（北海道は4町歩以下）に制限する**第2次農地改革**が同年10月からスタートした。この結果，全農地の90%が解放され，小規模自作農が簇生（そうせい）することになった。反面，農地改革で創出された自作農はあまりに小規模であったため，日本農業の生産性の向上を抑制した面は否定できない。

2.　戦後インフレーションと安定化政策

敗戦直後の経済状況

　敗戦当初，日本国民のなかには絶望感から経済活動への積極的意欲を喪失したものもいたが，その多くは日々の生活の継続のためにさまざまな形で経済活動を再開した。戦時統制経済は形のうえではなお継続中であったが，実際には「闇（ヤミ）市」を中心に隠匿物資などが流れ出て，統制価格を大幅に上回る価格で交換がおこなわれた。一方で，戦時中の約半分となってしまった食糧生産，外地からの600万人に及んだ帰還者などによる食糧不足は深刻であり，人々は手持ちの着物や生活用品を携えて農村へと向かい，そこで物々交換をおこなった。着物を一枚一枚はぐようにして食糧を手に入れる生活は「竹の子生活」と呼ばれた。政府の要請によりGHQは食糧放出をおこなったが，国民の多くは何とか餓死を免れる状況であった。しかし一方で，国内の重化学工業設備の多くは残存していたし，潜在的労働力供給はあった。

　また物不足の一方で，敗戦直後から復員軍人に対する給与，発注済の軍需品に対する支払い，損失補填などのために**臨時軍事費**が大量に放出され，急激なインフレが引き起こされた。インフレの原因の第1は，こうした支払い等を国債の日銀引き受け等で賄ったこと，および戦時中の日本銀行券増発による通貨供給の膨張にあった。しかし，より根本的な原因は生産力の落ち込みによって需

73

給バランスが大きく変化したことにあった。

　東久邇宮内閣がGHQの「人権指令」を実行できず，総辞職したあとに成立した幣原内閣の渋沢敬三蔵相（渋沢栄一の孫で第一銀行頭取等を経て戦時中は日銀総裁）はインフレを抑制するため，1946年2月16日に「**金融緊急措置令**」を出し，旧日本銀行券（旧円）の預金強制と預金封鎖を実施した。これは，5円以上の旧円の通用力を3月2日限りで失わせ，翌3日からは新日本銀行券（新円）を流通させる措置であった。これにより，1人100円に限り新円に交換が認められ，以後毎月，生活資金は世帯主300円，その家族100円，事業資金は500円を限度に新円で払い出した。預金封鎖には，戦時利得の没収を目的とした財産税課税のため国民の金融資産を当局が把握するという目的もあった。また同じく3月3日，戦時中におこなわれていた物価統制を引き継ぐ形で，新たな統制価格を定めた「物価統制令」（**3・3物価体系**）が出された。こうした一連の措置はインフレが過剰な貨幣供給によっておこるといった側面に対応したものであったが，物不足が解決されないなか，その効果は限定的なものであった。

　生産が回復しないことによる影響は，物不足とインフレだけではなかった。本来生産活動に回される資本が遊休化し，労働力が余る状態が問題となった。生産が落ち込み，労働力が余っている状態で外地からの引揚者，復員者などによって，大量の失業者が出ることが懸念されたのである。しかし，現実にはこうした懸念は杞憂に終わった。農村がこれらの余剰労働力を吸収しえたからである。当時の日本の産業構造は第2次産業のウェイトが高まっていたとはいえ，まだ有業人口の半数近くが農林水産業といった第1次産業に従事している状態であったし，海外移民の多くはもともと国内で農業を営んでいたものが多数であった。徴兵された人々もその多くは農村出身者であった。また，帰農できない人々も「闇（ヤミ）市」などでさまざまな雑業に従事していった。

　その一方で，戦時中に炭鉱などでの労働力として日本本土に強制的に連れてこられた朝鮮人や中国人労働者たちが帰国したことなどもあり，日本のエネルギー生産は著しく滞った。エネルギー供給がなければ，鉄道や船舶の輸送も覚束ない。結果，食糧などの必需品の供給も滞ることになる。政府は，社会の安

定を維持するため，さまざまな援助をアメリカに要請せざるをえない状態で
あった。しかし，「初期対日方針」は，日本が再び戦争を起こさないようにする
ため，非軍事化・民主化を徹底的に推し進めようとするものであったから，人
道的な援助はともかく，積極的に戦後経済復興を助けようとするものではな
かった。そうした困難のなか，政府がまず企業や金融機関等への資金や物資の
供給を考えたのは当然のことであった。

石橋湛山の復興政策

1946年5月に成立した第1次吉田茂内閣で蔵相に就任した石橋湛山は，過少
生産のもとでの多少のインフレはむしろ生産回復に必要なことであると考え，
復興金融金庫を設置し債券を発行させ，それを日銀が引き受けて生産部門への
資金の重点的供給をおこなった。しかし，こうした直接的な資金供給は，より一
層のインフレを招きかねないとGHQからは忌避され，1947年には石橋は公職
追放となってしまった。[5] しかし，石橋の政策は単にインフレを引き起こせば経
済が回復するという単純なものではなく，重点的な供給回復を念頭に置いての
ものであった（コラム④を参照）。のちに政府は，有沢広巳らのアドヴァイスによ
りアメリカの「**占領地域救済経済復興（ガリオア・エロア）基金**」による約18億
ドルの援助によって輸入可能になった重油や鉄鉱石等の基礎資材を優先的に鉄
鋼生産に配分し，さらに鋼材を石炭生産に投下，そこで増産された石炭を鉄鋼
業へ回していくという**傾斜生産方式**を体系化していくが，石橋の資金供給構想
はこれを先取りしたものであった（増田 2017：208）。

国の基幹産業を復興させ，そこからの波及効果を狙った傾斜生産方式の効果
については否定的な見解も多いが，「日本政府主導による復興計画が，アメリカ
の対日重油輸入の許可を導き，戦後日本の重工業復興の呼び水となった点は評
価される必要がある」（永江 2017：253）。またインフレによって所得分配面には

---

(5)　石橋湛山の公職追放についてはGHQによる忌避のみがその理由ではなかったこと
　　は，増田（2017）などを参照。

撹乱効果がもたらされた面があったことは否定できないが，インフレにもかか
わらず実質経済成長率が高かったこともまた事実である。

ドッジ・ライン

　一方，**東西冷戦**（後述）が開始されるなか，GHQは日本経済の復興について
一挙安定化を目指すべく，デフレ政策を採用することに踏み切った。1948年12
月にGHQによって示された経済政策は，国家財政の整理を中心としたもので
あり（「**安定化9原則**」），その実行役として来日したのが，GHQ経済特別顧問の
ジョセフ・ドッジだった。ドッジはデトロイト銀行の元副頭取であり，**小さな
政府**が望ましいという自由主義の立場に立つ人物であった。

　ドッジの示した経済安定計画（**ドッジ・ライン**）には，超緊縮財政による財政
赤字の削減，単一為替レートによる国際経済への早期復帰という2つの大きな
意味があった。ドッジは，まず日本が復金融資とアメリカからの援助という
「竹馬」の不安定な足に乗った経済であると指摘し，これを廃止した。また価格
統制，価格差補給金の停止などによって財政赤字の大幅削減，"超均衡予算"（黒
字予算）を実現した。

　次の段階は通貨改革と正常貿易の再開を転機としてのより本格的な財政整理
であった。1949年4月に"超均衡予算"が成立するとすぐにドッジは1ドル＝360
円の単一為替レートを設定し公表した。[6]このレート自体は一般の予想より円安
であったが，当時の多くの企業にとって360円というレートは決して円安とは
言えないものであった。円の為替相場が過大に評価されれば，輸出は困難とな
り，金融が逼迫しデフレとなる。ドッジ・ラインは，インフレ収束には効果的
だったが，[7]企業の倒産や解雇，不況を深刻化させ，「**安定恐慌**」を引き起こし
た。

（6）　360円レートの前には1948年6月に来日したヤング使節団による330円レート（ヤン
　　グレポート）も提起されたが，その後の日本の物価上昇を勘案して360円レートとなった。
（7）　ただし，当時すでにインフレは収束しつつあり，ドッジ・ラインの実施が決定的であ
　　ったかどうかについては意見が分かれる。

第4章　戦後復興と冷戦体制

ドッジは，あえて厳しい環境を作り出すデフレ政策により企業に対して自由競争のルールを徹底させたといえるであろう。ドッジ・ラインによって日本経済が補助金に依存しない自立した経済を目指すというドッジの目的は達成されたのである。しかしその後，1950年の**朝鮮戦争特需**で外貨を獲得し，経済復興につながっていったのは，ドッジが想定していなかったことだろう。朝鮮戦争が起こらなければ，デフレによる不況が長引いていた可能性はある。

シャウプ勧告

一方，戦後日本税制のあり方に大きな影響を及ぼしたのが，1949年5月に来日したカール・シャウプ団長率いる税制調査団による税制改革勧告，いわゆる**シャウプ勧告**である。

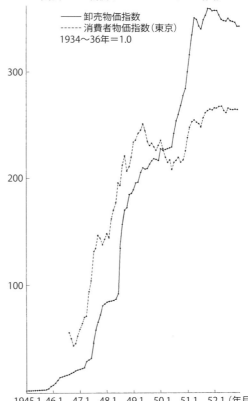

図表4-2　戦後インフレーションの推移
―――卸売物価指数
------ 消費者物価指数(東京)
1934〜36年＝1.0

出所：原（1999：142）図10-3。

日本の税制の歴史を振り返ると，明治以前は地租，すなわち土地に税金がかかるという形が中心であった。江戸時代の年貢も形態こそ違え，税負担者は実質的な農地所有者だった。ところが，産業構造が変化したことにより，企業やサラリーマン，自営業者が国民所得の多くを占めるようになってきた。そうすると，地租中心の税体系は時代に合わなくなり，余剰を生み出す所に適切に課

税をすることが必要となった。こうして所得税，法人税といった直接税が導入されていった。

　戦前の日本は，直接税中心型の税体系ができあがりつつある状況だったが，シャウプ勧告はさらにそれを一歩進め，個人の責任で税を申告・負担，議会で使い方を決めるというアメリカの税体系を日本に根づかせようとしたものであった。また，中央と地方の関係についても，シャウプは**地方財政平衡交付金**（1954年度以降，地方交付税）により，格差を解消しようとした。これらは日本が目指していた方向性と基本的には同じであり，抵抗感も少なかったといえるであろう。

　シャウプ勧告は産業構造の変化に対応した近代的な税制度の確立に大きな貢献をした。しかし，その後の財源問題もあったが，地方財政平衡交付金は地方の自立には必ずしもつながらず，地方が国に依存する形での財政構造をつくってしまった。また，日本では所得税の源泉徴収が多く，個人の責任意識が育たなかったことも，予想外だったかもしれない（中村 2003）。その意味では，シャウプの理念が必ずしもすべて実現したわけではなかった。

3.　東西冷戦の開始と朝鮮戦争

朝鮮戦争特需

　1947年，トルーマン・ドクトリンにより共産主義勢力に対する「**封じ込め政策**」が実施され，ソ連もそれに対抗する戦略を打ち出すと，いわゆる**東西冷戦**が始まり，アメリカによる日本の戦略的位置づけも大きく変化していくこととなった。1948年，アメリカの国家安全保障会議（NSC）は「初期対日方針」を放棄し，新たに日本を東アジアにおける共産主義勢力進出の防波堤としての役割をもたせるため，経済復興を進めていくこととした。そして，1950年6月に北朝鮮の朝鮮人民軍が韓国側に侵攻，**朝鮮戦争**が勃発すると，アメリカ軍の**特別調達需要**（**特需**）によって輸出が急増し，ドッジ・ラインによるデフレ効果が相殺され，国内の景気は回復へと向かった（**特需景気**）。とくに「糸へん」（繊維製

品),「金へん」(金属製品) などの生産が順調に伸び，株価も上昇した。1952年7月の休戦協定交渉開始によってブームは去ったが，特需で潤った企業はさらなる設備投資を積極的におこない，これらが生産水準の回復 (同年，鉱工業生産は1937年水準を回復)，所得の増加，消費の増加へとつながっていったのである。

経済復興の本格化

外貨が国内に流入してきたとしても，それが次の設備投資を生まなければ，その余剰資金は投機に流れ，バブルを生み出すだけで終わってしまう。第1次世界大戦後にも大幅な経常収支黒字が一時的なバブルを生み出し，いわゆる「成金」も現れたが，同時に重化学工業分野を中心に新しい産業への投資も起こり，1930年代の発展へとつながった (第2章)。逆に1985年のプラザ合意以降の円高で流れ込んできた余剰資金は土地や株の値上がりを期待した投機に向かってしまい，バブル経済を生んでしまった (第8章)。対して，朝鮮戦争当時の日本は物不足で旺盛な国内需要があった。また，戦時中に老朽化した生産設備の更新を中心に適切な設備投資もおこなうことができ，それがさらなる生産増加につながっていった。

また朝鮮戦争は，日本が西側諸国の一員であるという事実を鮮明にした出来事でもあった。北朝鮮を支援した共産主義諸国の脅威が現実化したことが，1951年9月の**「サンフランシスコ講和条約」**（**「日本に対する平和条約」**）締結による日本の独立回復につながっていった (翌年4月28日に発効)。その後，日本はアメリカの新技術を積極的に導入していくことで高度経済成長を実現していった面があり，この点でも大きな意味をもっていた。1953年，ソ連の最高指導者スターリンが死去，朝鮮戦争が停戦を迎えた後，拡大する世界市場に向けて工業製品を輸出していく日本経済の成長の基礎が築かれたのである。

しかし，当時の日本社会においては経済成長への不安感も依然として強かった。その不安感を取り除くには，日米のより緊密な提携，ありていに言えば，アメリカからの援助が何よりも重要であった。当時の日本の1人当たりGNPは世界第42位であり，自国の安全保障と経済の自立・安定を達成するにはアメリカ

図表4-3　経済復興5カ年計画の目標（1952年）と実績（1951～53年）

		目　標	実　績		
			1951	1952	1953
鉱工業生産	指数（1930−34年：100）	130	127.8	136.4	161.4
	石炭（千トン）	44,000	43,312	43,359	43,538
	鋼材（千トン）	2,300	4,972	5,099	5,404
発電量（百万kWh）		37,920	47,729	51,645	56,305
農林水産業生産	指数（1930−34年：100）	116	106		
	米（千石）	67,921	60,278	66,152	54,924
輸出（百万ドル）		1,647	1,354	1,272	1,156
輸入（百万ドル）		1,657	1,995	2,028	2,101
生活水準指数（1930−34年の国民1人当り所得：100）		97	82.7	96	109

出所：林・宮崎（1957：120）

からの援助は欠くべからざるものであった。そのため，1953年4月には「**日米通商航海条約**」が締結されてアメリカからの資本導入の道が開かれ，1954年3月には「**日米相互防衛援助協定**」（**MSA協定**）が調印され，米軍が日本国内に基地を置くこと，日本が防衛の目的で再軍備すること（同年7月，自衛隊発足），それをアメリカが援助することが取り決められた。「**日米安全保障条約**」（旧安保，1951年のサンフランシスコ講和条約とともに締結）も発効していたが，こうした日米関係のもとで日本がその後の経済発展の基礎を築いていったのである。

　アメリカの援助を引き出そうとする外交政策が重要となった背景には，朝鮮戦争の休戦によって特需が見込めなくなり，あわせて経済の復興過程において輸入が増加し，国際収支の悪化が顕在化してきていた事情があったからにほかならない。こうした情勢下，政府は緊縮財政によって国民に耐乏生活を強いる方向にかじを切った。いわゆる「**1兆円予算**」（財政支出を総額1兆円に抑制）である。この政策についてはデフレ的であるとする批判も強かった（中村 2014）。しかし，実際には1954年暮れから景気は回復に転じ（「**神武景気**」），日本経済はいよいよ高度経済成長の時代に突入していくことになったのである。

4. 高度成長への序曲

もはや「戦後」ではない

　1956年7月に発表された経済企画庁の『年次経済報告（経済白書）』[8]は、官庁エコノミストであった後藤誉之助（よのすけ）が執筆の指揮を執り、その名文句「**もはや『戦後』ではない**」で歴史に名を刻んでいる。「もはや『戦後』ではない」とは、1つには諸経済指標は貿易部門を除いて戦前の水準を抜いたという意味がある。もう1つはこれまでの復興需要による回復過程は終了し、今後は近代化投資を積極的におこなっていかねばならないという危機感の表明であった。

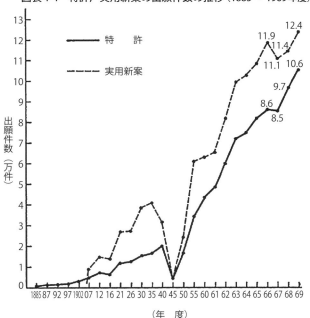

図表4-4　特許，実用新案の出願件数の推移（1885～1969年度）

資料：特許庁「特許庁年報」
出所：科学技術庁（1971）より作成。

---

(8) 2001年の省庁再編以降は内閣府が「年次経済財政報告」として発表している。

後者に関連して「白書」は，具体的に新しい企業のあり方を解説した。とくに企業の新しい発展の条件として挙げられたのは，1つには世界の技術的進歩を考えると日本も新たな発展の道に踏み込む時期に来ていること，2つめは今後の近代化投資の「一番太い軸」となるのが，化学工業と機械工業であること，そして，個々の企業が安定した発展をはかるためのポイントは，遊休設備をもたずに自前の資力を充実させ，在庫で短期の景気変動を吸収すること，近代化投資と資本の充実のバランスが大事であること，政府は近代化投資と技術発展の支援を考える必要があるという内容であった。さらに当時考えられていた日本の企業発展の鍵は経営者にあった。高度成長の開始期には戦後パージされた会社経営者に代わって重役になった人々や焼け跡からほとんど徒手空拳で起業した人々が脚光を浴びつつあった（中村 2014）。

戦後の新企業　ソニーとホンダ

　ここでは戦後のこの時期に会社の基礎を築き，その後，世界的な企業に発展したソニーとホンダ（本田技研工業）の事例を挙げておこう。

　1946年，盛田昭夫，井深大という2人を創業者として誕生したのが，東京通信工業（東通工）である。設立趣意書には「真面目ナル技術者ノ技能ヲ最高度ニ発揮セシムベキ自由闊達ニシテ愉快ナル理想工場ノ建設」と記されていた。創業当初は真空管電圧計の製造・販売をおこなっていた。1950年には日本初のテープレコーダー（当時はオープンリール式）を開発し，オランダのフィリップス社のような大企業を目指して輸出に注力する方針を立てた。東通工は，トランジスタの自社生産に乗り出し，1955年，国産初のトランジスタラジオ「TR-55」を発売した。このトランジスタラジオは輸出機として大成功をおさめ，1958年に東京通信工業株式会社からソニー株式会社に改称し，同年東京証券取引所市場第一部に上場をはたした。ソニーの社名は，この輸出向けトランジスタラジオにロゴとして入れたSONY（音を意味するSONICの語源となったラテン語のSONUS "ソヌス"と小さいとか坊やという意味のSONNYから命名された）に由来している。

第4章　戦後復興と冷戦体制

1960年にはアメリカに現地法人を設置し自ら販売活動をはじめ，以後，海外各地に現地法人を設立していく。1962年，池田勇人首相がフランスを訪問した際に大統領のド・ゴールから「トランジスタ（ラジオ）の商人が来た」と揶揄されたというエピソードが人口に膾炙しているのは，SONY製品の欧州への浸透が背景にあった。

ソニーは，高度成長期にトランジスタの研究開発と応用を進め，1961年には世界初のビデオテープレコーダー（以下VTR）「SV-201」を開発，1967年にはトランジスタ電卓を発売した。一方，カラーテレビの開発では出遅れていたが，同年にトリニトロンカラーテレビの開発に成功した。

次にホンダをみてみよう。自動車部品等を製造する東海精機株式会社を創業者の本田宗一郎が豊田自動織機に売却し，その資金を元手に1946年開設されたのが，前身の本田技術研究所である。本田は，そこで内燃機関および各種工作機械の製造ならびに研究を開始し，1947年にはA型自転車用補助動力エンジンを開発した。1948年，本田技研工業株式会社に組織変更，翌年，藤沢武夫を経営パートナーとして迎え，以降，技術の本田宗一郎と経営の藤沢武夫による2人3脚の経営がはじまった。

1963年には後年「スポーツトラック」とも呼ばれることになるT360（日本初のDOHCエンジン搭載）で4輪車業界に参入した。同年には，欧州ベルギーに2輪車製造拠点を設立し，日本の自動車産業界において初となる欧州圏での製品（スーパーカブ・C100）の現地生産もおこなった。その後もCVCC，VTEC，VTEC-E，i-VTEC，i-DSI，IMAといったエンジン・システムの開発に高い技術開発力を示してきた。1981年に世界初の自動車用ナビゲーション・システムを完成させ，1982年には，オハイオ州メアリーズビル（コロンバス郊外）において，日本の自動車メーカー初となるアメリカ合衆国での4輪車（アコード）の現地生産を開始した。ホンダの海外展開はその後の日本企業の**グローバル化**の手本となったのである。

真空管からトランジスタの製造・販売，そして量産型家電で高い技術力を示したソニー，町工場から世界的な自動2輪・自動車メーカーへと発展したホン

ダ，両社とも戦後の焼け跡で創業し，技術開発力で他を寄せつけない企業へと成長した点が共通している。戦後復興期から高度成長期にかけては，こうした革新的な企業が次々と誕生してくる環境が整いつつあった。

5. 復興期の国民生活

敗戦直後の国民生活

　敗戦直後の国民生活は，食糧や生活必需品の絶対的不足によって，ある意味戦時中よりも困難なものであった。1946年5月には皇居前広場で**飯米獲得人民大会（食糧メーデー）**が開催され，約25万人が参加し，人民政府樹立を要求したが，翌日「暴民のデモを許さず」のマッカーサー声明が出されると騒ぎは沈静化した。しかし，食糧供給は依然として配給制度によっていたため，ヤミ市が横行し問題化していた。こうした状況下でもっとも影響を受けたのが，子どもや女性，老人といった社会的弱者であった。新聞では連日のように餓死者の人数が報じられた。GHQは人道的な見地から援助を実施したが，食糧供給が旧に復するには今しばらくの時間を必要とした。

ベビーブームと進学熱

　一般に戦争が終わると人口増加が起こる。日本も例外ではなく，1947〜49年にかけていわゆる**ベビーブーム**が発生した。[9]上記のような食うや食わずの状態において子どもが増えるということは理解しにくい面があるが，戦争終結の安堵感，兵士の帰還などが理由として挙げられる。また戦争で死ぬリスクが回避されれば，将来的な労働力の確保という意味でも出産に上方バイアスが生じる。実際，この3年間は出生数が250万人を超えており，合計すると約800万人程度の出生数となる。ちなみに1949年の出生数269万6,638人は戦後の統計において最多であり，2017年の出生数推計値94万1,000人の約2.9倍である。[10]

---

(9) この期間に生まれた世代は「団塊の世代」と呼ばれ，戦後の消費動向などを大きく左右する人口的要因となった。

出生後の乳幼児死亡率も大幅に低下していった。アメリカから最新の医療技術や薬品がもたらされたことも改善に拍車をかけた。こうした傾向は高度経済成長期に急激に進み，乳幼児死亡率（生まれた子どもが5歳までに死亡する確率）は1950年には5％もあったが，1985年には0.5％にまで低下した。

　高等学校に進学する中学校卒業者の割合（進学率＝進学者数／中学校卒業者数）も，高度成長期に先駆けて上昇していった。すでに戦後の学制改革で1947年にいわゆる6・3・3・4制が導入され小中学校の義務教育化があったにせよ，1950年時点ですでに高等学校進学率が本科のみで40.7％にものぼっていたことは驚くべきことである。教育への投資が国民の間でいかに重要視されていたか，またそうした教育投資と人的資本の蓄積が高度経済成長期における1人当たり生産性の上昇につながっていたかがわかる。

図表4-5　高等学校進学率の推移（1950 〜 71年度）

年度	合計	本　　科			別科	高専
		計	全日制	定時制		
	％	％	％	％	％	％
1950	42.5	40.7	…	…	1.8	－
55	51.5	50.7	43.9	6.8	0.8	－
60	57.7	57.3	51.7	5.6	0.5	－
61	62.3	62.0	57.2	4.8	0.3	－
62	64.0	63.6	58.6	5.0	0.3	0.1
63	66.8	66.4	61.7	4.7	0.2	0.2
64	69.3	68.8	64.2	4.6	0.2	0.3
65	70.7	70.2	65.6	4.7	0.1	0.3
66	72.3	71.9	67.3	4.6	0.1	0.4
67	74.5	74.0	69.5	4.5	0.1	0.4
68	76.8	76.1	71.7	4.5	0.1	0.5
69	79.4	78.7	74.3	4.5	0.1	0.5
70	82.1	81.4	77.1	4.4	0.1	0.6
71	85.0	84.3	80.1	4.2	0.1	0.6

（注）　進学率＝ 進学者数／中学校卒業者数

出所：文部省（1981）表52より作成。

――――――――――――――――

（10）　2017年の出生数推計値は，厚生労働省（2017b）を参照。

コラム④ 石橋湛山の経済政策

　戦前期，東洋経済新報社の主幹として自由主義経済思想に基づく論陣を張り，健筆を振るった石橋湛山は，戦後，第1次吉田茂内閣の大蔵大臣に抜擢された。蔵相として湛山が直面した大きな課題は2つであった。1つは昂進するインフレーションをどう抑制するか，もう1つはどのようにして生産活動を軌道に乗せるかであった。

　前の幣原喜重郎内閣の蔵相であった渋沢敬三は，金融緊急措置令などによって人々の手元流動性を吸収し，インフレーションを抑制しようと試みたが，効果は一時的なものであった。他方，湛山は現下のインフレーションは過少生産によるものであり，むしろ生産活動の回復のためには多少のインフレーションは生産意欲を刺激するものであると考えた。それゆえ，復興のための金融機関を通じて重要産業に優先して貸し付けをおこない，一日も早く生産を再開させることが肝要であると考えた。さらに占領軍の日本進駐費用を日本が賄うという「終戦処理費用」の負担が財政を圧迫し，大幅な赤字財政（そのための公債増発，紙幣増発）を産み出していたことを問題視した湛山は，「聖域」と呼ばれたそれら経費負担の削減交渉をおこなうなどした。しかし，このように悪性インフレを阻止しつつ，生産に刺激を与えて復興の足がかりを築こうという湛山の政策プランは，GHQに忌避されることとなった。GHQ内部のニューディーラーと呼ばれた人々はそもそも湛山のような自由主義経済論者を敵とみなし，日本での統制経済を実現しようとしていたし，何よりも進駐軍の経費負担という名目で占領利得をえていた人々の逆鱗に触れることとなったからである（増田 2017）。

　結局，湛山は1947年5月に公職追放を受け，1951年まで足かけ5年間にわたる蟄居を余儀なくされた。しかし，追放解除後は反吉田の鳩山派に属し，通商産業大臣などを歴任すると同時にソ連との国交回復，中国との貿易関係構築などにも尽力した。1956年，鳩山の後を継いで第55代内閣総理大臣に就任するも，病をえてわずか65日で退陣した。湛山の自由主義を基調としつつ，積極財政によって民間の経済成長を支えていくという考え方は，基本的に高度成長期の経済政策に引き継がれていった。

第5章
高度経済成長の時代 ①

　1950年代後半から1970年代のはじめにかけて日本経済は未曾有の高成長を遂げる。1960年の日米安全保障条約改定という政治問題に一応の決着をみた後，岸信介首相の後を継いだ池田勇人首相は「国民所得倍増」を掲げ，"政治の季節"から"経済の季節"への転換を印象づけた。鉄鋼，石油化学などの重厚長大産業が太平洋ベルト地帯に展開し，こうした産業によって供給された素材を用いた加工組立型産業が発展する。国内の旺盛な耐久消費財需要を見越した投資の好循環が生み出されていった。

【主要な出来事】

1954〜57年	「神武景気」による耐久消費財ブーム（「三種の神器」）
1955年	GATT加盟（63年11条国へ移行）
1956年	国際連合加盟
1958〜61年	「岩戸景気」
1959年	三井三池争議（〜60年）
1960年	新・日米安全保障条約発効
1964年	OECD加盟，IMF8条国移行，東京オリンピック開催
	「昭和40年不況」（〜65年）
1965年	日銀特融による山一証券救済，戦後初の赤字国債発行

1. 経済成長の要因　① 供給サイド

生産関数

　1950年代半ばから1970年代初頭までの日本経済は年率平均9.1％の実質成長を遂げた。図表5-1から，この時期の成長が後の1970〜80年代，1990年代以降と比べて際立って高いことが確認できよう。

　ここではまず高度成長の要因を**資本投入**，**労働投入**，**全要素生産性**に分解してみてみる。簡単に言えば，経済成長の大きさは，工場や設備へいくらお金を

図表 5-1　戦後経済成長率の推移（1955 ～ 2015 年度）

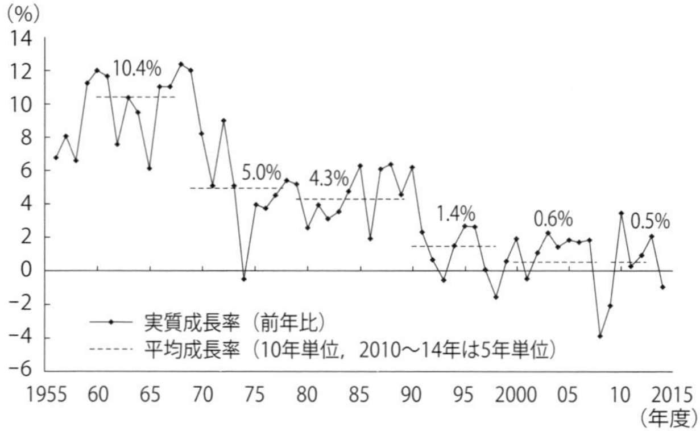

(%)

10.4%　　5.0%　　4.3%　　1.4%　　0.6%　　0.5%

—●—　実質成長率（前年比）
------　平均成長率（10年単位，2010～14年は5年単位）

1955　60　65　70　75　80　85　90　95　2000　05　2010　2015
（年度）

（備考）内閣府「国民経済計算」により作成。
出所：小峰・村田（2016：35）図2-1

出したか（資本投入），労働者がどれだけの時間働いたか（労働投入）で決まる。全要素生産性は資本投入や労働投入では説明しきれない要素であり，広義の技術革新である。たとえば同じ金額の資本を用いて同じ賃金分だけ働いたとしても，その組み合わせの仕方によっては，生産物の量は変わってくる可能性がある。単純な例で言えば，機械の性能は上がったが，機械そのものの値段は変わらないなどのケースがそれに当たる。

　さて，成長のアウトプットを生産物の価値（Y）で表すことにしよう。一国の経済全体でみた場合には国内総生産（GDP）ということになる。Y（国内総生産：GDP）の拡大は，資本（K）と労働力（L）の組み合わせ（関数）と残差（Total Factor Productivity：TFP　全要素生産性）（A）の積であらわすことができる。

$$Y = A \cdot F（K, L） \cdots\cdots①$$

　①式のF（K, L）はブラック・ボックス（関数）であり，関数の中身はいろいろと想定が可能であるが，ここではよく用いられる**コブ・ダグラス型生産関数**（②：適当な比率で分配された資本と労働のかけ算という形）で表されるものとする。

第5章　高度経済成長の時代①

$$Y = A \cdot (1 - \alpha) K \cdot \alpha L \cdots\cdots ②$$

（αはYの資本と労働の分配率を表しており，定数。ただし，$0 < \alpha < 1$）

②の形にしておくのは，④式，つまり時間の変化にともなって各変数がどのように変化するのかの関係を知りたいためである。まず②式の両辺の自然対数を取る（対数にしても等号の関係は変わらない）。

$$\ln Y = \ln A + (1 - \alpha) \ln K + \alpha \ln L \cdots\cdots ③$$

③の両辺を時間（t）で微分すると，

$$\Delta Y/Y = \Delta A/A + (1 - \alpha) \Delta K/K + \alpha \Delta L/L \cdots\cdots ④$$

④式のようになる。記号 $\overset{デルタ}{\Delta}$ は，変化率を表す。④式は，経済成長率（$\Delta Y/Y$）が全要素生産性の成長率（$\Delta A/A$）と労働力の成長率（$\Delta L/L$），資本の成長率（$\Delta K/K$）の和で表されることを示している。

高かった全要素生産性の寄与度

さて，この式を前提にすると高度経済成長期に資本と労働力，全要素生産性の成長率のうちどれが一番，全体の経済成長に寄与したかがわかる。それを示したのが図表5-2である。

図表5-2の各成長率からわかるのは，全体として全要素生産性の上昇が顕著であったことである。これは工学的な技術革新によるだけでなく，経済全体での効率的な資源配分による面が大きかった。

たとえば，**労働生産性**の低い分野・地域から労働生産性の高い分野・地域への労働力の移動だけでも全体の労働生産性は上昇する。また低生産性の中小企業が大企業に系列化されていくことで，技術移転による資本の生産性上昇がみられたことが考えられる。

89

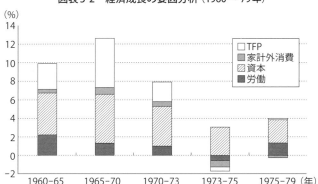

図表5-2　経済成長の要因分析（1960～79年）

資料：黒田ほか（1987）表3-2
出所：牛島（2017：278）図6-4

　とくに低生産性部門（農業）から高生産性部門（製造業，サービス業）への労働力人口の移動は，産業全体での生産性向上を押し上げるとともに地域間の所得格差の縮小をもたらした。実際に高度成長期に労働人口が農村から都市へどれだけ移動したかが図表5-3によって確認できる。

　また若年労働力が企業内訓練のプロセスを経て熟練労働者へと変化するなかで日本の製品の品質向上（付加価値の向上）がみられた。こうした生産性の向上は，1955年に設立された半官半民の日本生産性本部の活動によるところもあったが，多くは事業所ごとの自主的な対応による面が大きかった。**TQC（Total Quality Control：全社的品質管理）**や**QCサークル**などの方式は，もともとはアメリカから輸入されたものであったが，日本の企業で積極的に取り入れられ，独自の進化を遂げていった。もっとも**生産性向上運動**は単に労働者に労働強化をもたらしただけであるとの批判もみられた。とくに国鉄や郵政などでは生産性向上運動に反対する「反マル生運動」が展開された。しかし，そうした運動がもたらしたのはサービスを享受する立場にある一般の消費者の反発だけであった。

第5章　高度経済成長の時代①

図表5-3　農業部門から非農業部門への労働移動

	総数 （万人）	うち農家新規 学卒者（万人）	離村率 （％）
1958	51	－	71.9
1959	62	31	63.2
1960	69	32	59.0
1961	75	33	56.9
1962	86	48	54.0
1963	93	54	47.0
1964	89	51	46.6
1965	85	56	48.2
1966	81	56	46.9
1967	82	57	45.1
1968	79	54	43.0
1969	80	51	41.3

出所：吉川（1997：123）表15

2. 経済成長の要因　② 需要サイド

「三種の神器」

　次に高度経済成長の要因を需要サイドからみてみよう。経済成長は短期的には**有効需要**（購買力に支えられた需要。そうでない需要は潜在需要である）から決まってくる。

　左辺に国民所得（Y）を取ると，右辺を構成する需要項目は，第2章 p.29でも説明したように，**消費（C：Consumption），投資（I：Investment），政府支出（G：Government），および純輸出分（X：Export 輸出－M：Import 輸入）**で構成される。

$$Y = C + I + G + (X - M) \cdots\cdots ⑤$$

　つまり，高度経済成長期のYの拡大がどのような需要要因によって牽引され

91

たのかを，右辺の4項目の変化によって知ることができる。ちなみにC＋I＋Gが**内需**であり，（X－M）が**外需**である。

　まず，高度成長期の消費需要（C）拡大についてみてみよう。高度成長期，ダイナミックな労働力の地域間移動を担ったのは，中卒や高卒の若い男女であった。彼らは都市部に移住し，やがて新しい世帯を形成した。新しい世帯の形成は，住宅やさまざまな耐久消費財への需要を生み出した。

　後者の耐久消費財需要の代表的なものは，高度成長期の前半においては，電気冷蔵庫，電気洗濯機，白黒テレビのいわゆる「**三種の神器**」であった。高度経済成長の後半期では，カー，クーラー，カラーテレビ（**3C**）であった。もちろんこれらの耐久消費財を購入するには賃金の上昇と製品価格の低下が必要である。都市部で働く多くの労働者は，企業業績の向上と企業内組合と会社側との交渉による毎年のように続く賃上げによってこれらの耐久消費財を手に入れることができた（図表5-4）。消費の拡大は国内市場の獲得を目指した多くの企業のさらなる設備投資を拡大していったのである。

投資が投資を呼ぶ

　次に投資需要（I）の拡大についてみる。高度成長期，企業は旺盛な投資意欲をもち，資金調達さえできれば投資を拡大し，それは川上（素材生産部門）から川下（製品生産部門）へ，あるいは川下から川上へと波及した。1960年の『経済白書』はこうした現象を「**投資が投資を呼ぶ**」と表現した。

　他方，貯蓄を上回る投資分は経常収支の赤字分としてあらわれる。つまり，過剰な投資は経常収支の赤字の増加をもたらす。これを式で確認しておこう。今，租税をTとすると⑤式は⑥式のように変形できる。

$$（Y－T－C）＋（T－G）－I＝X－M　……⑥$$

　左辺の第1項は，所得から消費と租税分を控除した残り，つまり民間貯蓄，第2項は租税から政府支出を控除した残り，つまり政府貯蓄となる。この2つを合

第5章　高度経済成長の時代①

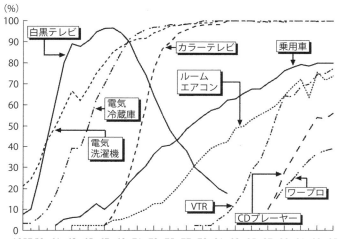

図表5-4　主要耐久消費財の世帯普及率推移

資料：橋本寿朗・長谷川信・宮島英昭『現代日本経済』(1998：136) の図10.1を再掲。元データは，経済企画庁編『家計消費の動向』，同調査局編『消費動向調査年報』の各年版。1959年以前については，同調査局編『消費と貯蓄の動向―消費者動向予測調査の結果と分析』を参照。

出所：中村 (2005b：51)

わせて貯蓄 (S) とすると，

$$S - I = X - M \quad \cdots\cdots ⑦$$

となる。左辺は貯蓄超過分を示し，右辺は輸出 − 輸入，つまり経常収支と等しい。したがって投資が貯蓄を上回る（左辺がマイナス）場合，経常収支は赤字となる。

　経常収支の赤字分は海外への支払いで決済されなければならないから，日本の外貨準備は減少へと向かう。ここで高度経済成長期特有の条件を考えなくてはならない。つまり，現在であれば経常収支が赤字になってドルに対する需要が増加すれば，ドル高・円安方向へと為替が調整され，輸出増加に向かい，結果的に経常収支は黒字へ向かう。しかし，当時は1ドル＝360円の固定相場を

維持することがIMF加盟国には義務づけられていたので，360円レートを維持しようとすれば，日本銀行は公定歩合の引き上げを通じて金融を引き締め，投資を抑制する必要があった。実際，高度経済成長前半にはこうした**ストップ・アンド・ゴー政策**が採られ，投資が増減するというサイクル（景気循環）がみられた。

　一方で，当時の日本は「**人口ボーナスの時代**」（コラム⑤を参照）であった。このことは家計の貯蓄率の高さ（平均15％）としてあらわれ，家計の旺盛な貯蓄が，間接金融を通じて企業に対してファイナンス（資金融通）された。また日本からの輸出品の付加価値が高まると**交易条件**（1単位当たり輸出で何単位を輸入できるかを示す比率。輸出物価指数／輸入物価指数）が改善されるので，旺盛な投資が起こっても必ずしもそれにともなう輸入が増加することには至らなかった。⑦式で言えば，左辺のＩは増加したがそれを上回るＳの増加があり，かつそれは経常収支の黒字としてあらわれたのである[1]。

3.　エネルギー革命と世界市場の拡大

エネルギー革命

　1956年，「もはや『戦後』ではない」といわれた当時の日本経済は，「**神武景気**」と呼ばれた好景気のただなかにあった（当時，前半は価格の上昇によらず販売量増加による「数量景気」，後半は「投資景気」とも呼ばれた）。しかし，国内における好景気は海外からの輸入を増加させ，国際収支の悪化をもたらす。前述したようにIMF体制下で固定相場の維持は義務であったので，政府・日本銀行は引き締め政策に転じざるをえなかった。実際，「神武景気」はそのようにして終わり，1957年半ばに「**鍋底不況**」に突入していった。

　日本が輸入を増加させた要因としては，重化学工業の発展にともなう海外の

（1）　これは経常収支が黒字あるいは赤字という現象が国内の貯蓄超過あるいは不足と表裏の関係にあるのであって，因果関係を示すものではないことを意味している。

石油輸入量の急速な拡大があった。他方で，世界的な石油需要の高まりと1956年に勃発した**第2次中東戦争（スエズ動乱）**による中東石油の輸送問題は，各国での油田開発と大型タンカーの建造を促進し，結果的には石油の大幅供給増加と低廉化をもたらすこととなった。**エネルギー革命**と呼ばれる現象である。これにより世界は，1973年の第1次石油危機まで安価な石油供給の恩恵を受けた。もちろん，「鍋底不況」を脱した日本にとっても，その後の高度経済成長達成の国際的要因となった。

石炭産業の衰退，原子力発電事業の遅れ

しかし，このエネルギー革命には負の側面もあった。それは，それまでの主要エネルギー供給を担ってきた石炭産業に対する影響である[2]。戦前・戦中に満州で活躍した革新官僚の1人である星野直樹は「世にはエネルギー革命のために，苦しむ分野，泣く人びとも少なくないのである」として，石炭産業の窮状がまさに「地獄の苦しみ」であり，「国も国民全体も協力しなければならない。この問題が解決できてはじめて，エネルギー革命の恵福を完全に享受することができるのである」と述べている（星野 1959）。

また，エネルギー革命によって影響を受けた産業として原子力発電事業があった。1954年，ビキニ環礁におけるアメリカの水爆実験で日本の漁船・第五福竜丸が被曝し，世論は原水爆反対で盛り上がりをみせた。しかし，アメリカはアイゼンハワー大統領のとなえた「原子力の平和利用」をスローガンに，むしろ日本における原子力発電事業を推進する政策を採った。日本もそれを受け入れ，1957年11月には**日本原子力発電株式会社**が設立された。しかし，エネルギー革命によって安価な石油が潤沢に供給される状況が生じ，原子力発電の必要性が低下したことは，本格的な原子力発電事業の遅れをもたらすこととなったのである。

---

(2)　日本の石炭産業衰退については杉山・牛島編著（2013）を参照。

自由貿易の拡大，規模の経済の追求

　もう1つの高度成長の国際的要因は，西側諸国を中心とする自由貿易体制下における世界規模での市場の拡大であった。とくに石油化学素材や鉄鋼に対する市場の拡大が著しかった。戦後自由貿易の拡大を目指した**関税と貿易に関する一般協定**（General Agreement on Tariffs and Trade：GATT）での多国間交渉は1948年からはじまっていたが，もっとも大きな成果を上げたのが，平均で約35％，約3万品目について関税の引き下げが合意された**ケネディ・ラウンド**（1964～67年）であった。関税引き下げによる市場の拡大は，「**規模の経済性**」（**スケール・メリット**）をもつ素材生産の重厚長大産業でとくに有利に働く。重厚長大産業の生産規模拡大は平均固定費用を押し下げるからである。戦後の世界市場拡大は寡占や独占に陥りにくい環境を形成すると同時に，重厚長大産業中心であった日本の産業発展にメリットをもたらしたのである（図表5-5）。

　この時期の企業の大型合併としてもっとも代表的なものが，戦後，過度経済力集中排除法によって分割されていた国内粗鋼生産高1位の八幡製鉄と2位の富士製鉄の合併（**新日本製鉄の誕生**）であった（1970年3月31日）。この合併は鉄鋼メーカーという重厚長大産業の代表的企業がスケール・メリットを追求したものであった。二重投資の回避や国際競争力の強化などを目的とした両社の合併は，財界・政界からおおむね支持された。しかし，**公正取引委員会（公取）**はこの合併に対して独占禁止法違反の疑いがあるとして1968年5月の合併発表後に審査を開始し，翌年に合併否認勧告を出したことも記憶に留めておくべきである。これを受けて両社は，他社への技術供与や部門譲渡などにより独禁法上の問題を解消する「排除計画」を公取に提出し，公取は計画の実行を条件に合併を許可するに至った。独占的企業がはたすべき社会的責任を公取が主導して問題にした事例であった。

　世界市場の拡大とそれにともなう日本経済の規模拡大の波は，金融業界にも押し寄せてきた。**第一勧業銀行**の誕生がそれである。もともと1969年1月，第一銀行は三菱銀行との合併を発表したが，内外からの反対で白紙撤回していた。しかし，2年後の1971年3月11日，突如，第一銀行と日本勧業銀行は合併

図表5-5 粗鋼生産高推移（1948～2008年）

資料：経済産業省「鉄鋼統計年報」，財務省「通関統計」をもとに作成
出所：永井（2012：1）

を発表した。新日鉄誕生の際には公取から"待った"がかかったが，第一勧業銀行の場合には当時蔵相の福田赳夫，日銀総裁の佐々木直，経団連会長の植村甲午郎らも積極的に賛成を表明し，日本経済の大型化や国際化に対応した両行の合併に歓迎ムードが高まったのである。もっとも，本当の意味でのメガバンク時代の到来は強固な「**護送船団方式**」の壁に阻まれ，21世紀に入ってからの"**金融ビッグバン**"を待たねばならなかった。

4. 高度成長期の経済政策

国民所得倍増計画

　戦後日本において一般にもっとも知られている長期経済計画は，池田勇人内閣のもとで策定された**国民所得倍増計画**であろう。政府は「投資が投資を呼ぶ」と言われた好循環を促進するために10年間で月給を倍にするという庶民にもわかりやすい目標を掲げた。つまり，産業の生産拡大のために各企業が雇用を増

加させれば，それが家計の所得増加につながり，耐久消費財などの消費需要拡大をもたらす。家計所得や企業利益の拡大が次の生産への投資を拡大するという循環を促すという目標である。池田は経済通としてのセンスでもってそれを「月給（所得）倍増」と表現したのである。もっとも，所得倍増計画自体は岸信介内閣時に検討が開始されており，閣議決定もなされている。池田路線は岸内閣時に立案された経済政策の踏襲だった。では，なぜ池田＝所得倍増のイメージが定着し，ことばは悪いが，池田の手柄のように思われるに至ったのか。岸信介も経済がわかる首相ではあったが，その経済知識は統制経済を主とするものであった。しかし，池田首相は，戦後インフレ時代の大蔵大臣，通産大臣を歴任した，金融，財政，通商，産業にわたる広い経済知識の持ち主であり，しかもそこには，強い自由主義の精神が流れていたからであろう。同じような経済政策を立てても統制経済のにおいがつきまとう岸と自由主義経済論者であった池田の違いは大きかった。

さらに，岸が日米安全保障問題をめぐっての混乱の責任をとって辞任したのに対して，池田がその就任第一声で，「議会主義政治の再建」，「寛容と忍耐」，「和の政治」を強調して，混乱を乗り切ったという政治的手腕もその高い評価に加えられよう。

実際，池田政権の信任を問うた初の総選挙（1960年11月）で自民党は追加公認を含む300議席を獲得して大勝し，長期安定政権の基盤を固めた。政局の安定なくしてはどんなにすばらしい経済政策の抱負をもっていても具体化させることはむずかしかったのである。

東京オリンピック，「昭和40年不況」

しかし，安保の混乱を乗り切り，政治的な安定を獲得した池田政権に何の不安もなかったわけではない。当時，もっとも懸念されていたのがアメリカの「**ドル防衛問題**」だった。戦後一貫して世界経済をリードしてきたアメリカは，貿易収支の黒字減少と対外援助，海外投資，軍事支出増大によって1958年以降国際収支が赤字化した。「ドル防衛問題」とは，アイゼンハワー大統領が緊急指

令を含む総合的な国際収支改善策を示し，強いドルを防衛する意思表示をしたことを指す。要するに，一国ではもはや世界経済を支え切れなくなったということを，アメリカ自らが表明したのである。

これに対して当時の日本開発銀行理事で「国民所得倍増計画」のプランナーとして知られる下村治は，アメリカが今まで負担してきた仕事，つまり，対外軍事援助や経済援助をやめるということではなく，日本をも含めた自由主義諸国全体が，国際協力でその一部を分担するということでなければならず，そのためには成長政策を既定方針どおり，あるいは，それ以上に進めるということが，一番根本的な対策であると論じていた（中村 2014）。

高度成長のただなかの1964年10月10日，アジアではじめての夏季オリンピック大会が東京で開幕した。経済界もこれを歓迎したが，とくに開催地・東京では，外国人観光客を当て込んだホテル業界やインフラ整備の建設業界に「特需」が舞い込んだ。しかし，この東京五輪の意義は，目先の経済効果よりもむしろ日本経済の成長ぶりを世界中にアピールできたことにあった。実際，東京オリンピックがそのような意義をもったことは，それから24年後の1988年に韓国が，さらにその20年後の2008年に中国が，日本の経済成長の後を追うかのようにオリンピックを開催していったことからも明らかであろう。

東京オリンピック閉幕の翌日，池田勇人首相は病気を理由に勇退を表明（翌年，死去）し，政権は自民党内の熾烈な後継争いを経て佐藤栄作に引き継がれた。しかし景気は，後に「**昭和40年不況**」と呼ばれる不況局面に突入していった。1965年3月には，山陽特殊製鋼がその放漫経営から約500億円の負債を抱えて倒産，さらに5月には山一証券の危機が表面化した。大蔵省（田中角栄蔵相）は日本銀行と協議し，特別融資（**日銀特融**）を実行させた。政府が迅速に救済策を決定したのは，投資家が証券業界への不安から運用預かりを引き揚げたり，投資信託を解約したりといった緩慢な「取り付け」が発生しつつあったからである。日銀特融の方法は，山一証券をはじめ，証券会社に"無担保，無制限"に資金を貸し付けるものであり，事実上の借金棒引きであった。もちろんこのような対策は，異例中の異例であったが，このおかげで政府は景気好転策に転じ

ざるをえなくなり，補正予算作成の際には，戦後初の「**赤字国債（財政特例法による歳入補填債）**」も発行されたのであった。

5．高度成長期における国民生活

消費生活の動向

　高度成長の過程で国民生活の水準はどのように変化したのであろうか。まずは家計調査から個人消費支出の変化をみてみよう。家計調査は，1946年7月から毎月，全国の世帯を対象におこなわれており，個人消費に関連する統計のなかでもっともカバー率が高い（ただし，農林漁業世帯は2000年，学生を除く単身世帯は2002年の集計結果から，それぞれ対象に加わった）。1948年の人口5万人以上の市・全世帯（平均世帯人員4.81人）の1カ月平均消費支出は8,780円であり，2003年には，平均世帯人員2.62人で1カ月平均の消費支出が266,432円となり，この間に消費支出は名目で約30倍となっている。ここから物価水準の変化の影響を取り除いた「消費水準指数」により生活水準の移り変わりをみると，1948年

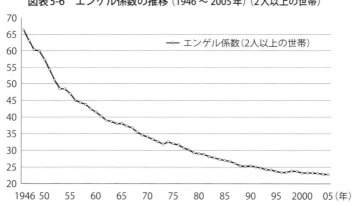

図表5-6　エンゲル係数の推移（1946〜2005年）（2人以上の世帯）

資料：家計調査（総務省統計局）
注1．1962年以前は人口5万人以上の市の平均，1963年以降は全国平均
注2．1999年以前は農林漁家世帯を除く結果，2000年以降は農漁家世帯を含む結果
出所：阿向（2018）図3より作成。

の水準の2倍を超えたのは12年後の1960年であり，3倍を超えたのは1969年であった。その後伸びは鈍化し，1948年から数えて31年目の1979年に4倍を超えた。高度成長期における個人消費支出の伸びの大きさが確認できる。

　一方，消費支出に占める食料費の割合である**エンゲル係数**の推移（図表5-6）をみると，1948年の60.4％から高度成長期全般にかけて一貫して縮小し，1962年で40.0％を下回り，1979年には29.5％，1999年には23.9％となっている。一般的にエンゲル係数が40％を切れば，国民の平均生活レベルがすでに中流生活水準を迎えたことを示すとされている。したがって，日本の国民の平均的生活水準が「中流」レベルに達したのは，1960年代初頭頃ということになろう。ただし，注意しなくてはならないのはエンゲル係数の変化には国民の所得水準以外にも多くの要因が作用しているということである。たとえば食のスタイルが外食中心になれば，食費への支出は高まる。しかし，外食をしている家計が「貧しい」とは簡単には言えないであろう。あくまでも高度成長期前後に所得上昇と食費との逆相関がみられるという指摘に留めておくべきである（櫨 2017）。

　エンゲル係数の低下とは逆に，高度成長期には家具・耐久消費財費を含む住居費や被服費の支出項目に占める割合が高まっている。なかでも家庭電化製品を中心とした耐久消費財，すなわち電気洗濯機・電気冷蔵庫・白黒テレビの「三種の神器」，あるいは1960年代の半ばの「3C」（カー・クーラー・カラーテレビ）が高度成長期の消費ブームを象徴したことは先述した通りである（図表5-4）。

「一億総中流」

　先に1920年代のアメリカの大衆消費社会の花形は自動車であったと述べたが，日本でも戦後，国産乗用車の生産が軌道に乗り，高度成長後半期から1970年代にかけて全国的な高速道路の整備なども相まって自家用車が急速に普及していった。1966年10月に発表されたトヨタの大衆向け乗用車カローラは，それでも当時の平均的サラリーマンの月給のおよそ10カ月分（43万円）もしたが，1987年には月給の3カ月分弱で買えるようになった。世帯普及率も1970年には2割程度であったものが，1990年には8割に達した。

日本における本格的な**大衆消費社会**が，高度成長期に展開していったことは
ほぼ間違いないところである。またその高度成長を可能にしたのが，技術革新
と大量生産によってもたらされた製品価格の劇的な低下と国民1人当たり所得
の増加であることにも異論はないであろう。さらに，高度成長にともなう産業
構造の高度化は，とくに製造業を中心とした第2次産業で顕著であったことも
重要である。製造業の発展は，産業立地からみた国内の労働力の移動をもたら
し，**太平洋ベルト地帯**と呼ばれた京浜，中京，阪神，北九州それぞれの工業地
帯の中核都市への人口移動をもたらした。農村の低廉な労働力が都市の工場労
働力として雇用されたことは，その所得上昇と同時に世帯数の増加，単身世帯・
核家族世帯の増加をもたらし，耐久消費財の普及を促進したのである（吉川
2012）。

　この時期の日本に生じた急速な都市化は，消費社会の一層の進展をもたらし
た。いくら家電製品が安くて便利であっても農村の生活習慣からみればそれは
奢侈品なのであり，したがって農村が人々の生活の中心的な場である限りは，
消費社会化は容易には進まなかったであろう。事実，上記の家電製品の普及は，
日本全国まんべんなく生じた現象ではなく，都市のサラリーマン家庭を中心と
したものであった。

　とくにこの時期に重要な意味をもったのは，都市家庭における「主婦」の登
場であった。女性が家事から解放されたわけではなかったが，舅姑に遠慮しつ
つ小遣い程度の出費も許可をえなければならない農村の「嫁」とは異なり，都
市の「主婦」はとにもかくにも一家の「主婦」であり，家族の財布のヒモをがっ
ちりと握った存在であった。家庭生活を豊かにすると考えられた家電製品の普
及が日本の大衆消費社会の牽引車となりえたのは，こうした労働力移動にとも
なう家庭のあり方の変化に裏づけられてのものであった。

　また，戦後の日本人の消費生活には，明確なモデルとも言うべきものが存在
していたことも忘れてはならない。戦後日本人の価値観を支えたのは，アメリ
カによってもたらされた「戦後民主主義」であり，「消費は美徳である」という
イデオロギーであり，より直接的には各種メディアを通じて喧伝された「アメ

リカン・ウェイ・オブ・ライフ」であった。

　とくにテレビ草創期（日本でのテレビ放映開始は1953年）に日本のテレビ局が作製した番組よりも人気があったのは，アメリカのドラマやアニメーション漫画であった。そこで描かれていたアメリカ人の生活のイメージは，現在であれば相当にさまざまなバイアスのかかったものではあったが，三畳間が間取りに含まれているような郊外の団地に住んでいた当時の日本人に大きな夢と幻想を与えたのである。さらに郊外の団地に住む人々は，隣に住む人々の消費行動を参考にしながら自己の消費スタイルを決めていった。伝統的価値観から切り離された自分たちのアイデンティティがゆらぐなかで，「隣と同じ」という行動は1つの基準となりえたのである。

　世論調査において，自らの生活水準が「中流」であると答えた割合が9割を超えたのは，高度成長が末期に差しかかった1967年のことであった。「**一億総中流**」ということばもメディアを賑わせた。実際，戦前期には経済成長とともに拡大した所得格差も，高度成長期には着実に縮小していった。従業員1,000人以上の企業の1人当たり給与を100とした時，たとえば100〜299人の企業の1人当たり給与が，1955年には61であったものが，1965年には71になった。こうした格差の縮小をともなう賃金の上昇が，日本人全般の生活水準の向上に寄与したことはいうまでもない。農村と都市の格差，大企業と中小企業の所得格差は「**二重構造**」と呼ばれ，日本経済の構造的脆弱性の具体的なあらわれとされたが，高度成長期を通じてこの「二重構造」は解消されていったのである。大衆消費社会が，中間的な所得層で構成される大衆の出現と大量消費のライフスタイルで特徴づけられるとするならば，日本における大衆消費社会の完成はほぼこの1960年代末期に求められよう（中村 2005b，参照）。

コラム⑤ 「人口ボーナス」の時代

　15〜64歳の生産年齢人口が、それ以外の従属人口（0〜14歳、65歳以上の人口）の2倍以上ある状態を「**人口ボーナス**」の状態と呼ぶ。生産年齢人口が多ければ、現在の所得水準は上昇して消費も拡大し、経済成長にもつながっていくと考えられる。また現在の消費水準は現在の所得のみに依存するのではなく、生涯所得に依存すると考える**ライフサイクル仮説**によった場合でも、高度成長期の日本の人口構成は、貯蓄を取り崩す世代（高齢者）が貯蓄する世代（若年者）を下回る、つまり従属人口比率が低い「人口ボーナス」の時代であった。これによって、所得の大きな伸びが貯蓄へ回され、銀行を通じた「間接金融」で企業の資金需要を支えた。さらに政府財政部門では大幅な税収増加があり、潤沢な歳入をもとに生産インフラが整えられていった。世界銀行の融資による大型プロジェクト（東名高速、東海道新幹線、黒四ダムなど）もあったが、その他の社会資本は政府資金で賄われた。また郵貯資金を原資とする財政投融資は住宅公団を通じての都市部の住宅供給や国民金融公庫等を通じての中小企業への融資を支えた。現在、経済成長が顕著にみられるアジア諸国もこの「人口ボーナス」を享受している国が多い。

　逆に、生産年齢人口が減少し、従属人口が増加すると社会にとっての負荷（onus）が増加することから、そうした社会の状態を「**人口オーナス**」と呼ぶ。日本は現在、「人口オーナス」の時期に入っていると考えられる。

図表5-7　日本人口の年齢別構成（人口ピラミッド）

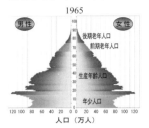
1965

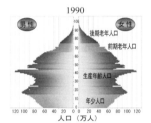
1990

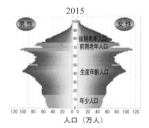
2015

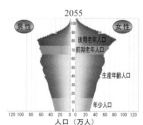
2055

出所：国立社会保障・人口問題研究所（2017）より作成。

第6章
高度経済成長の時代 ②

高度経済成長は人々の暮らしを確実に豊かなものにした反面，さまざまな負の側面もあわせもっていた。地域間格差や公害問題などがそれである。前者はとくに日本海側の地域における停滞が問題とされ，やがて「列島改造」ブームを引き起こす。公害問題は，それ自体明治期の足尾鉱毒事件等にまでさかのぼる根が深い問題であったが，高度経済成長期にはそれが全国に広がっていった。やがて経済成長そのものを否定的にとらえる言説も目立ってくるようになった。国際環境も変化する。1971年のニクソン・ショック，1973年の第1次石油危機は日本にも大きな影響を与え，以後の日本経済のパフォーマンスは大きく変化していった。

【主要な出来事】
1965～70年　「いざなぎ景気」
1968年　GNPで西ドイツを抜き，世界第2位に
1970年　大阪の千里丘陵で万国博覧会開催
1971年　ニクソン米大統領による金・ドル交換停止宣言（ドル・ショック）
　　　　　環境庁発足
1972年　田中角栄著『日本列島改造論』出版，田中角栄内閣成立，日中国交回復
1973年　第4次中東戦争勃発，第1次石油危機
1974年　狂乱物価

1．高度経済成長の「負の側面」

過疎・過密問題

高度経済成長の「負の側面」は成長が本格化する1960年代から顕在化してきた。まず，農村から大都市への人口移動の問題があった。急激な人口移動は都

105

市部では過密問題として，また逆に人口流出地域では過疎の問題としてあらわれてきた。人口移動は工場などの生産設備の立地と大きく関係している。とくに流通インフラが集中する太平洋岸地域は，**集中と集積の利益**を享受するために多くの企業が進出し，開発が進められ，結果として人口流入規模も大きくなったが，逆に流出地域では負の連鎖が起きはじめていた。

　こうした状況に鑑み，政府は1962年，「**全国総合開発計画**」（**全総**）を策定して全国の均等な発展を目指した。京浜・阪神地区での工場立地制限を目指す「**工場等制限法**」（1959年，首都圏。1964年，近畿圏）も制定された。もともと戦時中にも国防の観点から全国の総合的再開発計画が官僚を中心に策定されたが，全総は工場立地などを中心とする資源配分を国がコントロールしようとしたものであった。さらに田中角栄内閣のもとで進められた「**日本列島改造計画**」は，地方への利益再分配という政策目標をより前面に出したものであった。以後，全総は5次にわたって計画実行されたが，2005年に廃止され，現在では国土形成計画法に基づく新たな国土形成計画に引き継がれている。

公害問題

　さらに深刻であったのが，経済成長にともなう環境破壊の問題（当時は「**公害問題**」と呼ばれた）であった。チッソ水俣工場（熊本）や昭和電工鹿瀬工場（新潟）の排水による「**水俣病**」，四日市のコンビナート工場群の排ガスによるぜん息，三井金属工業神岡鉱山の排水による「**イタイイタイ病**」（富山県）[1]などさまざまな公害を引き起こした。

　政府はこうした公害問題に対処するため，1967年に「**公害対策基本法**」を制定し，1971年には環境庁（現在，環境省）を設立，1973年には「**汚染者負担の原則**」（PPP：Polluters Pays Principle）を取り入れた「**公害健康被害補償法**」が制定された。「公害対策基本法」では，大気汚染，水質汚濁，土壌汚染，騒音，振

---

(1) 水俣病，第二水俣病（新潟），四日市ぜん息，イタイイタイ病とあわせて4大公害と呼ばれる。

動，地盤沈下，悪臭の7つを公害と規定した（典型7公害）。また自動車排気ガス基準の設定などもなされた。当初，この法律の第1条第2項に「前項に規定する生活環境の保全については，経済の健全な発展との調和が図られるようにするものとする」といういわゆる「調和条項」が含まれていたが，1970年の第64臨時国会（「公害国会」）で削除された。しかし，4大公害訴訟などで国は責任を回避し，結果として公害被害防止のための措置が後手に回ったことは否めない。

2. 福祉国家構想

経済成長にかわる目標

　戦後日本が経済成長一辺倒にひた走ってきた結果に対する批判と反省から，経済成長にかわる目標として掲げられたのが，老人医療費無料化，公的年金の大幅な充実などを内容とした**福祉国家構想**であった（一連の関連法が制定された1973年は**福祉元年**と呼ばれた）。高度成長期の豊富な財源を前提とした「福祉国家の建設」といったヴィジョンは，当時，それなりの説得力をもつものであった。

　すでに欧米諸国では，20世紀の初頭ごろから，国民の権利としての所得保障や社会サービスが給付されるようになった。制度的な拡大としては，19世紀末に労災保険制度，1930～40年代に老齢年金制度，さらに失業保険制度などと段階的に整備された。先進国において一層の社会保障充実がはかられたのは第2次世界大戦後のことであったが，各国の政策の対象範囲や雇用政策との関係づけという点で違いがみられた。

　イギリスでは第2次世界大戦中に**ベヴァリッジ報告書**[2]による社会保障制度の構想が提言され，労働党が選挙に大勝したことでこの構想は実現されることになった。いわゆる「ゆりかごから墓場まで」と呼ばれる社会福祉制度が整った

（2）　1942年に発表されたイギリスの社会保障制度に関する報告書。正式名称は，『社会保険および関連サービス』（Social Insurance and Allied Services）であるが，報告書をとりまとめた経済学者ウィリアム・ヘンリー・ベヴァリッジの名前からこう呼ばれる。

107

のである。

　日本の場合もすでに戦前期から貧困層救済のための恤救制度や年金保険，健康保険などが導入されていたが，本格的な拡充は1970年代に入ってからのことであった。1972年の児童手当制度の開始を皮切りに，1973年には老人医療費の無料化，健康保険の被扶養者の給付率引き上げ，厚生年金保険の給付額引き上げ，物価スライド制導入，生活保護の扶助基準の引き上げがなされ，1975年には雇用保険4事業が開始された。[3]

　いずれも高度成長期の最終局面を迎える1970年代の前半に集中しているのが特徴であり，それまでの高度成長を前提として制度設計されたことにその後の問題が内包されていた。実際，高度経済成長が終焉すると，福祉政策拡充の原資となっていた税収が落ち込み，その行き詰まりが懸念されるようになった。税収の全般的な落ち込みはもちろんのことであるが，産業構造の変化，人々の就業形態の変化，家族のあり方の変化など，さまざまな要素の変化によって1970年代までに設計された諸制度の見直しが必要となったのである。

社会保障給付の見直し

　戦後の福祉政策をリードしてきたイギリスでは1979年5月，保守党のマーガレット・サッチャーが首相となり，福祉国家の抜本的改革に着手した。アメリカでは1981年に大統領となったロナルド・レーガンもまた「**小さな政府**」をスローガンに，規制緩和の徹底，減税，予算削減，労働組合への圧力など，新自由主義的な政策を大規模におこなっていった。日本でも，1980年代以降，老人保健法の制定による老人医療費無料化の廃止（1983年），健康保険被保険者本人の医療費に10％の自己負担を導入（1984年），基礎年金制度の導入による国庫負担を基礎年金部分に限定（1986年），老齢厚生年金の支給開始年齢を60歳から65歳に繰り下げ（1994年）など，次々と社会保障給付の見直しがなされている。

（3）　従来の失業保険法にあった失業給付事業に加え，失業予防等を目的とする雇用3事業（雇用安定事業，能力開発事業，雇用福祉事業）の4事業を指す。2010年の法改正で雇用福祉事業は廃止。

第6章　高度経済成長の時代②

図表6-1　社会保障給付費の推移

		1970	1980	1990	2000	2010	2016（予算ベース）
国民所得額（兆円）A		61.0	203.9	346.9	375.2	352.7	385.9
給付費総額（兆円）B		3.5 (100.0%)	24.8 (100.0%)	47.4 (100.0%)	78.3 (100.0%)	105.2 (100.0%)	118.3 (100.0%)
（内訳）	年金	0.9 (24.3%)	10.5 (42.3%)	24.0 (50.7%)	41.2 (52.6%)	53.0 (50.4%)	56.7 (47.9%)
	医療	2.1 (58.9%)	10.7 (43.3%)	18.4 (38.8%)	26.0 (33.2%)	32.9 (31.3%)	37.9 (32.0%)
	福祉その他	0.6 (16.8%)	3.6 (14.5%)	5.0 (10.5%)	11.1 (14.2%)	19.3 (18.4%)	23.7 (20.0%)
B／A		5.77%	12.15%	13.66%	20.88%	29.83%	30.65%

資料：国立社会保障・人口問題研究所「平成26年度社会保障費用統計」, 2015年度, 2016年度（予算ベース）は厚生労働省推計, 2016年度の国民所得額は「平成28年度の経済見通しと経済財政運営の基本的態度（平成28年1月22日閣議決定）」

注：図中の数値は, 1950, 1960, 1970, 1980, 1990, 2000及び2010並びに2016年度（予算ベース）の社会保障給付費（兆円）である

出所：厚生労働省（2017a：資料編20）

しかし, 一方で八代（2016）が指摘しているように超高齢社会においては, 政策決定において高齢者層の意見が反映されやすい「**シルバー民主主義**」のバイアスが生じているという側面もあり, 社会保障給付の見直しが簡単には進まない状況も発生している。

3. ドル・ショック, 第1次石油危機, 狂乱物価

ブレトンウッズ体制の終焉

　1971年8月16日午前10時（日本時間）, アメリカのリチャード・ニクソン大統領が重大声明を発表した。のちに"**ドル・ショック（ニクソン・ショック）**"と呼ばれることになるこの声明発表の衝撃は, それまで国際市場での通貨安定を

担ってきた**ブレトンウッズ体制**の終焉，つまり，ドルを基軸通貨とする国際通貨体制の終焉を意味した。

　第2次世界大戦後の世界経済は，戦前のような金本位制への復帰はしなかったものの，各国の通貨とドルの交換レートを固定し，さらに金1オンス＝35ドルの交換を保証することで，ドル本位制を構築していた。しかし，戦後の冷戦体制のもとでアメリカは援助や紛争への軍事介入などを通じて世界中にドルを撒布し続けた。その結果，1960年代後半にはアメリカ経済の貿易収支の赤字と財政赤字から，この交換が保証されないのではないかという**ドル不安**が蔓延し，アメリカ政府はその打開策を模索していた。ニクソン大統領の声明が世界にショックを与えたのは，アメリカが自らドルの基軸通貨としての役割を放棄することを宣言したものだったからである。

　ニクソン声明後，1971年12月にはワシントンDCのスミソニアン博物館において各国通貨とドルの新たな交換レート設定がなされ，日本の円は1ドルに対して360円から308円へと切り上げられることとなった（**スミソニアン・レート**）。しかし，これによってもアメリカの貿易赤字拡大は止まらず，1973年2月14日のドルの10％切り下げを受けて，日本もスミソニアン体制を離脱し，**変動相場制**に移行することとなった。離脱当初の円・ドルレートは270円台であった。世界各国の通貨がドルとの固定相場から離脱すれば，ドルとの交換基準はお互いの経済力を基礎としたものとなる。以後，現在に至るまで主要各国の為替相場は，基本的に為替市場において決定されることとなった。

　日本が変動相場制に移行することでもっとも懸念されたのが，円高による輸出部門に対するダメージであった。とくに自動車，カラーテレビなどの主力輸出品はアメリカでの競争力が大幅に低下し，それによって企業収益が落ち込む恐れがあった。さらにドルの減価による国際的なインフレーションが進行し，人件費の高騰となって跳ね返ってくれば，さらなる企業収益の圧迫，格差の拡大につながってくると予想された。そして，この予想は1973年秋に勃発した**第4次中東戦争**と石油危機によって，より困難な方向に修正を余儀なくされることとなったのである。

第1次石油危機，狂乱物価

　第1次石油危機発生の約1年前，1972年7月の自民党総裁選で田中角栄が前首相の佐藤栄作が支持した福田赳夫を破って首相の座に就くと，"列島改造ブーム"に便乗した土地投機が発生し，一般物価もそれと連動しながら上昇した。もっとも，政府・日本銀行は景気の後退を食い止めようとして，すでに1970年の後半から拡張的な財政政策と金融緩和策を実施していたため，国内には**過剰流動性**が発生していたことも物価上昇に拍車をかけた。そこに中東産油国が石油の減産と原油価格の引き上げを相次いで発表したため，世界経済，とくに中東原油への依存度が高かった日本経済は大混乱に陥ることとなった。第1次石油危機（オイル・ショック）とその翌年にかけての**狂乱物価**である。今でこそ石油という資源が日本経済に与える影響が格別に大きいことは誰もが認識していることであるが，当時は安い原油がどんどん輸入されることが当たり前の状況であり，その重要性に注意がほとんど向いていなかったがゆえに石油危機の衝撃は非常に大きかった。

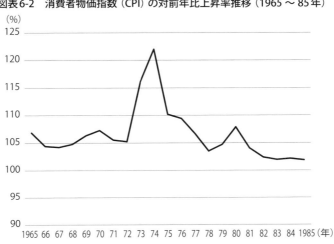

図表6-2　消費者物価指数（CPI）の対前年比上昇率推移（1965～85年）

出所：総務省統計局webサイト「消費者物価指数」より作成。

石油危機の衝撃の大きさを示すエピソードとしてよく語られるのは，トイレットペーパーの買いだめ騒動であろう。時折，当時の状況を伝えるニュース映像として流されるのも，スーパーマーケットに殺到する主婦たちの姿である。[4]その背景には企業が石油価格の高騰に便乗した値上げをおこなうであろうという過剰反応があった。しかし，もちろん企業の便乗値上げのみが，狂乱物価を招いたのではなかった。当時，世界的な実需の高まりによって需給が逼迫し，小麦や大豆，繊維原料，金属原料など第1次産品や原材料が高騰しており，石油危機はその最後の一撃にすぎなかった。だからこそ資源輸入国である日本は，今まで以上に生産性を高め，高付加価値製品を輸出する必要が生じたのである。

4. 高度成長はなぜ終わったのか

キャッチアップの完了

　高度経済成長はなぜ終わったのか。経済成長の要因は中長期的にみれば，第5章の最初に示したようなモデル，すなわち全要素生産性，労働投入量，資本投入量の3つの変数でアウトプットが決定されるというモデルによって示される。これらそれぞれが1970年代にどのように変化したのかという点から考えてみよう。

　まず全要素生産性である。日本の高度経済成長の原動力となってきた技術革新は，外国から導入された技術に負うところが大きかった。とくに重化学工業部門では鉄鋼，石油化学，エレクトロニクス，自動車などの諸分野における主要技術のほとんどを外国から導入することにより発展の礎が築かれた。1960年においては外国からの導入技術による民間企業の売上高への貢献度が10.8％（通商産業省企業局，1962）にまで達している。その後も積極的な技術導入の自由化政策（1968年からはじまり，1974年のコンピュータ技術の自由化によって全面自由

――――――――――――――

（4）　この騒動の詳細は東京新聞・中日新聞経済部編（2016）を参照。

第6章　高度経済成長の時代②

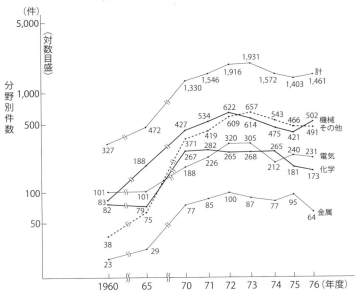

図表6-3　外国技術の導入件数の推移

資料：科学技術庁「外国技術導入年次報告」
出所：科学技術庁（1977：30）より作成。

化に至る）が展開され，1973年度までは図表6-3に示すように外国からの技術導入件数は急激な伸びを示していた。

　しかしながら，以降，外国からの技術導入が停滞してきた。つまり，日本は先進諸国に追いつき，こうした先進国の新技術を模倣したり取り入れたりするだけでは成長することができなくなったということである（キャッチアップの完了）。

人口ボーナス時代の終焉

　次に，日本の人口構成が変化し，急速に高齢化が進んだことが考えられる。高齢化は労働人口の増加を減速させると同時に，経済成長を支えた国内貯蓄を減少させた。人口ボーナス時代の終焉である（コラム⑤を参照）。

113

以上のような供給サイドの条件の変化によって，日本の高度経済成長を支えてきた要因が失われたと考えられる。

需要サイドの変化

　今1つは需要サイドの条件変化である。需要サイドの条件は基本的には短期的な景気動向を左右する条件であるが，この時期に生じた国際環境の変化は不可逆的に**輸出主導型成長**の条件を弱めた。つまり，ブレトンウッズ体制の崩壊によって各国が変動為替相場制に移行したことにより，それまでの圧倒的な円安という条件が失われたのである（図表6-4）。

　こうした条件変化に加えて，原田（1998）は，この時期の政府の市場への介入が日本経済の好循環を歪めたことを指摘している。たとえば，生産者米価引き上げによって農家の所得水準を向上させたことは，農家の生産性を無視した画一的な生産調整を生み出した。公共投資の配分基準を地域間の所得再分配として重視する政策は，経済的に進んだ地域へ公共投資をおこなわず，遅れた地域を優先する政策であった。都市の過密防止のため「工場等制限法」が京浜・阪

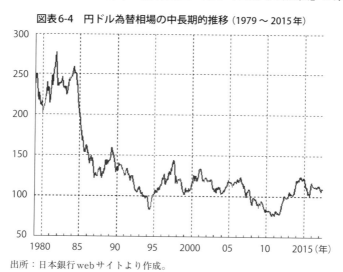

図表6-4　円ドル為替相場の中長期的推移（1979～2015年）

出所：日本銀行webサイトより作成。

神地区に適用されたことは前述したが，これは都市インフラの改善を遅らせ，都市のサービス業の生産性向上を阻害した。要するに地域間の所得格差是正政策は，同時に3大都市圏への人口移動を抑制し，資本と労働力の効率的配分を阻害，結果として全要素生産性の上昇を抑制したのである。

経済成長の条件

しかし，以上のような高度経済成長をもたらした要因の喪失や政策の失敗が，いわゆる「**成長の限界**」をもたらし，今後の経済成長を不可能にするというわけではない。

確かに日本はキャッチアップ過程を終え，安価に低リスクの最新技術を導入することは難しくなった。しかし，各企業がそれで技術革新を目指さなくなったということではない。むしろ企業の**技術開発**（Research and Development：R&D）費は1970年代以降も上昇し続けており，その成果も出ている。もっとも産業構造が重化学工業からサービス産業に大きくウェイトを移しているなかで，サービス産業のR&Dが十分であるかと言えば，心もとない面がある。とくに**IT**（Information Technology）による生産性の向上は他国に比べて遅れを取ってきた面があろう。

高度経済成長期の「成功体験」が従来の企業組織のあり方や労働のあり方の改革を阻んでいる面も少なくない。つまり，**日本型企業システム**と呼ばれた終身雇用，年功賃金，企業別組合等のシステム，あるいは企業と政府の関係，企業間同士の関係が，グローバル化，IT化といった環境変化に対応しきれていないのである。さらにキャッチアップ型成長期には有効に機能した諸々の慣行や経済制度は，逆に成長を制約する条件へと変化してしまったことが考えられる。しかし，こうした経済構造に起因する問題とは別に1990年代末からの停滞については，マクロ的な成長政策が不十分であったことも大きい。この点に関しては後述する。

115

5. 高度成長の終焉と消費スタイルの変化

　先に述べたように，1970年代に入って噴出してきた公害問題は，大量生産・大量消費という経済システムそのものへの懐疑を呼び起こす引き金となり，人々の消費スタイルにも影響を及ぼした。また低成長期にはそれまで日本経済を牽引してきた製造業を中心とする第2次産業にかわって，金融・不動産・サービスなどの第3次産業が拡大していった。この**経済のサービス化**と呼ばれる事態の進行は，個人の消費支出のあり方をも変えていった。

サービス化，余暇時間の拡大
　「家計調査」による個人消費支出項目のなかで，食料費・被服費といった費目が比重を落とし，逆に教養娯楽費，交際費，教育費，保険医療費といった項目が比重を高めていったが，一方で，食料費・被服費などの支出項目の中身も多様化・高級化した。米食中心であった日常の食生活において米に支出されるウェイトは低下し，多彩な副食類が食卓にのぼった。また外食等に出費される部分も増加し，食のサービス化が進展した。被服類も高級化の傾向がみられ，単位当たりの支出費用が増加している。

　労働生産性の上昇にともなう余暇時間の拡大は，教養娯楽費や交際費を増加させた。レジャー産業自体は1960年代の高度成長期から発展がみられたが，1975年以降は大企業による大型娯楽施設開発なども進み，レジャーが大型化していった。なかでも従来の「遊園地」という発想から離れて大規模集客に成功したのは1983年開園の東京ディズニーランド（株式会社オリエンタルランド）であった。東京ディズニーランドは，「テーマ・パーク」という新しいコンセプトを日本のレジャー産業に根づかせ，以後の複合型大規模娯楽施設のモデルとなった。

　海外旅行も本格的にレジャー産業の一翼を担うようになった。日本人の海外渡航が自由化された直後の1965年当時の海外旅行者数は年間15万9,000人にすぎなかったが，1975年には233万6,000人と14倍以上の伸びを示した。近年で

116

は年間約1,600～1,700万人以上が海外に出かけており，国民の10人に1人以上が年間1回は海外旅行に出かけている計算になる。[5]

　また第1次石油危機ただなかの1974年に朝日カルチャー・センターがオープンしたことも見逃せない。朝日カルチャー・センターは，その後のカルチャー・センター・ブームの先駆けとなったが，こうした「カルチャー志向」はそれまでの消費のあり方と異なり，「自分にとっての本当に有意義な余暇の過ごし方」を各個人が考えるようになってきたことの反映であると言えよう。

　1978年にはタイトー（もとは輸入雑貨類の販売，ピーナッツベンダーの製造・販売業務，ジュークボックスの販売・賃貸をおこなっていた太東貿易株式会社という会社。1972年に現社名に変更）が開発したコンピュータ・ゲーム「スペース・インベーダー」が大ヒットし，総出荷台数は30万台に達した。また1981年には京都のトランプメーカーであった任天堂がアメリカで「ドンキー・コング」を発売し大ヒットさせ，1983年には家庭用ゲーム機器の「ファミコン」を発表，現在のゲーム産業の基礎を築いていった。

大学の大衆化

　教育費の支出増は，進学率の上昇と軌を一にしている。1963年にすでに大学と短大への進学率（高等教育進学率）は15％を超え，以後17.0％（1965年），23.6％（1970年），37.8％（1975年）と1965年以降一貫して上昇していった。同時に，もはや大学卒という学歴は，エリートのものではなくなっていた。実際，大学卒の採用者の職種が，かつてのホワイト・カラー（事務職）ではなく，サービス化の進展を反映してグレー・カラー（販売職）の占める割合が上昇していった。学歴別賃金格差は縮小し，大衆的サラリーマンが一般的なものとなった。

　また**大学の大衆化**は，1968年の学生運動（全共闘）の盛り上がりを最後に若者のノンポリ（非政治）化を加速させていった。戦後，日本の左翼勢力は一貫して反資本主義を掲げて自民党政治やその大企業優遇政策，対米一辺倒などを批判

---

(5)　ただし，2000年頃までは右肩上がりで上昇していた日本人の海外渡航者数も以後停滞している。

図表6-5　大学進学率の推移（1955 〜 2015年）

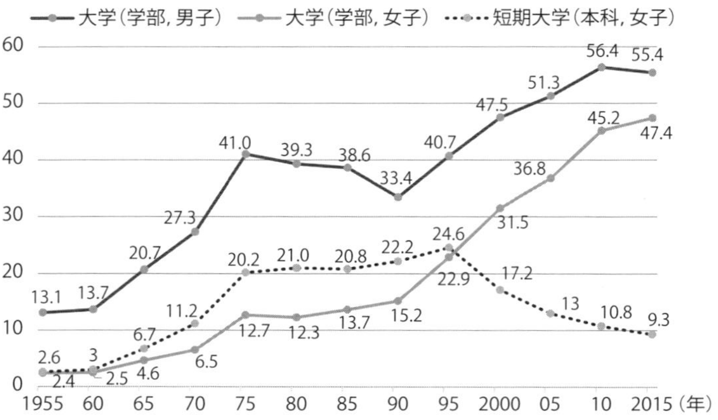

―■― 大学（学部, 男子）　―●― 大学（学部, 女子）　‥●‥ 短期大学（本科, 女子）

大学（学部, 男子）：13.1　13.7　20.7　27.3　41.0　39.3　38.6　33.4　40.7　47.5　51.3　56.4　55.4

大学（学部, 女子）：2.4　2.5　4.6　6.5　12.7　12.3　13.7　15.2　22.9　31.5　36.8　45.2　47.4

短期大学（本科, 女子）：2.6　3　6.7　11.2　20.2　21.0　20.8　22.2　24.6　17.2　13　10.8　9.3

1955　60　65　70　75　80　85　90　95　2000　05　10　2015（年）

出所：内閣府（2017）Ⅰ-5-1図より作成。

してきた。それは世界的な反戦運動，公民権運動，女性解放運動などと連動しながら，さまざまな党派を生み出した。そのなかには一般市民との共闘というスタイルを取ったものもあったが，先鋭化する党派の一部は対立する党派に対する「内ゲバ」[(6)]などに走り，自ら運動自体の崩壊を招いていった。彼らは，1972年のあさま山荘事件・連合赤軍リンチ殺人事件や1974 〜 75年にかけて発生した連続企業爆破事件などによって，まさに「過激派」というレッテルを貼られ，一般学生からも市民からも見放されていったのである。

女性の社会進出と消費スタイルの多様化・高級化

　高度成長が終焉したにもかかわらず，上にみたような消費スタイルの多様化・高級化がみられたとすれば，それは何によって支えられたのであろうか。1つには高度成長期には「専業主婦」の役割を担っていた主婦のパートタイム収入が家計の補完的役割をはたしたことが注目される。子育てが一段落し，家電製品によって家事をすませた主婦達は夫の収入を補うべくパートタイマーとし

（6）　ゲバルトは暴力の意味。党派どうしの暴力による排除（殺戮）を意味する。

第6章　高度経済成長の時代②

て働きに出かけた。1960年代には臨時雇いの大半が，農村からの出稼ぎ労働者や中学校卒の労働力などによってまかなわれていたのに対して，1970年代以降は女子労働力が重要な位置を占めるようになった。経済のサービス化が進展し，女子労働力を受け入れる職場が増えたこと，景気変動に応じて投入量を弾力的に変化させることが可能な非正規労働者の存在が企業の雇用調整にうってつけであったこと，日本が原則的に外国からの単純労働力を移入しなかったこと，そして彼女ら自身すでに新卒時から結婚時までの就労経験があったことなどの要因があいまって女性の職場進出を促し，世帯の収入を支えたのである。

　低成長下にあって個人消費を下支えしたのも，女性の購買力の高まりであった。一日中会社で働くサラリーマンに対して，家事労働から解放され，多いとは言えないながらも自分の裁量で支出が決められる女性達の消費は，企業のマーケティング戦略を左右する大きなカギを握るようになったことはもはや常識であろう。メディアによる広告宣伝も細かいターゲティングによる新規需要開拓の方向に向かっていった。

119

コラム⑥ **怪獣映画に託された文明批判**

　日本を代表する怪獣映画と言えば，本多猪四郎監督の『ゴジラ』(1954年，東宝映画) である。映画ポスターの宣伝文句に「水爆大怪獣映画」と銘打たれていることからも明らかなようにゴジラは太平洋上での水爆実験 (1954年，アメリカがビキニ環礁でおこなった水爆実験。マグロ漁船「第五福竜丸」が被曝し，社会問題となった) に着想を得た文明批判の映画であった。テーマは単純明快であり，人類が作り出した核爆弾という兵器が自然環境を破壊し，人類はそのしっぺ返しを受けるというものである。『ゴジラ』は大ヒットし，その後の怪獣映画，特撮映画の原型を形づくった。

　それから17年を経て，ゴジラは公害怪獣ヘドラと戦う。『ゴジラ対ヘドラ』(1971年，東宝映画) がそれである。当時，日本の映画産業は全体に斜陽化し，東宝もかつての輝きを失っていた。この『ゴジラ対ヘドラ』も驚くほどの低予算で作られた作品であったが，監督の坂野義光は『ゴジラ』にあった文明批判の精神を取り戻したいと，怪獣を当時社会問題となっていた公害問題を象徴する形でヘドラとした。ヘドロ怪獣という前代未聞のコンセプトで造形されたヘドラは，まさに異形の怪獣として人類に対して危害を加える。最後にはなぜか人類の味方となっているゴジラによって倒されるのだが，当時の少年たち (筆者もその1人) には大きなインパクトを与えたと言って良いだろう。

　本多猪四郎に比べれば，あまり名前を知られていない坂野監督であるが，2014年にはハリウッド版の『GODZILLA (ゴジラ)』のプロデューサーを務め，さらには福島第一原子力発電所事故をモチーフに『新・ヘドラ』を構想していたという。残念ながら，坂野は2017年5月に86歳でこの世を去った。

　そして，2016年には庵野秀明監督『シン・ゴジラ』が封切られる。東宝製作のゴジラ映画としては29作目にあたり，12年ぶりの日本で製作されたこのゴジラ映画は1954年版をリスペクトしつつ，しかし，それまでとは違った形での文明批判 (ゴジラ退治をおこなう側の日本政府，官僚機構に対する批判) をも取り込んだものとして，そのリアリティが評価されている。

第7章
グローバル化の進展と日米経済摩擦

　第1次石油危機と狂乱物価は，高度経済成長の終わりを告げる出来事であった。鳴り物入りで登場した田中角栄首相の「日本列島改造論」も，結果からみれば，土地の投機による地価の高騰をもたらしたという負の側面が強調されよう。

　また1973年以降，各国は変動相場制へ移行したため，日本はそれまでの円安環境を失うことになったが，平均4％の高い成長率と2%以下の低い失業率を維持した。また経常収支の黒字基調，とくに対米黒字は，アメリカとの経済摩擦を引き起こした。

　アジアにおいては新興工業国家が成長を遂げ，日本が比較優位をもっていた諸産業の衰退が起こり，産業構造の転換も進んだ。

【主要な出来事】

1973年　主要各国が変動為替相場制に移行，GATT東京ラウンド開催
1975年　第1回先進国首脳会議（サミット）が仏ランブイエで開催
1976年　ロッキード事件，毛沢東死去
1978年　新東京国際空港（成田空港）開港，特定不況産業安定臨時措置法
　　　　制定
　　　　イラン革命勃発（〜79年），第2次石油危機
　　　　中国「改革開放路線」
1979年　英サッチャー政権発足，韓国で朴正煕大統領暗殺，ソ連アフガニ
　　　　スタン侵攻
1980年　モスクワ五輪開催（西側諸国の多くがボイコット）
　　　　イラン・イラク戦争（〜88年）
1981年　米レーガン政権発足，第2次臨時行政調査会（土光臨調）発足
1982年　中曽根内閣成立（〜87年）
1985年　電電公社の分割民営化，ソ連ゴルバチョフ書記長就任
　　　　G5によるプラザ合意

121

1. 第2次石油危機と産業構造の転換

第2次石油危機

　1974年末，金権政治を糾弾された田中角栄首相が退陣した。後継には"クリーン三木"と呼ばれた三木武夫が就任したが，1976年にアメリカの航空機会社ロッキード社から日本の政治家に賄賂がおくられたとされる「**ロッキード事件**」が発覚する。ロッキード事件の捜査をめぐって田中派と対立した三木は退陣を余儀なくされ（「三木おろし」），同年末に福田赳夫が首相の座に就いた。

　経済通としての評価が高かった福田首相は，田中・三木首相時代の大蔵大臣・経済企画庁長官時代に「狂乱物価」を収拾したことが評価されよう。また2年間の首相時代には1977年，東南アジア諸国連合（ASEAN）との平和と繁栄に尽力する旨を約した「**福田ドクトリン**」を発表，1978年には**日中平和友好条約**を締結するなど外交面での成果を出した。その後，福田首相は自民党総裁選で大平正芳に敗れ，大平正芳が首相を引き継いだ。その大平首相時代の1979年に**イラン革命**が勃発し，**第2次石油危機**が発生した。ここではまず，第2次石油危機とその対応について，近藤（2011）によりながら整理しておく。

　第2次石油危機による原油価格の上昇が日本の輸入物価上昇に与えた影響は，第1次石油危機のそれよりも大きかった（最大上昇率で1979年2月の89.5％と1973年5月の76.3％）。しかし，1979〜80年度の平均実質経済成長率は4.7％であり，日本経済のパフォーマンスは，第1次石油危機時のそれと比較しても，また主要先進国に比べてもかなり良好であったと評されている。これはなぜであろうか。

　第1次石油危機の際には輸入物価の上昇がストレートに国内の卸売物価（企業物価）・消費者物価上昇に影響を及ぼし，しかもそれが非常に長く続いた（国内卸売物価は1972年3月から22カ月，消費者物価は1972年5月から29カ月もの間，2桁代の上昇が続いた）。これに対して，第2次石油危機の際には，国内卸売物価の上昇率は最高で18.4％であり，2桁上昇率を記録した期間は1978年11月からの14カ月にとどまった。これは輸入物価の上昇がすぐに賃金などの生産費にはね返

らないように労使双方が協調した結果であると考えられる。こうした労使協調の対応によって企業は省エネルギー型の技術への投資を促進することができた。また前章でも述べたように、第1次石油危機発生時にはそれ以前からマネーストックが急増していたが、第2次石油危機発生時には日銀の引き締めもあり、マネーストックは安定的に推移しており、物価上昇率も相対的に低く、第1次石油危機に比べて経済は全体的に安定した状態にあった。

省エネルギー化の進展

第1次石油危機と第2次石油危機の違いをもたらした最大の要因は、経済の**省エネルギー化**（**省エネ化**）の進展であろう。具体的には、以下の3点に要約できる。

第1に、エネルギー・コストの高騰や経済成長率の変化にともなう需要構造の変化によって、産業構造が急激に変化したことである。すなわち、**資源・エネルギー多消費型産業**から省資源・エネルギー型の**加工組立型産業**（自動車産業や家電産業など）への転換である。

第2に、資源・エネルギー多消費型の産業内部でも省エネルギーの推進と代

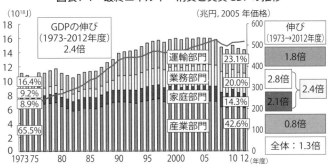

図表7-1　最終エネルギー消費と実質GDPの推移

（注1）J（ジュール）＝エネルギーの大きさを示す指標の一つで、1MJ＝0.0258×10⁻³原油換算kl。
（注2）「総合エネルギー統計」は、1990年度以降の数値について算出方法が変更されている。
（注3）構成比は端数処理（四捨五入）の関係で合計が100％とならないことがある。
資料：資源エネルギー庁「総合エネルギー統計」、内閣府「国民経済計算」、日本エネルギー経済研究所「エネルギー・経済統計要覧」を基に作成。
出所：資源エネルギー庁（2015：140）

替エネルギーへの転換が急速に進んだことである。たとえば，代表的な資源・エネルギー多消費型の産業である鉄鋼業では製鉄から加工までを連続して処理する連続鋳造システムを導入することによって大幅な「省エネ化」が達成された。

第3に，企業は消費者に対して製品の「省エネ化」をアピールすることで生き残りをはかったが，これによって消費者もエネルギー節約の手段を獲得できたことである。当時のエアコンや電気冷蔵庫の電力消費量は短期間に半減ないし3分の1程度まで減少した。

以上のような変化を反映して，実質GDP当たりのエネルギー消費量は1990年度には1974年度の3分の2にまで低下したのである（図表7-1）。

加工組立型産業の伸長

日本経済の「省エネ化」が進むと同時に，1970年代には**アジアNIEs**（Newly Industrializing Economies：新興工業経済地域）と呼ばれる国・地域が台頭してきたことも，日本の産業構造の転換をスムーズなものにした。アジアNIEsが石油価格の上昇を低賃金によって吸収し，素材型産業での国際競争力を獲得していったのに対して，日本は加工組立型産業に比較優位をもつようになった。

とくに日本の自動車産業の場合，国内での新車需要に加え，低燃費を評価された，北米市場への輸出が発展を牽引した。テレビやVTR，カメラなど家庭電化製品の輸出も大幅に増加した。これらの背景には減量経営の徹底や商品開発の成功があった。加工組立型製品の輸出拡大と原油価格の低下[1]は，日本の経常収支黒字を大幅に増加させた。

日本経済の好調なパフォーマンスを支えた要因には，ほかに日本独特の労働市場の性質や**日本型コーポレート・ガバナンス**（企業統治）が挙げられよう。一般に衰退部門から成長部門への労働力移動において衰退部門の労働者は解雇さ

---

(1)　石油危機による原油価格の高騰は，それまでコスト高で手がつけられなかった海底油田などの開発をうながす。結果として，世界の原油供給は増加し，価格が下がっていった。

れ，成長部門へ自ら移動する。しかし，日本の場合，高い成長が実現できていた時期には，高い内部留保を有する大企業などで成長分野の新子会社を設立し，親企業から子企業へ「失業なき労働力移動」を実現した（本業以外の成長部門への投資によって産業転換）。このことは，「固定的な雇用慣行でも産業間労働移動の妨げにはならない」という神話を生み出し，それを経営者と労働組合が共有することとなった（八代 2017：55）。また日本型コーポレート・ガバナンスに特徴的な**株式持ち合い**のもとで本来株主の配当として振り向けられる部分も，内部留保として蓄積され，企業の成長と雇用の確保に向けることができた。

2. 財政再建と行財政改革

財政再建に向けて

　民間企業が比較的良好なパフォーマンスを示す一方，政府の体質改善は遅れていた。これは日本だけでなく世界的に共通することであった。とくに「ゆりかごから墓場まで」という高福祉政策を採ったイギリスは，その後**「英国病」**といわれた経済停滞を経験していた。しかし，1979年にマーガレット・サッチャーが率いる保守党による政権が誕生すると，国営企業の民営化が強力に推し進められた。アメリカでも1981年にロナルド・レーガン大統領が就任し，**新自由主義的政策**が採られていった。

　こうした世界的な流れのなか，日本でも鈴木善幸内閣のもとに元経済団体連合会会長の土光敏夫を会長とする**第2次臨時行政調査会**（**第2臨調，通称 土光臨調**）が設置され，行政のスリム化を通じた**「増税なき財政再建」**が目指された。1982年に成立した中曽根康弘内閣もこの路線を継承し，「行革（行政改革）路線」をよりいっそう推進していった。行革は政府組織の単なる部分的な手直しではなく，本来であれば民間にまかせて良いような公企業体の民営化を含む変革であったことが重要である。また行革とセットで民間の活力を利用しようとする「民活プロジェクト」も，中曽根政権時代に次々と登場してきた。

　しかし，高度成長期と比較して落ち込んだ税収，逆に「福祉大国」のスロー

ガンのもとで増大した社会保障費（図表6-1），さらにはアメリカに代わって日本と西ドイツが世界経済の牽引車となるべく「日独機関車論」がとなえられるなかでの日本への期待の高まりがあったため，政府は赤字国債発行による財政支出の拡大政策を採らざるをえなくなったが，それは同時に財政危機を招来するものでもあった。

「一般消費税」導入構想とその挫折

　以下ではまず，当時の財政状況を打開するために検討された「**一般消費税**」構想についてみておこう。

　財政の公債依存が高まるにつれて増収策が検討されるようになったのは，1977年にまとめられた政府税制調査会（政府税調）による「今後の税制のあり方についての答申」以降である。さらに1978年12月答申では「一般消費税大綱」が示され，1980年1月を実施時期とするなどの内容が具体的に示された。これを受けて大平正芳内閣は，1980年度を「財政再建元年」と位置づけ，政府税調の答申を踏まえて1980年度からの一般消費税導入を決定した。

　しかし，この消費税導入案には大反対の声が沸き起こった。一般的に増税を歓迎する声は出にくいものであるが，それを割り引いてもマスコミの多くが反消費税ムードを煽る論調に終始したことが反対論を後押しする要因になった。さらに，中小企業や小売業者等では一般消費税の導入によって売上額や仕入額が明確になり，法人税や所得税の課税強化になるという反対論も大きかった[(2)]。

　こうした世論を背景にして1979年9月7日，社会党，公明党，民社党の野党3党が大平内閣不信任案を提出，対する大平首相は衆議院を解散した。しかし，増税案で選挙は戦えないという与党内からの批判により大平首相は1980年度中の一般消費税導入を断念する意向を表明せざるをえなくなった。

　結局，この選挙で自民党は248議席と，過半数割れの大敗北を喫した。また11月の衆議院本会議の首相指名選挙では自民党から大平，福田の2候補が立つ

---

(2)　もちろん，売上額や仕入額が明確になるから「反対」というのは，まったく筋違いの話である。いかに流通段階で不透明な経理がおこなわれていたかの証左であろう。

第7章　グローバル化の進展と日米経済摩擦

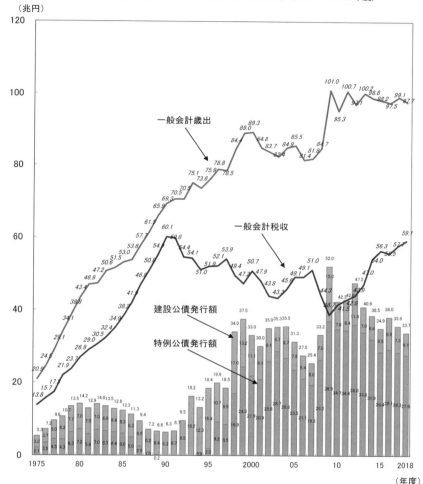

図表7-2　一般会計歳出・税収・公債発行額の推移（1975～2018年度）

（注1）2016年度までは決算、2017年度は補正後予算案、2018年度は政府案による。
（注2）公債発行額は、1990年度は湾岸地域における平和回復活動を支援する財源を調達するための臨時特別公債、1994～96年度は消費税率3％から5％への引上げに先行して行った減税による租税収入の減少を補うための減税特例公債、2011年度は東日本大震災からの復興のために実施する施策の財源を調達するための復興債、2012年度及び13年度は基礎年金国庫負担2分の1を実現する財源を調達するための年金特例公債を除いている。

出所：財務省（2018：4）

という異常事態になったが，大平が僅差で福田を下し，第2次大平内閣が発足
した。[3]しかし，党内の抗争対立はその後も続き，1980年6月に総選挙がおこな
われることになったが，その遊説中に大平首相が急逝した。

　大平内閣の後を受けた鈴木善幸内閣でも，財政再建問題が最大の政治課題で
あった。鈴木首相は，1981年度予算編成に関して一般会計の伸びを1桁に抑え
ることや国債発行を2兆円に減額することを指示した。一般消費税導入の失敗
によって歳入増加の途を断たれたための苦肉の策であった。

　しかし，1982年に入ると財政再建の困難性がより強まり，赤字国債脱却目標
の実現は極めて難しくなった。鈴木首相は「財政非常事態宣言」を出し，人事
院勧告凍結（人勧凍結，つまり公務員給料の据え置き）という非常措置を採ること
によって世論を味方につけようとしたが，人勧凍結程度では財政状況の悪化は
改善できず，財政運営に行き詰った鈴木首相は退陣を表明するに至った。

国鉄・電電公社・専売公社の民営化

　鈴木内閣の後継として1982年11月，中曽根康弘内閣が誕生し，「増税なき財
政再建」路線は継承された。しかし1983年度予算案については，歳出入の乖離
を縮めることができず，13.3兆円の公債発行を余儀なくされた。いよいよ抜本
的な改革が必要とされていったのである。

　中曽根内閣は「増税なき財政再建」を行政改革で実現すべく，国鉄再建法案
を提出し，国鉄再建対策推進本部を設置した。また第2臨調も，1983年3月に
「行政改革に関する第5次答申」（いわゆる「最終答申」）を政府に提出し，特殊法
人の整理，3公社（電電公社，専売公社，国鉄）の改革，国と地方との役割分担，
行政情報の公開など，さまざまな改革の提言をおこなった。

　政府はこの「最終答申」をもとに「新行革大綱」を閣議決定し，**臨時行政改
革推進審議会**（**行革審**）を設置した。また同じく「最終答申」を受けて設置され
た「国鉄再建監理委員会」は，1985年7月に「国鉄改革に関する意見」をとり

---

(3)　総選挙の敗北から第2次大平内閣発足までは，自民党の「40日抗争」と呼ばれる。

まとめ，政府はこの「意見」をもとに8本の関連法案を提出し，1987年4月に6つの旅客会社と1つの貨物会社等（現・JR各社等）に分割する**国鉄の分割民営化**が実施された。その後，JR全体としては業績が回復したが，保有路線の違いによって，JR各社間で大幅な業績格差が生じた。

日本電信電話公社（**電電公社**）については，公社形態および電気通信事業の完全独占の弊害が指摘され，高度情報化社会に対応できる電気通信事業とするため，経営形態を民営化の方向で改革すべきであることが提言された。これに基づき，1985年に日本電電公社が民営化されて日本電信電話株式会社（NTT）が発足した。また，電気通信事業への新規事業者の参入が可能となるなど，制度の抜本的な改革がおこなわれた。

日本専売公社については，たばこ専売事業について諸外国からの市場開放要求の高まりのなかで，1985年4月1日に民営化され，「日本たばこ産業株式会社（JT）」となった。しかし，日本のたばこ農家保護の目的で同年制定された「たばこ事業法」はJT以外の事業者の参入を排除したものであり，以後，日本のたばこ農業は完全に斜陽産業化してしまった。また，日本専売公社がおこなっていたもう1つの専売事業である塩については，1996年，「塩事業法」の施行によりJTの塩事業部門が独立して「塩事業センター」になっており，現在，国内6つのメーカーが製塩事業をおこなっている。

3. 日米貿易摩擦と先進国による為替協調介入

自動車貿易摩擦

日本とアメリカの間では1950年代の繊維製品，1960年代の鉄鋼，1970年代のテレビや自動車，1980年代の半導体等，連続的に貿易摩擦が発生した。このうちとくに自動車の経済摩擦は，大きな政治問題になった。

第2次世界大戦後，アメリカの自動車産業は長らく世界の自動車産業を牽引

---

(4) NTTは1999年に持株会社と地域会社2社（NTT東日本，NTT西日本），長距離・国際会社（NTTコミュニケーションズ）に再編された。

した。1960年代にはアメリカのトップ・メーカー，いわゆるビッグ・スリー（フォード，GM，クライスラー）は，乗用車の大型化と高級化を進行させ巨額の利益を計上していた。しかし，その一方で日欧からの小型車輸入も徐々に拡大していった。第1次石油危機以降，ガソリン価格の高騰により小型輸入車のシェアは大幅に拡大したが，ビッグ・スリーは，石油危機による燃料価格高騰は一時的現象であると判断し，高利潤の見込める大型車中心主義を捨てることはなかった。

しかし，第2次石油危機発生翌年の1980年には輸入車のアメリカ市場でのシェアは26％へと急拡大した。輸入車の増加はビッグ・スリーに対して大きな打撃になり，各社は**レイオフ（一時解雇）**を余儀なくされたほか，3番手のクライスラーは倒産の危機に瀕した。こうした状況のもとで自動車産業関係者の対日感情は極度に悪化し，労働者によって日本車をハンマーで叩き壊すデモンストレーションがおこなわれたりした。

さらに同年，フォード社とUAW（United Auto Workers, 全米自動車労組）が共同して**通商法301条**に基づいて日本車輸入の増大からの救済措置を政府に要請した。これに対するアメリカITC（International Trade Commission, 国際貿易委員会）の裁定は，アメリカ車不振の原因は，需要の小型車シフトに対してメーカーの対応が遅れたためであって，輸入車の増加によるものではないというものであった。このため，アメリカ政府は日本車の輸入制限措置を採ることが不可能になり，対日交渉で日本側から**輸出自主規制**を導き出す方針を採るようになった。

1981年5月，レーガン大統領が日本側に輸出自主規制を求める救済策を公表すると，日本は1984年度以降3年間にわたり対米輸出台数を168万台にするという輸出自主規制案を出した。さらに1984年には輸出自主規制措置が1年延長された（輸出枠は185万台に拡大）。日本車の輸出自主規制はその後13年間も続き，1994年3月にようやく撤廃された（近藤 2011：55）。これは日本の自動車メーカーが輸出から現地生産へと重点を移動させたため，日本からの輸出規制の意味がなくなったためである。また日本メーカーは輸出台数制限に対応して輸出

130

モデルの高級化をはかり，国内では生産工程の合理化を徹底させることでコスト削減を実現して利益を増加させた。他方，アメリカのメーカーは便乗値上げによって記録的な収益を上げた。結局，この輸出自主規制でもっとも損をしたのは，アメリカの消費者であった（八代 2017：46）。

前川レポート，日米構造協議

　他方，日本とアメリカの2国間の経常収支不均衡是正のためには輸出規制よりも輸入拡大の方が重要であるとの認識から1985年1月の日米首脳会談では，アメリカが競争力をもちながら対日輸出が増加しない分野とみなされた電気通信，医薬品・医療機器，エレクトロニクス，林産物の4分野に関する**MOSS協議**（Market-Oriented Sector-Selective talk，市場重視型個別分野協議）が設置された。[5]
MOSS協議の結果，エレクトロニクス製品関税の20％引き下げ，通信機器，コンピュータ関連品目の関税撤廃等の成果が確認され，日本市場へのアクセスに関する改善措置が新しい市場機会を提供するものとされた。そして，日米経済摩擦の解消策として，1985年，中曽根首相の私的諮問機関である経済構造調整研究会（前川春雄座長）は，「内需拡大と市場開放」と題されたレポート（通称「**前川レポート**」）を提出し，のちの日本の市場開放，規制緩和路線の出発点となった。

　さらに1989年からは**日米構造協議**（Structural Impediments Initiative：SII）が開始された。これもアメリカの対日輸出拡大を目指した協議であったが，個別分野別の対策ではなく，日本の市場構造自体がアメリカ製品の輸出を阻んでいるという主張であった。とくに日本の市場の閉鎖性を象徴するとされた企業間の**系列取引**が槍玉に挙げられた。また零細小売店舗の保護のため制定されていた「大規模小売店舗法」（1973年）が問題視され，2000年にはこれが廃止され，かわって「大規模小売店舗立地法」が施行された。前者は大規模小売店の出店を規制するものであり，後者は逆にその規制を解除するものである。

---

(5)　1986年5月には輸送機器（自動車部品）が追加された。

図表7-3　アメリカの国際収支と対日収支

(億ドル，％)

	①経常収支	②貿易収支	③対日貿易収支	④ = ③／②
1970	84.9	26.0	− 12.4	− 47.8
1971	59.7	− 22.6	− 32.3	142.7
1972	27.5	− 64.2	− 41.1	64.1
1973	140.5	9.1	− 13.1	− 143.7
1974	112.1	− 55.1	− 16.9	30.7
1975	251.9	89.0	− 16.9	− 19.0
1976	99.8	− 94.8	− 53.4	56.3
1977	− 91.1	− 310.9	− 80.0	25.7
1978	− 93.5	− 339.3	− 115.7	34.1
1979	63.1	− 275.7	− 86.3	31.3
1980	106.7	− 255.0	− 104.7	41.0
1981	167.3	− 280.2	− 158.0	56.4
1982	110.1	− 364.9	− 169.9	46.6
1983	− 213.8	− 671.0	− 215.6	32.1
1984	− 740.1	− 1124.9	− 369.8	32.9
1985	− 961.6	− 1221.7	− 435.1	35.6
1986	− 1230.4	− 1450.8	− 544.0	37.5
1987	− 1373.9	− 1595.6	− 569.5	35.7
1988	− 958.8	− 1269.6	− 526.2	41.4
1989	− 733.2	− 1177.5	− 495.4	42.1
1990	− 523.2	− 1110.4	− 423.8	38.2

資料：Bureau of Economic Analysis, 'International Economic Accounts'.

出所：近藤（2011：35）図表3-3

プラザ合意

　アメリカの経常収支は第2次世界大戦後から1960年代までは黒字基調にあったが，1960年代後半から黒字幅が縮小傾向をたどるようになり，1970年代には赤字が発生するようになった。さらに1983年以降は赤字幅が急速に拡大し，1984年上期の赤字は年880億ドル（対GNP比2.4％）と記録的な額になった。アメリカの赤字の過半は国内要因，とくに投資超過幅が拡大したことによる。ア

メリカ国内における投資超過は実質高金利をもたらし，実質高金利はドル高を招き，その結果，輸出不振となってさらなる経常収支の赤字を生み出したのである。

　一方，日本の経常収支は2度の石油危機の時期を除けば，黒字基調を保っていた。とくに石油危機を境に，日本の経済成長率は鈍化し民間投資が減速する一方で，貯蓄は高水準を続けたため，国内は貯蓄超過になっていった。他の先進国が不況と高インフレの同時進行という**スタグフレーション**状況からの脱却に手間取るなか，日本は1980年代以降，外需主導型の景気回復の傾向を強め，経常収支の大幅な黒字を記録するようになっていった。

　こうした状況のもと，国際協調によるドル高是正を目的とした**先進5ヵ国（G5）蔵相・中央銀行総裁会議**が，1985年9月22日にアメリカ・ニューヨークのプラザ・ホテルでおこなわれ，円高・マルク高＝ドル安に誘導する各国の協調介入が合意された。いわゆる**プラザ合意**である。

　このプラザ合意により急速に円高が進み，1ドルの価値は約1年の間に240円台から150円台にまでおよそ半分になった。しかし，この急激なドル安をもってしてもアメリカの「**双子の赤字**」（経常収支赤字と財政赤字）を必ずしも解消することとはならなかった。繰り返しになるが，アメリカの「双子の赤字」の根本要因が，アメリカ国内での投資超過によるものであったからである。

4. アジア NIEs の台頭

グローバル化の拡大

　市場開放をはじめとする経済の**グローバル化**の動きは，対アメリカだけのものではなかった。とくに1970年代以降，成長著しいアジア市場との関係も強化され，NIEs，ASEAN各国との製品・サービス，資本の輸出入を通じて日本の世界経済におけるプレゼンスが高まっていった。中国との関係も1978年に鄧小平によって**改革開放路線**が採用されて以降，活発化していき，中国の対外開放の拠点となった沿海部を中心に日本企業の進出が目立つようになっていった。

133

そもそも戦後世界経済を牽引していったのは，まずはアメリカであり，その後，西側陣営では日本と西ドイツが驚異的な経済成長を成し遂げ，1960年代末には国民総生産で日本が世界の第2位，西ドイツが3位となった。アメリカをモデルとした経済成長が可能であったこと，すなわち，A．ガーシェンクロンがいうところの「**後発性の利益**」を享受できる立場にあったことや，東西冷戦下での過酷な軍備拡張競争の負担から自由であったことが，両国の経済成長を可能にしたということができる。そして，こうしたタイプの経済成長は，日本や西ドイツに限ったわけではなかった。まさに1970年代後半からのNIEsの経済成長はこのタイプの経済成長パターンにあてはまるものであった。このうちアジア地域以外の国々（ラテン・アメリカなど）の成長は鈍化し，1980年代にはもっぱら韓国，台湾，シンガポール，香港の4つが「**四小龍**」として注目を浴びるようになった。

これらアジアNIEsの発展の要因は，**輸出指向型工業化**の成功によるものであるが，その発展形態は一様ではなく，また現在ではその成長が必ずしも維持されているわけではない。とくに1997年のアジア通貨危機と香港の中国返還以後はそれぞれが大きな転換点を迎えている。ここではとくに「四小龍」の1990年代までの発展についてみておこう。

「漢江の奇跡」

まずは韓国である。韓国の経済成長は，1961年の5・16事件（軍事クーデター）によって朴正熙が政権を掌握したのち，経済成長重視の政策を打ち出した時代にはじまる。朴政権も当初は北朝鮮と同じような5カ年計画（1962 ～ 66年）による工業化の実現を目指したが，国内資本の蓄積がないところで，上からの指

---

(6)　ガーシェンクロン（2016）は，後発性の利益として先進国技術や開発政策の経験の模倣可能性を挙げている。

(7)　なお，1979年に経済協力開発機構（OECD）が発表した報告書によって，当時の発展途上国のうち石油危機以降も工業製品輸出の急増を通じて経済成長した10カ国・地域を取り上げ，新興工業国（NICs）と命名したのが最初であるが，1988年のトロント・サミット以降，台湾や香港の国際的地位の問題から新興工業経済地域（NIEs）に変更された。

令に基づく資本の動員はうまくいかなかった。そのため，外国資本の導入によって工業化を進める政策に転換していった。朴大統領は，ベトナム戦争参戦によってアメリカの協力を引き出すこと，および対日関係の改善によって日本からの借款を推進する政策を採った。韓国は，「ベトナム行のバスに乗り遅れるな」をスローガンに官民挙げてベトナム戦争に参加した。三星，現代などの"財閥"が誕生したのもこの時期であった。

アメリカからの「ベトナム特需」の総額は10億ドルにのぼった。また1965年に結ばれた**日韓基本条約**によって，韓国は無償金3億ドル・有償金2億ドル・民間借款3億ドル以上（当時の韓国の国家予算の倍以上）の日本からの資金供与および貸付をえることとなった。1960年半ばから90年代までに総計6,000億円の円借款がおこなわれ，韓国はこれにより高速道路をはじめとした各種インフラの開発などを進めていった。さらに韓国経済にとってプラスに作用したのは，アメリカが韓国製品に対して市場を開放し，そこに韓国の輸出製品が大量に流れ込んでいったことがある。外資の導入による工業化の成功には，その借款を返済するための輸出の伸長が不可欠であるが，韓国の場合，アメリカ市場の存在が欠かせなかったのである。

いずれにせよ，1965年以降1975年までに韓国の国民総生産（GNP）は14倍，保有する外貨および外国為替などの総額は24倍，輸出総額は29倍と，いずれも驚異的な伸びを示すとともに，韓国経済の成長率は年平均10％前後を記録し，「**漢江の奇跡**」と呼ばれた。

台湾の戦略的工業化

韓国と同様，戦前期に日本の植民地であった台湾では1945年の日本の敗戦と同時に「光復（中華民国による主権の奪還）」を達成したが，1949年以降，国共内戦に敗れた国民党の人々が中国大陸より100万人以上流れ込んでくると食糧不足やインフレなどにより混乱に陥った。国民政府は，まず，日本人を本国に送還し人口負担の減少をはかるとともに，大陸から台湾に持ち込んだ外貨（USドル）を元手に金融改革に着手し，1949年6月に新台湾ドルを発行した。さらに土

135

地改革を実施し，農業生産力の回復をはかった。台湾には日本統治時代の遺産が残されており，そこに戦後，アメリカからの技術を移植することで工業化を進めていくというアドバンテージがあった。さらに東アジアの共産化を食い止めようとするアメリカの世界戦略のもとで1950年から1965年までに14.8億ドルにものぼる資金が台湾に投下されたことも見逃せない。しかし，台湾海峡を挟んで中国と対峙する台湾の地政学的位置は，台湾に対して巨額の軍事支出を強い，経済発展の足かせともなった。

　台湾は農業生産で蓄積された資本を工業に投資するため，1953年から「第1期経済建設計画」を策定し，安い労働力賃金をテコに**労働集約型輸出工業**へ集中的に資本を投下しつつ，保護関税政策，紡績業を中心とした補助金政策等を実施していった。さらに1959年には「19点財経改革措施」を策定し，自由貿易政策に転換，関税の引き下げなどによって輸入規制を緩和，翌1960年，「奨励投資条例」を制定し免税方式による**外資導入**を促進，1966年に加工輸出区を高雄市や台中市に設置した。こうした政策実施にともない，日本とアメリカからの投資が増加し，日本から資本財を輸入，アメリカへ軽工業製品（紡織製品やプラスチックなどの石油化学製品）を中心に輸出する貿易構造が定着していった。1963年には台湾の貿易収支がはじめて輸出超過となり，石油危機までは好調な経済成長が続いた。

　1970年代の2度の石油危機によって原料コストが増大すると，台湾経済も苦境に立たされ，新しい局面を迎えることとなったが，1974年には蔣経国総統が

図表7-4　日米とアジアNIEsの経済発展比較（GDPの平均成長率）

	1970－75	75－80	80－86
アメリカ	2.2	3.4	2.4
日　　本	4.8	5.0	3.7
韓　　国	8.0	7.7	8.3
台　　湾	8.0	10.5	7.3
香　　港	－	12.3	6.6
シンガポール	9.6	8.7	5.3

出所：外務省（1988）より作成。

第7章　グローバル化の進展と日米経済摩擦

「十大建設」を発表し、このプランにしたがって実施された大規模な公共投資が台湾経済の下支えとなった。さらに1979年には「十年経済建設計画」を策定し、エネルギー効率の高い、低汚染、高付加価値の産業である、電子機械、電気機械、輸送用機械を戦略工業とする方向へと舵を切っていった。こうした台湾の**戦略的工業化**政策は、1988年に李登輝が蔣経国の後を継いで総統に就任した後も続き、ハイテク・通信などの分野でも世界的競争力をつけた。

東南アジアのハブ，香港

次に1997年に中国へ返還された香港の返還前までの状況をみておこう。まず戦前期のイギリス統治時代の香港は、中国華南地域の貿易の中継点として発展した。1941年に太平洋戦争が勃発すると、日本軍は香港にも侵攻、同年12月25日に英連邦軍は日本に降伏し、以後、終戦まで日本の軍政下に置かれた。

連合国側として参戦した中華民国は、戦後、イギリスに対して香港の返還を要求したが、国共内戦とともに交渉は不調に終わり、1949年に中華人民共和国が成立すると、中国共産党は香港問題を棚上げにしたままイギリスとの国交樹立を進めた。1950年、イギリスは中華人民共和国をいち早く承認し、将来的に香港の主権を中華人民共和国に渡すこととなった。また共産党支配の中国から逃れた人々は安価な労働力として香港の経済発展の基礎を築くこととなった。

1970年代からは繊維産業を中心とする輸出型の軽工業が発達し、のちに香港最大の財閥を率いる李嘉誠のような企業家を輩出する。さらに、1960年代以降の旅客機のジェット化、大型化を受けて、航空機による人と貨物の輸送量が急上昇し、香港が東南アジアにおける商業、金融業のハブ的地位を確立した。その後1980年代に入ると中華人民共和国の改革開放政策が進展し、香港の製造業は国境を越えて中華人民共和国側に進出していくようになり、香港は商業・金

---

(8)　同地を拠点に置いた企業や金融機関としては、ジャーディン・マセソン商会（1832年創設、アジア最大級のコングロマリットであるジャーディン・マセソン・ホールディングスの前身）やジャーディン・マセソンが設立した香港上海銀行（現HSBC）などがある。

137

融・観光を中心として発展する都市へと変貌していった。

　1984年，**中英共同声明**が発表され，イギリスは1997年7月1日に香港の主権を中華人民共和国に移譲し，香港は中華人民共和国の一特別行政区となることが明らかにされた。このなかで中国政府は鄧小平が提示した「**一国両制**」政策をもとに社会主義政策を将来50年（2047年まで）にわたって香港で実施しないことを約束したが，将来の共産化の不安から香港を離れ外国へ逃げ出す企業や人々も増加した。しかし，香港には中国からの資本も多く流入し，香港の金融・商業センターとしての地位は強化された側面もあった。1997年の主権移譲後，香港総督クリストファー・パッテンに替わり香港統治に当たることとなったのは，中国と関係の深い実業家の董建華であり，彼が2005年まで初代香港特別行政区行政長官を務めた。

リー・クアンユーによる**開発独裁**，シンガポール

　最後に，シンガポールの経済発展を概観しておく。シンガポールでは，1945年，日本の敗戦により日本軍が撤退したのちもイギリスによる植民地支配は継続した。しかし，その後も独立運動が続き，1957年，マラヤ連邦が独立。さらに1959年6月にシンガポールはイギリスの自治領となり，1963年，マラヤ連邦，ボルネオ島のサバ・サラワク両州とともに，マレーシア連邦を結成した。しかし，マレー人優遇政策を採ろうとするマレーシア中央政府と中国系住民が人口の大半を占めるシンガポールとの軋轢が激化し，マレーシア首相ラーマンとシンガポール人民行動党（PAP）のリー・クアンユー（李光耀）の両首脳の合意の上，シンガポールは1965年8月9日にマレーシア連邦から追放される形で都市国家として分離独立した。

　独立後に首相に就任したリー・クアンユーは，東南アジアにおける通商の中心地に位置するシンガポールを発展させる「唯一の手段」として，一党独裁体制下での通商都市国家の道を選択する。いわゆる**開発独裁体制**のもとで教育水準の向上や関税廃止を背景にした外資系企業の積極的な誘致，ハブ空港の整備（チャンギ国際空港），徹底した治安維持とマナー管理などの政策を進めた。

第7章　グローバル化の進展と日米経済摩擦

1960年代後半に入ると中華人民共和国での文化大革命の余波によって治安が悪化した香港から多くの欧米企業がシンガポールに拠点を移した。さらに1997年には香港が中華人民共和国に返還されたことで多くの欧米企業がアジア太平洋地区本社機能をシンガポールに移管したことなどが，これらの開発政策を資金面で後押しする結果を生み，その結果，アジアでも有数の経済発展を成し遂げた。ちなみに1人当たりGDPは2007年に3.5万ドルに達し，日本を追い越し，アジアでトップの座についた。

5. 金融自由化の開始と「財テク」ブーム

日本の高度経済成長を支えた要因の1つとして，成長資金を確保し，それを安定的に供給し続けた金融システムの存在が挙げられる。以下ではバブル期に先駆けての**金融自由化**の動き，「財テク」ブーム，アメリカからの金融自由化要求の動きについてみておく（近藤2011，参照）。

金融自由化

敗戦後，日本企業は過度の資金不足に悩んでいた。それに対して政府は，いわゆる「**護送船団方式**」により銀行業を保護しつつ零細小口預金を吸収させ，企業に資金融資をおこなわせた。高度経済成長期の都市銀行は，資金調達面では低金利政策の恩恵を享受し，融資面では大企業中心の融資をおこなうことで規模の経済と低リスクのメリットを実現し，高い収益を上げていた。

しかし，第1次石油危機後の安定成長への移行とともに，企業の資金繰りは大幅に緩和するとともに，手元の余裕資金も潤沢になっていった。この結果，企業が短期の余裕資金を自由金利市場である**現物先物（現先）市場**で運用することが多くなった。また1970年代後半からは有担保原則の緩和や「外国為替管理法」改正などにともない，企業は積極的に海外市場で資金を調達するようになった。つまり，企業の資金調達は証券市場へと比重を移し，銀行への依存度は低下した。とくに製造業では1970年代に総資産の35%を超えていた銀行借

139

入金が1985年までには25％以下に低下し，1990年までには15％以下に落ちた。一方，主要企業の社債による資金調達は1980年代初頭には8.5％程度であったものが，1989年には17.4％へと上昇した。「**銀行離れ**」といわれる現象が一般化したのである（図表7-5）。

　本格的な金融自由化は，さらに国債の大量発行によって牽引された。国債の大量発行以前は，金融機関がシンジケート団を組んで発行された国債を全額引き受けてきた。証券会社以外の金融機関には手持ち国債の売却が禁じられていたので，国債の流通市場は存在しなかった。しかし，国債の大量発行が開始されると，総発行量の4分の3を引き受けてきた銀行では，低利回りの国債を大量に保有しておくことができなくなった。そのため政府は，1977年に発行後1年以上を経過した国債の市中売却を認めることになり，既発国債という自由金利商品が生まれることになった。

　その後，1985年には大口預金金利の自由化が実施されたことを契機に他の預金金利の自由化も大きく進展するようになり，全国銀行の資金調達に占める自由預金比率は1984年度末の7.5％から1989年度末には53.0％へと大幅に上昇した。こうした状況を反映して，都市銀行の総資産収益率は急激に低下した。都銀は，運用収益を上げるため中小企業や個人のマーケットを重視する戦略を採

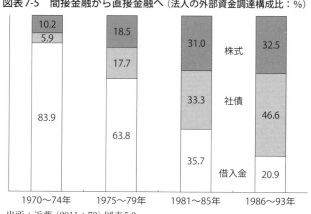

図表7-5　間接金融から直接金融へ（法人の外部資金調達構成比：％）

出所：近藤（2011：73）図表5-3

第7章　グローバル化の進展と日米経済摩擦

り，さらに不動産関連融資を拡大するようになっていった。また長期信用銀行は，都銀が不動産関連融資という長期貸出分野に進出してきたことによって，都銀以上に不動産関連融資を拡大していった。

　もともと銀行融資は，融資対象企業の状況に対する徹底した審査によって融資の可否を決めるのが本来であり，まず不動産担保ありきという融資は本道ではないとされていた。しかし中小企業や不動産業への融資の場合，対象企業やその融資案件の詳細についての正確な情報をえることは極めて困難であった（**情報の非対称問題**）。一方，**不動産担保融資**の場合，土地を担保に押さえておけば，値下がりの危険は少なく，いつでも転売できると考えられていたため，情報の非対称問題をクリアできた。そのため，不動産担保融資や不動産投資のための融資が拡大していったのである。

「財テク」ブーム

　もう1つ1980年代後半のバブル発生に一役買ったのは企業の積極的な資金運用，いわゆる「**財テク（財務テクノロジー）**」であった。企業の「財テク」は1980年代前半から半ばにかけての一連の金融自由化によって準備された。具体的には1980年12月の外為法改正，1984年4月の為替先物取引の実需原則廃止，同年6月の円転換規制(9)の撤廃などがそれであった。これらの措置によって，企業は必要な資金の調達を増資，起債，借入のいずれでも，国内でも外国でも自由におこなえることになったのである。こうした制度改正・法改正によって企業の資金調達や運用の手段は多様で収益性に富んだものになり，企業の「財テク」ブームはバブル以前に昂進していった。

　これは家計の金融資産運用においても同様の状況を生み出した。1980年代までは資産の運用といえば預貯金ぐらいしか知らなかった家計に，中期国債ファンド，外貨預金，期日指定定期預金など次々と新たな金融商品が提示され，ま

---

(9)　短期資金が外国から流入することを規制する為替管理の方法。円転換によって国内の金融引き締め政策に影響を与えるため，1968年から規制が実施されていたが，為替自由化の流れのなかで徐々に緩和されていた。

141

た，こうした家計の資産運用に関する意識の高揚をマスコミが助長した。

　個人の「財テク」ブームを象徴する出来事が，1986年11月の天皇陛下在位60年記念10万円金貨や同月のNTT株ブームであった。10万円金貨は高品位の金貨ではなく，地金分20ｇという補助貨幣であったが，一時はコインショップで10万円を超える高額で取引されるほどの人気をみせた。NTTの株式売却では1次申し込みに1,058万人（1人1株）の応募があった。当初，適正価格は47万円（額面5万円）と試算されていたが，2月の取引開始直後には190万円にもなり，4月22日には318万円まで上昇した。これらはいずれも個人の「財テク」熱の凄まじさを象徴した出来事であったが，その熱狂は長くは続かなかった。

アメリカからの金融自由化要求

　金融自由化は，アメリカからの自由化要求に対応して進んだ面も大きかった。まず1983年11月のレーガン大統領が訪日する直前，**日米円ドル問題**や東京金融市場の自由化，外資への門戸開放，金利自由化，円の国際化等の問題が突如浮上した。この背景には，貿易収支の不均衡是正のためには円ドル相場の是正が必要とのアメリカ政財界の考え方があった。しかし，当時のドルは円以外の主要通貨に対しても切り上がっており，アメリカの高金利によってドルのみが高止まりしているとの認識が一般的であったので，アメリカ側の主張するように対日貿易不均衡の理由を日本の金融市場の閉鎖性に求めることには無理があった。

　しかし，レーガン大統領は，日米間の貿易不均衡の問題やアメリカ議会の保護主義の動きに対応するため，日本市場へのアクセス問題，市場開放，円ドル問題，資本市場の問題，円の国際化の問題等について日米間で緊密に協議，協力していきたいとの意向を示し，中曽根首相も為替レート問題および投資に関する協議の場を創設することに合意した。

　アメリカが日本の金融・資本市場の開放を求めた背景には，1980年代におけるアメリカの銀行業の低迷と日本の銀行の躍進があった。それ以前，アメリカの銀行は世界の金融界に君臨していたが，1970年代から急激に進行した金融自

第7章　グローバル化の進展と日米経済摩擦

由化のなかで生き残りをかけて採った融資拡大路線（中南米向け融資，LBO
［Leveraged Buyout：企業買収の一手段］向け融資，不動産向け融資）がことごとく失
敗に終わり，多額の不良債権を抱えるようになっていたのである[10]。これに対し
て日本の銀行は国内業務の低迷と金融自由化や金融・資本市場開放へ備えるた
め，欧米において支店開設・現地法人設置，現地の金融機関の買収等に乗り出
しつつあった。つまり，アメリカ側の意図は，アメリカの銀行が優位を維持して
いる間に，日本の金融市場を開放させて，ビジネスチャンスを享受したいとい
うものであった。日本側にもアメリカの金融自由化を見習うべきであるとの考
え方があった。

　こうした状況で開始された「日米円ドル委員会」は，1984年5月に「日米円
ドル委員会報告書」（「報告書」）および大蔵省作成の「金融自由化および円の国際
化についての現状と展望」（「現状と展望」）を発表した。「報告書」の趣旨は，日
米双方とも，日本に金融・資本市場の自由化，円の国際化および外国金融機関
の日本の金融・資本市場への参入等の改善をはかるというものであった。「報告
書」の合意事項はその後，順次実施に移されていった。

　また「現状と展望」は，日本政府が内外に金融自由化および国際化を公約し
たものであり，ここに具体的な自由化スケジュールが掲げられた。そのポイン
トは，①預金金利の自由化，②金融市場の整備・充実による金利自由化，③
内外市場の一体化，④外国金融機関の対日アクセス，⑤ユーロ円の自由化であ
る。これによって日本の金融自由化は段階的にではあるがその基本方向が明確
化され，10年後の1994年10月の**預金金利の完全自由化**をもって完結した。

（10）　先にNIEs諸国のうちアジア地域以外の国々の成長は鈍化したと述べたが，アメリカ
　　からの借入によって輸入代替工業化を先行させて失敗したことが原因であった。

コラム⑦ 日本株式会社論

　かつて戦後日本経済のめざましい発展を支えた「秘密」を官が主導した産業政策の成果に求める議論があった。チャルマーズ・ジョンソン（2018）はその代表である。戦後日本の高度経済成長の主たる要因が戦前の商工省から戦後の通商産業省が主導した産業政策に求められることを指摘したジョンソンの議論は，1980年代の日米貿易摩擦に端を発する**「日本異質論（リヴィジョニズム）」**に実証的根拠を与えるものとして盛んに利用された。その後，こうした議論については実証面からの批判が相次ぎ，現在では，いわゆる**「日本株式会社」**の役割と効果を支持する論者は少ない。戦後日本の経済発展は，むしろ官の指導に従わなかった民間企業が自らリスクを取りながら，積極的に投資活動をおこなってきた結果であると考えられている。

　また，新自由主義の立場からの官主導の産業政策に対する批判は，1980年代以降，中曽根内閣の行革路線や，橋本内閣のもとでの規制緩和政策など，各種民営化政策が推し進められていく際にも強く主張された。21世紀に入ってからも，小泉内閣が「民にできることは民に」というスローガンを掲げたことからもわかるように，「政府の失敗」を強調し，その非効率を正して国民の厚生を高めていこうとする政策は，それなりの支持をえた。

　一方，それとは別に近年の経済史の実証研究は，日本の近代化初期における民間部門での発展過程を明らかにし，その自律性を強調してきた。さらにそれらを支えた諸社会経済基盤の歴史的形成過程にもさかのぼりつつ，その実証的内容を深めてきている。たとえば市場取引を円滑に進めるための法律や制度なども江戸時代からの商慣習によって自生的に発展し，経済合理性をもった主体の形成をもたらしてきたことが明らかにされてきている。

　現実の政策レベルにおいても，経済史における実証研究においても，民間の経済活動が重視され，その理論的・歴史的研究が深められていくべきであることは論をまたない。資本主義経済のもっとも重要な営みは，民間の自由な経済活動に求められるべきであるからだ。

　しかし，一方で官（政府）と民（企業）という経済主体が，いついかなる場面でも截然と分かたれているか否かについては，慎重な検討を要する問題であるよ

うに思われる。経済学の教科書では，企業と政府はまったく別個の経済主体であり，家計部門と並んで3つの主体を構成している。それぞれの目的関数は異なり，企業は利潤の最大化，家計は効用の最大化を目指すというのが，企業・家計からなる2部門モデルの前提であり，その場合，政府は「**市場の失敗**」が生じた際の補完的役割を割り振られているにすぎない。マクロ経済学のモデルにおいては，政府の役割として景気の安定化や所得の再配分といった役割が加わる。いずれにせよ，経済学の標準的な教科書においては，民間部門と政府部門はそれぞれ異なる役割と機能が割り振られている。

しかし，こうした教科書的な説明は，機能的分業をモデル化したものであることを忘れてはならないだろう。歴史的な場面においては，官（政府）と呼ばれる主体も，民（企業）と呼ばれる主体も，ともに同じ目的を実現するために協働するといった場合が存在するからである。この両者の相互作用の具体的内容，それを根拠づける価値観・理念の問題を解き明かしていくことこそ，日本の近代経済発展過程をとらえていこうとする際に欠かすことのできない視角であるように思われる（中村2012）。

第8章
バブルの発生と崩壊

　為替相場をドル安・円高に誘導するためになされたプラザ合意は，所期の目論見通りに急激な円高をもたらした。円高による輸出減少からもたらされる不況を警戒した政府・日銀は拡張的財政政策・緩和的金融政策を採った。これによって円高不況は短期間で収束したが，国内には**過剰流動性**（「カネ余り」）が発生した。この「カネ余り」と1970年代後半からすでに進行していた金融自由化は企業の「財テク」を加速させ，不動産や株式の価格を騰貴させた。銀行も余った資金を，中小企業や個人向けの不動産融資に振り向けた。株価と地価は経済の**ファンダメンタルズ**に基づかない値上がりを続けていった。しかし，こうした資産価格の上昇は1989〜91年にピークを記録した後，急激に下落した。バブルの崩壊である。バブルの崩壊は銀行，企業，個人の**「不良債権」**を生み出し，以後，日本経済は若干の回復局面はあったものの，長い景気低迷の時代を迎えることになる。

【主要な出来事】

1986年　円高不況から景気拡大局面へ，「前川レポート」発表
　　　　GATTウルグアイラウンド開始，ソ連のチェルノブイリで原発事故
1987年　国鉄分割民営化，G7ルーブル合意
　　　　ニューヨーク市場で株価暴落（ブラック・マンデー）
1988年　リクルート事件
1989年　消費税法施行，日米構造協議開始，中国「六四天安門事件」
1990年　不動産金融に関する総量規制，イラクがクウェートに侵攻
　　　　東西ドイツの統一
1991年　バブル崩壊，証券不祥事問題化，湾岸戦争勃発，ソ連崩壊
1992年　北米自由貿易協定調印（94年発効）
1993年　細川護熙内閣成立（55年体制の終焉）
1994年　自社さきがけ連立の村山富市内閣成立
1995年　阪神・淡路大震災，オウム真理教による地下鉄サリン事件，WTO
　　　　発足

1. バブル経済とは何か

バブルの発生

　前章でもみたように，G5による**プラザ合意**は，日本経済に急激な円高をもたらした。同時にアメリカは対日貿易赤字の解消を日本側に強く要求し，中曽根首相はそれに応える形で首相の私的諮問機関として前日本銀行総裁の前川春雄を座長とする「国際協調のための経済構造調整研究会」を設置した。そして1986年4月，日本の内需拡大，市場開放，金融自由化等を内容とする，いわゆる「**前川レポート**」がまとめられた。

　これを機に日本の内需拡大政策は「国際公約」としてみなされるようになり，実際，拡張的な財政政策，金融政策が実行に移されていった。そのため，円高による景気後退は一時的なものにとどまった。また第2次石油危機以降の原油安も加わって大幅な**過剰流動性**（「カネ余り」）が株価や地価を押し上げた。この過剰流動性は未曽有といわれた列島改造ブーム時のそれをも凌駕するものであった。

　これら余剰資金は個人部門に集中しており，銀行預金を通じて金融部門の余剰資金は拡大し，そこからさらに株式・債券・不動産へと向かっていった。第7章5でみたように，民間企業はそれまでの間接金融による資金調達から株式市場，債券市場からの直接金融へとその重心を移行させてきたため，銀行の余剰資金がそれらの資産へと流れ込んでいったのである。

　土地の値上がりは，すでに1980年代初頭からヒト，モノ，カネ，情報が集中する大都市圏で顕著であったが，内需拡大をうたった「前川レポート」が出た1986年以降は，それが地方の開発へと飛び火していった。メディアもこぞってこうした地方の開発（リゾートなど）を煽る記事を掲載した（中村 2014）。

　株式や土地などの資産価格は通常，将来の配当や賃貸料の見込み額で決まる。しかし，金融資産や土地資産に対する需要が増えると，それらを保有して得られる収入の水準をはるかに超えて上昇する場合がある。これを**バブル**（泡沫）という。1987～90年にかけて日本で生じた株式・土地のブームは，まさにバブルの様相を呈していたといえる。

バブルの歴史

　ファンダメンタルズから乖離した資産価格の高騰というバブル現象は，古くは1637年をピークとしてオランダで発生した**チューリップ・バブル**が有名である。当時のオランダはかつてのスペイン，ポルトガルを凌ぐ海洋貿易国家として巨万の富を築いていた。とくに東南アジア方面とのスパイス交易は，1623年のアンボイナ事件[^(1)]以降，イギリスを駆逐して独占している状態であった。そうしたなかオスマン・トルコ帝国経由で当時は新奇であったチューリップがもたらされると，人々はその球根を求めて群がり，その価格は急激に上昇し，そして短期間に下落した。歴史の記録に残る最初の「バブル」と言われている。

　また「バブル」ということば自体の起源となったのが，1720年にイギリスで発生した**南海泡沫事件**（South Sea Bubble）である。当時財政難であったイギリスは，スペイン領西インド諸島との貿易をおこなうという目的で南海会社という会社を設立した。しかし本業の方はまったく奮わなかったため，巨額の公債引き受けの見返りに額面と等価の南海会社株を発行する権利を獲得して「濡れ手に粟」の利益を上げる計画を立てた。額面価格と市場価格の乖離がポイントである。取引の参加者が南海会社の株価上昇を信じている限り，無限に株価は上昇し，南海会社は利益を上げ続けるという仕組みであった。

　当時のイギリスでは中産階級が投資先を探している状態で市場に資金がだぶついていた。南海会社は国債引き受け会社として成長し，わずか数ヵ月の間に株価が10倍にも高騰し，空前絶後の投機ブームが起こった。これに押されるかたちでイングランド銀行やイギリス東インド会社などの株価も高騰をはじめた。しかし，南海会社の方法に便乗した各種の「会社」が乱立するにおよんで，政府が規制に乗り出すと投機は終息に向かっていった。しかし，事態はそれだけにとどまらず，あらゆる株価が暴落するという恐慌に陥った[^(2)]。

---

(1)　オランダ領東インドのアンボイナ島にあったイギリス商館をオランダが襲い商館員全員を虐殺した事件。これによりイギリスは東南アジア貿易からの撤退を余儀なくされた。

(2)　当時王立造幣局長官を務めていたアイザック・ニュートンも南海会社の株で一時7,000ポンド儲けたものの，その後の暴落で結果として20,000ポンドの損害をこうむっている。

これが「南海泡沫事件」である。イギリス経済はその後，ロバート・ウォルポール（イギリスの初代首相1721〜42年）による迅速な不良債権処理によって平常状態に復し，逆に18世紀以降のイギリス繁栄の基礎を築いていった。

投機的需要

　バブルにまつわる歴史的な事件は枚挙にいとまがない。いずれも資本主義経済に内在する価格変動を見越しての投機的行動がもとになっているからである。1980年代後半の日本におけるバブル発生のメカニズムは，まず1970年代後半からの金融自由化があり，さらにプラザ合意による為替調整が生み出した歴史的な円高から引き起こされた不況に対する政策的措置として採られた財政金融の拡大政策があった。実態面での需要を上回る資金供給によって生み出された過剰流動性は，金融資産と実物資産の水準を押し上げ，資産価格の上昇がさらに投機的需要を呼んだのである。

2. 円高の進行と経済政策

バブルをもたらした金融緩和政策

　では，そもそもプラザ合意以降，急速に進んだ円高環境の下でなぜ政府・日銀が緩和的な経済政策を採り続けたのであろうか。その間の政策の推移をみておこう（以下，石井 2011を参照）。

　まず，日銀が内需拡大のための金利引き下げをおこなったのは，プラザ合意後の円高が定着したとみられた1986年1月であった。公定歩合は2年3カ月ぶりに0.5ポイント引き下げられ，4.5％となった。しかし，1986年2月以降も円高が進み，3月には1ドル＝180円と当初の想定を上回る円高となった。そのため，日銀はさらに公定歩合を0.5ポイント引き下げて4.0％とし，円高のさらなる進展にブレーキをかける姿勢を鮮明にした。

　この円高によって日本は輸出が減少，鉱工業生産指数も停滞気味に推移し，有効求人倍率も低下しはじめた。とくに自動車製造やその部品関係が9割を占

める輸送用機械部門の中小企業への円高の打撃が大きかった。

　こうした事態を受けて，政府は「総合経済対策」を発表し，適切かつ機動的な財政・金融政策を実施するとともに，円高メリットが経済の各方面へ浸透し，日本経済全体に均霑（きんてん）されることが必要であるとの方針を示した。ここで注意しておきたいのは，円高をよりポジティブにとらえようとする認識，すなわち円高が内需拡大を通じて構造調整をもたらし，国民生活の質的向上に結びつくという考え方が「対策」の根本においてみられたことである。つまり，円高という経済環境は，日本の通貨に対する国際的信認の厚さからくるものであり，基本的には歓迎すべきという考え方である。また対策のなかには再開発事業の規制緩和，住宅建設の活性化が明記され，不動産・住宅業界は活気づいた。

　4月になるとアメリカのポール・ボルカー FRB 議長は澄田智日銀総裁にさらなる協調利下げを要請，日銀はそれを受けて3.5％への引き下げを実施した。一方，日銀は都市銀行に対する貸出抑制にも動いた。低金利による過剰流動性の発生をできるだけ抑えようとしたのである。しかし，金融自由化が進み，企業の資金調達が多様化している状況のもとで，「護送船団方式」を彷彿させる貸出抑制指導をおこなうことにはおのずと限界があった。

　一方，日米欧の協調利下げ以後も円高への動きは止まらなかった。5月中旬，円相場は一時1ドル＝160円を突破し，輸出中小企業の産地の状況は一層の厳しさを増し，「**円高不況**」は深刻化していった。この間，アメリカの貿易赤字が増大し，議会内で再び保護主義の機運が高まった。9月初めには，米議会では保護主義的な包括貿易法案が下院を通過しており，11月の中間選挙を控えて上院でも同調する動きが広がる勢いであった。ヤイター米通商代表部代表は，貿易赤字改善のためには通貨調整もしくは日独の内需拡大のいずれかで新しい措置が必要であるとした。

　1986年9月6日におこなわれた宮沢喜一蔵相とベーカー財務長官の会談を受け，政府は新たな総合経済対策を発表，財政面において3兆6,360億円の公共事業の追加などを打ち出し，建設国債5,490億円分の増発を含む1986年度補正予算案を閣議決定した。この総合経済対策によって従来の財政緊縮路線には転換

150

の兆しがみえはじめた。

　しかし，政府の財政措置が不十分であるとアメリカ側に認識されたことから，日銀のさらなる利下げへの要請が次第に強まってきた。澄田総裁は，宮沢蔵相を通じてのベーカー財務長官からの要請を受けて利下げに傾き，10月末，公定歩合を0.5ポイント引き下げて3.0％とすることを決定した。当時，公定歩合3.0％は，終戦直後を除けば戦後最低水準であった。

　日銀の利下げ決定とほぼ同時に，宮沢蔵相とベーカー財務長官は，一連の経済問題について協力した行動を取ると日米間で合意に達したとの共同声明を発した。この共同声明を受けて，円は一時1ドル＝164円台に急落し，以後12月下旬まで円ドル相場は，160〜164円程度の範囲で比較的安定して推移した。この結果，日米協調により，為替安定が実現したとの認識が広がりはじめた。

　しかし，1986年11月，アメリカの貿易収支が過去最高の赤字を記録したと発表されると，アメリカの景気に先行きの停滞感が強まり，再び円高が進みはじめた。さらにヨーロッパでも**欧州通貨制度**（European Monetary System：EMS）が動揺し，マルク高が進展して円がそれに追随した。

　1987年1月8日，ベーカー財務長官が米上院予算委員会の公聴会で，「(1)ドル下落は理にかなっており，秩序あるものだ，(2)石油下落の緩衝材もあり，ドル下落が高インフレにつながるとは思わない」と証言した。これがドル安容認とのサインと解釈され，ドル売りが一段と加速した。アメリカでは，11月の中間選挙での共和党の敗北，貿易収支赤字の拡大を受けて，議会でふたたび保護主義機運が拡大していた。米下院で包括通商法案が提案され，上院でも対日報復法案が続出されており，ベーカー発言は議会の対日強硬派に配慮せざるをえなかったものと報じられた。日本の経済界からは，前年の宮沢・ベーカー合意がすでに崩壊したとの見方が広がった。

　1987年1月19日に一時1ドル=150円を切ったことを受けて，宮沢蔵相は急遽訪米を決定，ベーカー財務長官と会談した。これによって日銀はさらなる公定歩合引き下げに向けて検討を開始し，2月20日，日銀はG7会合の開催決定を見極めたうえで，公定歩合を0.5ポイント引き下げ，2.5％とすることを決定し

151

た。それまでの戦後最低水準をさらに下回る歴史的低金利となった。

ルーブル合意

　公定歩合引き下げ直後の翌21日からパリでG7会合が開かれた。日独の内需拡大策実行を条件に，アメリカが協調介入，財政赤字削減に取り組むことを受け入れた結果の開催であった。会合の結果，2月22日，G7合意（**ルーブル合意**）が発表された。

　ルーブル合意の共同声明のなかでは為替レートについて詳しく触れられていなかったが，およそ上下2.5％の範囲内に為替変動を維持するターゲット・ゾーンが考えられていた。しかし，これはかなり曖昧かつ不明確なものであった。それゆえ3月末になると再び円高が進みはじめ，4月には140円台を推移し，5月に入ると140円を切る水準に達した。同時に国内では雇用情勢の悪化が目立ち始め，1987年5月には失業率が3.1％に達した。

バブル景気

　この間，自民党内では財政出動を含む緊急経済対策要綱案を確定し，4月末にこの要綱案を携えた中曽根首相が，ワシントンを訪問，日米首脳会談がおこなわれた。中曽根首相は，この会談で5兆円以上の財政措置をともなう内需振興策を採る意思があること，短期金利引き下げについて蔵相に指示し日銀総裁に要請していることを伝えた。この間，日銀は短期金融市場での緩和傾向を強めた。これを受けてコールレート(3)が急落し，5月末には3.125％にまで低下した。

　5月，政府は財政再建路線を重視する大蔵省を押し戻し，「緊急経済対策」をまとめた。この対策は6兆円台に達し，財政再建路線は修正されたのである。「緊急経済対策」発表後，円・ドルレートは比較的安定し，10月下旬まで140〜150円の圏内で推移した。これに加え，内需の増加，在庫調整一巡などにともなって1987年夏頃から，景気は明確に回復傾向を示した。

---

(3)　コールレートとは，金融機関どうしで短期資金の貸借をおこなう市場（コール市場）で成立する金利のこと。1985年7月から無担保コールが導入された。

第8章　バブルの発生と崩壊

　1988年度版の『経済白書』の分析によれば，1987年半ばまでの緩やかな回復局面では，「円高メリットの波及」，「在庫・設備の調整の完了」，「金融緩和」が回復に貢献した。また緊急経済対策の効果，内需転換をはかる企業の設備投資意欲の高まり，消費の高級化・大型化も景気を刺激した。また，地価・株価の上昇が「**資産効果（ピグー効果）**」によって消費を刺激した面もあった。

　このようにして「プラザ合意」以後，急速に進んだ円高は1987年5月末の緊急経済対策によってようやく一息つくこととなった。しかし，ルーブル合意の政策協調は明文化されたものではなく，各国の思惑はそれぞれ異なっていた。そうした協調の揺れから1987年10月19日，NY市場での「**ブラック・マンデー**」の株価下落を経て，再び円高が進展，年末にはプラザ合意時点での1ドル＝240円台の約2倍となる1ドル＝120円強の水準にまで達したのである。しかし，内需の好調により，もはや円高は景気の大きなブレーキとはならなかった。「ブラック・マンデー」後の株価下落も一時的なものにとどまり，日本経済の1986〜90年までの実質経済成長率は，年平均5%に達した。

3. バブルはなぜ崩壊したのか

遅すぎた再緩和

　1987年以降の長期景気拡大はのちに「**バブル景気**」と呼ばれることとなった。この背景として円高の圧力とそれに呼応しての低金利政策，内需拡大政策の実行があったことは述べてきたとおりである。日本の市場が閉鎖的であり，内需の拡大こそが新しい日本経済の構造を作り出すという考え方が支配的ななかで，経済の過熱が実体経済を離れて進んでいることに対する対策は後手後手に回ってしまったという側面を否定できない。

　日銀は，1987年2月に歴史的な低金利となった2.5%の公定歩合を1989年まで維持し続け，ようやく1989年5月末に0.75ポイント引き上げて3.25%にした。以後，1990年8月末までに4度にわたって公定歩合を引き上げて，6.0%とした。

　しかし，1989年末に38,957円44銭の史上最高値をつけていた東京証券市場

153

図表8-1　地価と株価の上昇と下落

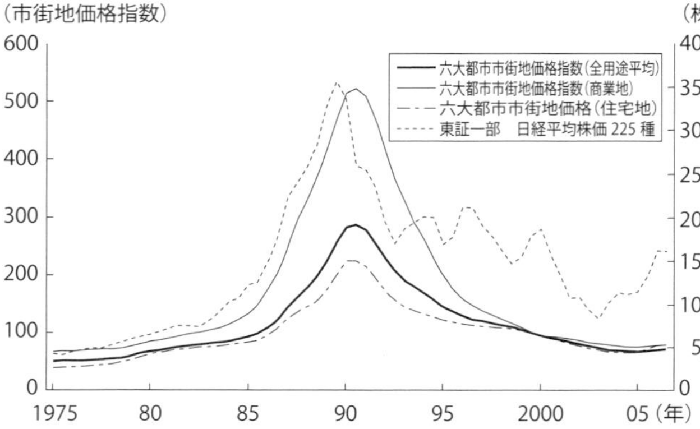

（市街地価格指数）　　　　　　　　　　　　　　　　　（株価）

凡例：
六大都市市街地価格指数（全用途平均）
六大都市市街地価格指数（商業地）
六大都市市街地価格（住宅地）
東証一部　日経平均株価225種

注：六大都市市街地価格指数は2002年＝100
資料：日経NEEDS
出所：牛島（2017：311）図表6-9

の株価は，すでに下落を開始しており，1990年の10月には一時20,000円台とピークの半分にまで下落していた。株価の「暴落」と言って良い下げに応じて日銀が再緩和に転じたのは，ようやく1991年7月になってからのことであった。その後，1年間で5回にわたって公定歩合の引き下げがおこなわれ，1992年7月には3.25％となったが，その下げ幅と速度は不十分であったと言わざるをえない。

土地取引の総量規制

　バブルが発生したのは株価だけではなく，都市部の地価も異常な値上がりを経験し，1990年をピークにそれ以降，急速に下落していった。不動産という資産に資金が流れ込んで，バブルを発生させた背景には企業のファイナンス構造の変化とそれによる金融機関の貸出行動の変化とがあった。すなわち，企業向け貸付が減少した金融機関による不動産担保融資が増大したことが第1の要因であった。しかし，地価バブルを崩壊させたのは人為的な政策によるものであり，ハードランディングさせた後の政策対応のまずさにこそ，その後の長期停

滞の要因の1つを求めることができるであろう。

　図表8-1からも明らかなように，都市部での地価のピークは1990年であり，株価が下降に転じた1990年にはまだ日本経済の好調は続いていくとみられていた。事実，消費需要，企業投資ともに好調であり，とくに消費については高額商品を中心に需要が高まり，高級車，リゾート，ブランド商品などの販売が拡大した。また新規学卒者の就職も非常に好調であり，「売り手市場」が成立していた。

　しかし一方で，東京山手線内側の土地価格でアメリカ全土が買えるとまで言われた異常な地価高騰は，不動産業者による「**地上げ**」などの問題をともないつつ社会問題化しており，日銀の相次ぐ金利引き上げもこうした国内の過熱した投機の動きに対応したものであった。1989年に澄田総裁の後を継いで総裁に就任し，引き締め政策を実行していった三重野康は，「平成の鬼平」(4)とマスコミに持ち上げられ，一般庶民からも支持された。

　さらに財政面でも地価の高騰抑制のため，大蔵省は1990年3月に「**土地関連融資の抑制について**」(**総量規制**)を導入して，不動産融資に上限規制をかける手段を行使した。これによって地価の低下もはじまり，**バブル崩壊**に向かっていくこととなった。もちろん，地価の低下がはじまった要因は，総量規制によってばかりではないが，急速な地価下落の原因の一端が行政の規制政策にあったことは間違いない。

　バブルはそれがバブルである限り，いつかは崩壊するものである。そのことは本章の冒頭で指摘したとおりである。その意味では，1989～91年の株価・地価暴落はやむをえない側面もあった。しかし，同時にそうした資産が価格下落によって原価を割り込み，回収不能の**不良債権**となってしまうことによって経済停滞が引き起こされる危険性もある。「南海泡沫事件」のようにソフトランディングに向けての経済政策を導入することは，バブル崩壊からの経済再生に

---

(4)　“鬼平”とは池波正太郎の時代小説『鬼平犯科帳』の主人公，火付盗賊改方・長谷川平蔵のあだ名である。要するに「弱きを助け，強気を挫く」ヒーローになぞらえられたのである。

155

とって必要不可欠といえる。18世紀にまでさかのぼらずとも，現代の他国でも
しばしば発生しているバブルは，崩壊後，それらの国の経済を必ずしも停滞さ
せているとは言えない。日本が，1990年代以降の長期停滞からなかなか脱却で
きずにいることの原因は，バブル経済そのものにあるというよりは，その後の
経済政策の優劣にあると考えられる。

4．消費税の導入，「55年体制」の終焉

消費税法成立

　消費税をめぐる政策論議の最初は，前章でみたように，1978年に大平正芳首
相が「一般消費税」の導入をとなえたことにさかのぼる。しかし，このときの
消費税導入は政治的な判断によって撤回された。

　次に議論の俎上に載せられたのが，行財政改革を進めていた第3次中曽根康
弘内閣時の「**売上税構想**」である。「売上税」導入が提起されたのは，財政赤字
の削減を行政改革による歳出削減でおこなうことに限界がみえはじめていたこ
とが大きかった。

　しかし，「増税なき財政再建」を掲げていた中曽根政権にとっては，単純に増
税すれば，公約違反となる。そのため大型間接税である「売上税」によって，
戦後の直接税重視型の税制を抜本的に見直すという建前が必要とされたのであ
る。さらに，来たる高齢化社会において社会保障費財源を確保するという目的
も強調された。しかし，法案は国会での審議の末に否決され，次の竹下登内閣
時に持ち越された。

　1987年11月，中曽根裁定で誕生した竹下内閣のもとでは，地方に一律1億円
の「ふるさと創生事業」費がつけられると同時に，国会では強行採決によって
「**消費税法**」が成立した。そして，1989年4月から3％の税率で消費税がスター
トしたのである。

　しかし，この消費税を争点として戦われた1989年7月の第15回参議院議員選
挙で自由民主党は歴史的な大敗を喫した。逆に「消費税法」反対をとなえた土

第8章　バブルの発生と崩壊

井たか子委員長率いる日本社会党は「マドンナ旋風」を巻き起こし，46議席を獲得した。自民党の参院選敗北の結果，国会はいわゆる「ねじれ国会」となり，1989年末には消費税廃止法案が参院で可決（衆院では否決）されるという事態を招いた。

　また竹下内閣にとって致命的な打撃となったのは，リクルート社の関連会社の不動産会社，リクルートコスモス社の未公開株が政官界に賄賂としてばらまかれたという，「**リクルート事件**」の発覚（1988年6月）であった。これによってポスト竹下を争っていた，いわゆる自民党内ニューリーダーたちが「謹慎」を余儀なくされ，次期総裁のチャンスを失うことになった。さらに竹下首相の後を継いだ宇野宗佑首相の女性スキャンダル問題も自民党政治に対する国民の不信感を一層大きくしていった。

「55年体制」の終焉

　日本国内が政治腐敗の問題で不安定になっているさなかの，1990年8月2日，イラクがクウェートに侵攻すると，国連は多国籍軍の派遣を決定し，イラク攻撃を開始した。ときの海部俊樹内閣は，130億ドル超の資金支援をおこなったが，「人的貢献」が乏しいとして国際社会から非難された。その後，国際平和維持活動への参加を可能にする「**PKO協力法**」（国連平和維持活動協力法）が可決され，日本は1952年の主権回復後はじめて，軍事的な緊張のある地域（ペルシャ湾）へ海上自衛隊の掃海艇部隊を派遣し，機雷の除去作業をおこなった。以後，国際社会の平和と安定維持のためにどのような貢献をなしうるかという問題は，日本の安全保障政策の要をなしている。

　一方，海部内閣は国内政治の改革に十分なリーダーシップを発揮することができず，1991年9月，**政治改革関連3法（のち4法）**[3]を提出するも廃案に追い込

---

(3)　小選挙区比例代表並立制と政党交付金の導入を柱とする政治改革のための法律群。「公職選挙法の一部を改正する法律」，「政治資金規正法の一部を改正する法律」，「政党助成法」の総称。のちに「衆議院議員選挙区画定審議会設置法」が加わり，関連4法となった。

157

まれ，退陣を余儀なくされた。海部内閣の後継は宮沢喜一であったが，宮沢首相も党内の派閥争いから窮地に追い込まれた。1993年6月，宮沢首相が第126回通常国会での政治改革関連法案成立を断念すると，野党3党は内閣不信任決議案を提出，自民党の羽田孜・小沢一郎派も内閣不信任案に同調したため不信任案は可決され，宮沢首相は衆院を解散した。翌7月の第40回衆議院議員総選挙の結果，自民党は単独過半数に届かずに敗北，非自民8党派（社会党，新生党，公明党，民社党，社会民主連合，日本新党，新党さきがけ，民主改革連合）による連立政権が成立し，ここに1955年以来38年間続いてきた「**55年体制**」が終焉を迎えることとなった。

　この連立政権の首班となったのは，日本新党代表の細川護煕であった。細川首相は，1994年に消費税を廃止し税率7%の目的税「**国民福祉税**」を導入する構想を発表するものの，担当となる閣僚を含めた政権内部からも反対論が上がり，即日白紙撤回したため急速に指導力を失い，わずか9カ月足らずで退陣に追い込まれた。次の羽田孜内閣は，法相の失言問題で憲政史上3番目という短命政権に終わり，1994年6月，自民党・日本社会党・新党さきがけ3党による連立政権が誕生。日本社会党の村山富市が首相の座に就いた。

阪神・淡路大震災

　社会党党首が首相となったのは，戦後間もなくの片山哲についで2回目であったが，この村山内閣時には，戦後日本の安全神話を揺るがすいくつかの大事件が発生した。1つは1995年1月17日に発生した**阪神・淡路大震災**である。近畿地方一帯を襲ったこの大地震による犠牲者は6,453名にものぼった。この際，首相官邸の対応の遅れに批判が高まった。さらに同年3月20日，新興宗教団体のオウム真理教信徒による「地下鉄サリン事件」が発生した。その後，オウム真理教による殺人事件などが次々と発覚し捜査がおこなわれたが，2018年に教団幹部ら13名の死刑が執行された現時点でも真相はいまだ不明の部分がある。

　また，1995年は戦後50年という節目の年であったため，村山首相は8月15

第8章　バブルの発生と崩壊

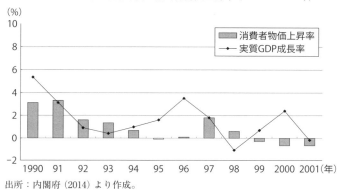

図表8-2　実質経済成長率，消費者物価上昇率（1990～2001年）

出所：内閣府（2014）より作成。

日，日本の戦争責任に関して「戦後50周年の終戦記念日にあたって」(**村山談話**)を発表，日本が第2次世界大戦中にアジア諸国で侵略や植民地支配をおこなったことを認め，公式に謝罪した。以後，日本の公式見解として歴代内閣に引き継がれている。

1990年代前半，日本国内の政治的安定性は大きく揺らいだ。すでにバブル経済は崩壊し，1991年以降は毎年，実質経済成長率も低迷，消費者物価上昇率もほとんど前年の伸びを下回るという状況が続いていた。積み上がった**不良債権**が日本経済の足かせとなるなかで，大きな改革の必要性が認識されていったのである。

5. ソ連崩壊，ヨーロッパ統合，中国の台頭

東欧民主化革命とソ連崩壊

1980年代，アメリカやイギリスでは新自由主義的改革が進む一方，社会主義陣営のリーダーであったソ連の経済改革は進まなかった。1982年，ソ連の最高指導者であったブレジネフ書記長が死去すると，その後，アンドロポフ，チェルネンコと短命政権が続いた。ソ連の改革が本格化したのは，1985年，ゴルバチョフが党書記長に就任してからであった。ゴルバチョフの改革（**ペレストロイ**

159

カ）は，経済政策的には市場原理を一部取り入れ，政治的には民主化を進めよう
とするものであり，高級官僚（ノーメンクラツーラ）の独占的支配を情報公開（グ
ラスノスチ）によって弱めようとするものであった。しかし，1986年4月にウク
ライナで起こった**チェルノブイリ原発事故**の官僚による隠蔽に象徴されるよう
に，ソ連の社会システムはすでに末期的な症状を呈していた。

　そうした状況のもとでペレストロイカはさらに加速し，外交面では「新思考
外交」によりソ連の東側諸国に対する統制を放棄した。これに呼応した東ヨー
ロッパ諸国では，まずポーランドやハンガリーにおいて民主化革命が起こり，
1989年11月10日には東西冷戦の象徴であった「**ベルリンの壁**」が崩壊し，チェ
コスロバキアの「ビロード革命」，ルーマニアでの革命（チャウシェスク独裁政権
崩壊）など，ソ連の衛星国家崩壊が雪崩を打って起こった。1989年12月には米
ソ首脳会談による「**マルタ宣言**」（東西冷戦の終結宣言）がなされ，翌1990年には
東西ドイツが統一，1991年8月19日にはソ連国内でもクーデター未遂事件が起
き，以後，連邦を構成する国々が次々と独立，遂に1991年12月25日にソ連邦
はその70年余りの歴史に幕を閉じることとなった。

社会主義市場経済

　ソ連邦のペレストロイカ，東欧の民主化革命は社会主義の壮大な実験が失敗
であったことを明らかにした。東アジアにおける社会主義大国である中華人民
共和国でも，すでに1978年には鄧小平らが**改革開放路線**を打ち出して市場経済
原理の一部導入を進めていたが，1992年，鄧小平は広東省の経済特区で改革開
放の加速化を宣言した（いわゆる「**南巡講話**」）。中国への投資を計画していた外
資もこれに積極的に反応した。さらに10月に開催された第14回党大会では，経
済改革の目標が**社会主義市場経済**体制の確立と規定され，中国も本格的な市場
経済原理導入に舵を切った。

　「南巡講和」後，中央政府が推進したのは経済成長をとくに重視し，地方分権
化や生産請負制を導入するといった生産重視型改革派の政策であった。生産請
負制は企業の積極性を刺激するものであった。こうした経済成長重視の政策

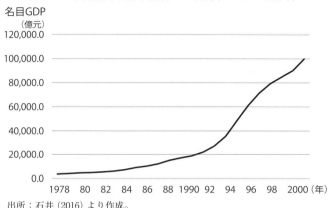

図表8-3　中国経済の成長（名目GDPの推移，1978〜2000年）

出所：石井（2016）より作成。

は，実際に1992年〜95年にかけてのGDPを飛躍的に拡大させた。また対外経済交流の拡大も，中国の高度成長を確実に推し進める要因であった。対中直接投資は，中国に投資資金を供給したのみならず，外国技術の導入を通じて生産性の向上をもたらし，経済成長を高めたのである。

ヨーロッパ統合への道のり

　一方，ヨーロッパでは，1993年11月に**欧州連合条約**（マーストリヒト条約）が発効，**EU（European Union，欧州連合）**が発足し，新たな地域経済圏が台頭することとなった。ここで簡単に欧州統合の歴史を振り返っておこう。

　そもそも2度にわたる世界大戦は，ヨーロッパにおいて甚大な人的，経済的損失をもたらした。戦後の平和を維持し，国家を超えた結束を求める政治的機運は大戦の経験から生じてきたのである。1946年にイギリスのチャーチルがヨーロッパ合衆国構想をとなえ，1949年には初の汎ヨーロッパ機関である欧州評議会が設立されたのはそうした政治的機運の嚆矢であったが，統合の第一歩は，1952年，ヨーロッパの石炭と鉄鋼という兵器の製造に欠かせない2つの素材に関する産業を統合することを目的とした**欧州石炭鉄鋼共同体（European Coal** and Steel Community：ECSC）設立をもってはじまった。ECSCには，フランス，イタリア，ベルギー，オランダ，ルクセンブルクと西ドイツが参加した。ECSC発足で設置された最高機関と共同総会は，それぞれのちに**欧州委員会**，**欧州議会**となっていくが，政治・外交・軍事面での統合は簡単には進まなかった。

　1956年のヨーロッパ首脳会議では，まず単一市場と原子力での協力に関する政府間協議がおこなわれることになり，1957年には**欧州経済共同体**（European Economic Community：EEC）と**欧州原子力共同体**（European Atomic Energy Community：EURATOM）の設立をうたった**ローマ条約**が署名された。1950年代に設立されたECSC，EEC，EURATOMの3共同体は裁判所と共同総会を共有していた。また後2者の政策執行機関は，ECSCの「最高機関」とは異なり，「委員会」とされ，EECは加盟国間での関税同盟を，EURATOMはヨーロッパの原子力エネルギー部門の統合を目指した。

　1960年代にはフランスが独自の外交路線を採り，またイギリスも共同体自体への加盟を拒んできたが，1965年に3つの共同体間での運営機関統合が合意に至ったことで，統合条約がブリュッセルで署名され，1967年7月1日**欧州諸共同体**（EC）と呼ばれる体制（政策執行機関は，欧州委員会）が発足した。1973年には，デンマーク，アイルランド，そしてイギリスがようやく欧州諸共同体への加盟をはたし，のちに欧州連合の主要な政策課題となる連合拡大の第一歩となった。そして，1979年に欧州通貨制度（European Monetary System：EMS）が制定され，域内は固定相場制，域外に対して変動相場制を採ることとなった。

　1980年代に入り，ギリシャ，スペイン，ポルトガルがECに加盟，1986年にジャック・ドロールが欧州委員会委員長に就任し，同年2月に加盟国首脳らは単一欧州議定書に署名，1987年7月に発効した。単一欧州議定書では外交政策に関する共同体の権限の拡張といった機構改革をもあつかっていたが，なによりも単一市場の完成を企図したものであった。

　そして，1989年の東欧民主化革命，1990年のドイツ再統一を経て，1992年に欧州連合条約（マーストリヒト条約）が署名され，1993年，第3次ドロール委員会

のもとで発効, EUが発足した。EUは, 1994年, オーストリア, スウェーデン, フィンランドとの加盟協議を完了させる一方, **欧州自由貿易連合**に参加するノルウェー, アイスランド, リヒテンシュタインとの間での協定によって欧州経済領域を発足させ, この3カ国の単一欧州市場への参入を認めた。翌年には**シェンゲン協定**[4]が7カ国の間で発効し, 1996年末までにほぼすべての加盟国に拡大していった。そして, これら一連の変化はヨーロッパ経済の統合をより一層推し進めることとなった。

---

(4) ヨーロッパの国家間において国境での出入国審査なしで人とモノの移動を許可する協定。

コラム⑧　中流幻想を打ち砕いたバブル経済

　バブル景気は，日本の大衆消費社会にいかなる影響を与えたのであろうか。表面的にみれば，バブル景気は大衆を巻き込んでの消費ブームを煽ったかにみえる。“普通のOL”や主婦達がブランド品漁りに狂奔したのもこの頃のことであった。しかし，資産価格の高騰がそのブームの背景にあったことは，人々の「**中流幻想**」を打ち砕く契機ともなった。土地や株式などの資産を手にすることができる人々は善くも悪しくも中流以上であり，大衆的サラリーマンの実態を必ずしも反映していなかった。かつては郊外の団地に住まうことが中流の1つの証であったが，もはや生涯かかっても一戸建てひとつ買えないというのが，中流の実態となった。それでも無理をしてマイ・ホームを手に入れようとすれば，通勤に2時間以上はゆうにかかるような“田舎”にしかそれはなかった。企業や金融機関の「財テク」や派手な海外投資もバブル期の特徴を示している。しかし，これとても時代の雰囲気としての好況感を煽ったものの，大衆からみれば縁遠い世界の話であった。

　またメディアが作り出す幻影としての消費社会に陰りがみえはじめたのもこの頃のことであった。かつてはテレビが生み出すイメージは絶大なものをもっていたが，すでに個人レベルへの普及すら達成してしまったあとは，逆説的ではあるが，必ずしも世帯全員に共通の幻想を与えられなくなっていた。かわって家電製品の中心的位置を占めるようになったのは，コンピュータ・ゲームやビデオなどの商品群であった。

　逆に言えば，消費主体としての“個”が前面に登場する契機となったのが，バブルであったとも言えよう。メディアは「分衆」ということばを創出してそうした変化をとらえようとした。それが成功したかどうかは別として，一括りに大衆消費というものが成り立たなくなったということは重要である。人々は自分の好みや感性を大事にしながら，自らのライフスタイルを構築しようとしていく。一方で，メディアによる押しつけがましい価値観は背後に押しやられ，やがてICTに支えられたSNS（Social Networking Service）などが台頭してくるのである。

第 9 章
不良債権問題と金融危機

　バブル崩壊後の日本の景気は，1993年を底に回復に向かっていた。しかし，1996年に橋本龍太郎政権が誕生し，翌1997年に消費税率を3％から5％に引き上げ，さらに同年発生した**アジア通貨危機**によって再び景気は下降し，1997 ～ 98年はマイナス成長，1999年からは連続して消費者物価指数上昇率が前年を下回るデフレ経済に突入していった。

　橋本内閣の金科玉条は「**構造改革**」であり，目先の景気低迷に無頓着であったことも景気悪化をより厳しいものとした。結局，橋本内閣は1998年に崩壊し，小渕恵三内閣が成立。小渕首相は，伝統的な公共事業拡大の景気刺激策を実施した。小渕政権下ではアメリカのITバブルによる需要拡大もあって，景気はやや持ち直すものの，2000年のITバブル崩壊によって再び経済は低迷をはじめた。

【主要な出来事】

1996年　橋本龍太郎内閣成立，日本版金融ビッグバン開始
1997年　消費税増税，アジア通貨危機，香港返還，京都議定書採択，北海道拓殖銀行破綻
1998年　小渕恵三内閣成立，金融監督庁発足（2000年金融庁）
1999年　日銀，ゼロ金利政策実施（2001年量的緩和，2006年解除）
　　　　平成の市町村大合併始まる，EU11ヵ国でユーロ導入
2000年　地方分権一括法施行，米ITバブル崩壊

1. 不良債権問題と金融システムの動揺

不良債権の拡大

　バブル崩壊による資産価格の下落は不良債権問題を生み出し，それが銀行の貸出機能や各企業の財務状況を著しく毀損した（**バランスシート不況**）。これによって，企業投資が停滞して成長率が鈍化し，2002年までの日本の平均経済成

165

長率は1％台を切る低水準に留まった。また負債を減らそうとした企業の行動によって，企業が資金の借り手から貸し手（資金余剰部門）になるという異常な事態が継続することとなった。他方，家計は資金余剰の幅が減少した。このため，政府部門の赤字にもかかわらず，国内経済の資金に余剰が生じ，海外への資金流出が発生した。一方，労働市場をみると1992〜94年は成長率0％にもかかわらず，雇用者の増加は好調で低失業率（2.5％）を維持した。これは先行きの楽観論による面が大きく，**過剰雇用**を助長することとなった。

また1997年の**消費税増税**，**アジア通貨危機**は，先延ばしになっていた不良債権問題を一挙に顕在化させ，**金融危機**をもたらした。この金融危機によって北海道拓殖銀行，山一証券，日本長期信用銀行，日本債権信用銀行などの大手金融機関が破綻した。損失を出した企業が破綻すること自体は，市場の淘汰のメカニズムが健全に機能したことを意味するものである。しかし，金融機関の場合，多くの取引先企業を通じて，経済全体に影響をおよぼす。1997年の夏以降，上場企業の倒産が相次いだ。

本節では金融危機を引き起こした不良債権問題についてみておこう（小峰・岡田2011参照）。

まず，1990年以降の株価下落は，金融機関の自己資本減少を通じて金融機関行動に大きな影響を及ぼした。とくに**BIS規制**[1]との関係で国際業務を営んでいた大手金融機関にとっては，自己資本比率8％基準の達成は死活問題であった。大手金融機関は，資産である貸出を抑制することでBIS規制をクリアしようとした。

戦後一貫して銀行の貸出は伸び続けており，バブル期には伸び率は対前年比で10％以上にもなっていたが，1990年後半以降に低下し，1994年にはついにマイナスとなった。これは企業側からみれば，資金繰りが急速に悪化していった

---

(1)　BIS規制とは，銀行の財務上の健全性を確保することを目的として，1988年7月にBIS（Bank for International Settlements，国際決済銀行）の常設事務局であるバーゼル銀行監督委員会で合意された，銀行の自己資本比率規制のこと。自己資本比率＝自己資金／総資産である。

ことを意味する。

　金融機関の融資態度が慎重になると，従来は応じていたような融資先の融資にも応じないこととなり（「**貸し渋り**」），これが企業の設備投資を抑制した。もちろん，企業の設備投資減少の要因には，景気低迷やストック調整の進展により設備・運転資金需要が減退したことや「財テク」を目的とした資金需要が不振となるなどの需要側にも原因があった。またバブル崩壊後は，株価が低迷するなかで，増資，転換社債，ワラント債などのエクイティ・ファイナンス（新株発行を伴う資金調達）による資金調達が困難になった。

　「貸し渋り」はとくに銀行融資に依存する中小企業にとっては，切実な問題であった。金融市場においては資金の借り手と貸し手との間に**情報の非対称性**が存在するために，信用度が低く，有効な情報公開手段をもちにくい中小企業は，資金調達面で債券を自由に発行することができないからである。実際，1991年7月以降の金融緩和局面以降も中小企業については資金繰り判断が改善していかなかった。

　金融機関の不良債権は，担保である資産の価格が下がり続け，経済の低迷が続く限り自然にはなくならない。逆に，この時期は返済資金をさらに融資することもおこなわれ（「**追い貸し**」），不良債権はむしろ増加していった。不良債権処理の政策的対応が必要とされたのである。

不良債権の処理

　1993年の「**共同債権買取機構**」設置はその具体的試みの1つであった。これは，不動産担保付債権の流動化をはかるため，金融機関162社が共同出資して，金融機関やノンバンクが保有する不動産担保付債権を買い取り，売却をおこなった金融機関は，債権額と売却額の差額を売却時に損失計上するというものであった。しかし，そもそも金融機関同士の買い取りであったため，こうした方法での債権回収には限界があった。

　不良債権の処理が思うように進まないなか，1994年9月，東京協和信用組合，安全信用組合の2信組が破綻するという事態が生じた。これに対して大蔵省と

日銀は，受け皿銀行である東京共同銀行を新設，そこに預金保険機構からの400億円と日銀と民間金融機関（約150）がそれぞれ200億円を出資し，預金を全額保護した。さらに1995年7月，都内最大手の信用組合であるコスモ信用組合の経営破綻が報じられると，預金者が同信組に殺到し，取りつけ騒ぎとなった。このため東京都は，コスモ信組に対して業務停止命令を出した。結局，コスモ信組の業務や損失も東京共同銀行に引き継がれることとなり，再び日銀や関係金融機関が資金援助をおこなった。コスモ信組破綻後の8月，今度は第2地銀最大手の兵庫銀行と信組大手の木津信用組合の処理が，大蔵省から発表された。このケースでは，一旦銀行を消滅させ，地元や金融界の協力をえて新たな受け皿銀行を作ることとし，10月にみどり銀行が設立された。なお，木津信組については，1兆円に及ぶ債務超過となっていたため，従来の制度では処理できず，1996年6月に「**預金保険法**」が改正され，同年9月2日に，信組の破綻処理機構として東京共同銀行を改組して整理回収銀行が設立された。

　こうした銀行破綻が現実のものとなったことにより，大蔵省銀行局は，不良債権処理についての新しい取り組みを進めることとなった。その1つが，1995年6月発表の「金融システムの機能回復について」であり，同年12月発表の金融制度調査会による「金融システム安定化のための諸施策」の答申であった。答申では，金融機関の経営破綻の処理費用を最小限に抑えるため，「予防」方法として「早期是正措置」を，「治療」方法として監督当局による「破綻処理手続きの早期開始」を明示した。

住専問題

　このように不良債権問題が次第に深刻化するなかで，その後の不良債権処理のあり方に大きな影響を与えたのが**住宅専門金融機関**（**住専**）問題であった。住専は，1970年代以降，金融機関が母体となって設立された住宅ローン専門会社

（2）　みどり銀行は，再度破綻の危機に直面することとなり，1999年4月に，預金保険機構からさらに1兆560億円の資金援助を受けて阪神銀行に吸収合併され，みなと銀行となって再出発している。

である。都市銀行，信託銀行，地銀，生命保険会社などがそれぞれ出資母体となって7社が設立されていた。銀行は，住宅ローンの貸出手続きや債権の保全・回収の具体的な業務を住専に任せ，母体行はこれに融資するというやり方を採用したのである。

しかし，金融環境の変化とともに，銀行本体が個人向け住宅ローンの分野に力を入れはじめると，住専は住宅ローン業務を失い，次第に住宅開発業者や不動産業者への融資を増やしていった。とくに，不動産業向け融資の総量規制が発動されて以降，出資母体からの住専への融資量が大幅に増加した。預金を受け入れていないノンバンクである住専は総量規制の対象となっていなかったからである。とくに農林中央金庫や各県の信用農協連合会などが住専への融資を増やした。

バブル崩壊後，こうした融資が一転して不良債権化し，住専の経営を圧迫しはじめた。当初は地価が回復すれば経営再建は容易であると考えられていたが，地価下落は止まらず，住専各社の経営はさらに悪化，1995年8月の立ち入り検査では，6.4兆円の損失があることが判明した。これは住専各社の総資産の合計の約半分に達するものであった。1995年9月末段階での金融機関の不良債権総額が約38兆円であることからみても，住専で発生していた損失の大きさがわかる。

住専問題の処理について1995年12月には，①住専7社の損失がほぼ確定している6.4兆円については，農林系を含む金融機関が分担処理し，住専7社は消滅させる，②ただし，将来地価がさらに下落したりすると損失はさらに膨らむ可能性があるため，残余資産を継承する機関を作り，その借入金については政府保証を付けるという方向性が模索されていた。これは場合によっては**公的資金**を投入，つまり税金を使うこともありうるということにほかならなかった。

6.4兆円を誰がどんな割合で負担するかが問題となったが，最終的には母体行が債権を全額放棄して3.5兆円を負担，一般行は1.7兆円を負担，そして残り1兆2,150億円のうち農林系金融機関が5,300億円，残り6,850億円を公的資金で負担することとなった。また，破綻した住専7社の資産は受け皿となる「**住宅**

金融債権管理機構」に移し，債権の回収に当たることとされた（1996年7月設立，元日本弁護士連合会会長の中坊公平が社長に就任）。しかし，この公的資金の投入は，国会などの場で強い批判を浴びることとなった。

不良債権処理の遅れはなぜ生じたか

　不良債権問題と並んで，この時期，金融がらみの不祥事が次々に明るみに出てきた。たとえば，1991年6月に発覚した証券会社の大手顧客に対する損失補償問題では，野村証券の田淵義久社長，日興証券の岩崎琢弥社長が引責辞任した。また同年，大阪の中堅商社イトマンから，3,000億円ともされる資金が不正に引き出され，闇に消えた事件も大きな社会問題となった。さらに1995年9月の大和銀行ニューヨーク支店での巨額損失事件では，銀行職員の資金不正利用が明らかになっただけでなく，大蔵省がアメリカ証券監視委員会（US Securities and Exchange Commission：SEC）に何の通知もしていなかったことが問題となった。結局，大和証券は全米からの全面的業務撤退命令を受け，多額の罰金を命ぜられ，支店長が刑事罰を受けるという厳しい処分を受けた。

　一連の不良債権問題は，その処理の遅さ，不徹底さによって後々まで問題と

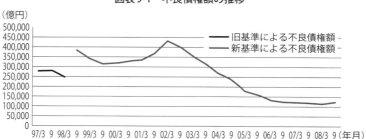

図表9-1　不良債権額の推移

資料：金融庁HP, http://www.fsa.go.jp/status/npl/20080808.html
出所：中村・永江・鈴木（2011：20）図表2-5

---

(3) 1996年1〜6月の第136回国会。「住専処理法」ほか不良債権処理のための制度的基盤を整備するための3つの法律（「経営健全性確保法」「更生手続特例法」「預金保険法の一部改正法」）が成立し，「住専国会」と呼ばれた。

第9章 不良債権問題と金融危機

して尾を引いた。こうした対応の遅れが生じた要因には，当時，不良債権の実態がみえにくかったこと（透明性の問題），バブル崩壊後の景気回復に対する根拠なき楽観（経済認識の問題），従来のメインバンクが不良債権を抱えた企業を再建させようと融資を継続した行動の問題（追い貸し問題），そして，不良債権処理の優先度の低さ（プライオリティ問題）などが挙げられる。

2. 橋本構造改革

中央省庁の再編

　1996年に総辞職した村山富市内閣後継の自・社・さきがけ連立政権で首相となった橋本龍太郎率いる自民党は，同年総選挙で大勝し，再び自民党単独政権となる第2次橋本内閣が発足した。橋本首相は**6大改革**（「**行政改革**」「**財政構造改革**」「**経済構造改革**」「**金融システム改革（日本版金融ビッグバン）**」「**社会保障構造改革**」「**教育改革**」）を掲げたが，1997年4月の消費税率3％から5％への引き上げ[(4)]，アジア通貨危機とそれに引き続く山一証券，三洋証券，北海道拓殖銀行の破綻などもあり，名目GDPは，前年度比マイナス2％の503兆円まで約10兆円縮小した。またGDPデフレータもマイナス0.5％に落ち込んで，以後，**デフレ不況**が継続する結果になった。この結果，橋本首相は1998年7月末に退陣した。

　本節では第2次橋本内閣期の「構造改革」政策のうち，とくに中央省庁再編と地方分権改革を柱とする「行政改革」，および「金融システム改革」（日本版金融ビッグバン）について述べる。

　まず中央省庁再編であるが，これを中核的に担ったのが**行政改革会議（行革会議）**である。

　行革会議は，1996年11月に法令によって設置された「総理直属機関」であった。行革会議が従来の審議会とは異なる組織形態をとった背景には，与党と

（4）　ただし消費税率の引き上げの実施は，1994年，村山内閣において3年後の1997年に消費税等の増税（3％から5％に増税，うち地方消費税1％導入）のための税制改革関連法案が成立していたためである。

171

なった自民党，社会民主党，新党さきがけの3党による「新しい政権に向けての3党政策合意」があった。内容は，首相の強力なリーダーシップのもと，省庁の機能別再編・統合，国・地方公務員の人数削減，国と地方の役割の見直し，行政に対する国民の信頼構築と透明性の確保など，霞が関大改革を断行するものであった。

　もっとも官を排除し，首相主導の有識者委員によって構成された行革会議が，すなわち政治主導であったといえるのかどうかについては発足当初から疑問が呈されていた。選ばれた委員も国会で承認を受けた人々ではなく，民主主義のルールからすれば異例のものであったからである。しかしそうした批判にもかかわらず，1年という期限を区切って「最終報告」をまとめ，とにもかくにも省庁再編を成し遂げたのは橋本首相の強いリーダーシップがあったからである。中央省庁改革は単なる行政のスリム化を目的としたものではなく，**財政投融資（財投）改革や規制改革，地方分権改革**などの諸構造改革を推進していくのにふさわしい中央省庁の体制を整えることにその主眼があった。また官邸機能の強化という面では，「**経済戦略会議**」の設置などがその具体的な形として後に現れてくる。

　行革会議は，1997年12月，当時22あった省庁を大幅に減らす省庁再編，首相権限強化をともなう内閣機能の見直し，郵政3事業の一体公社化，公務員定数の1割削減などを含む「行政改革会議最終報告」を橋本首相に提出し，1998年6月に「中央省庁等改革基本法」が成立した。さらに1999年7月に17の「中央省庁等改革関連法」が成立し，これによって，**1府12省庁体制**が2001年1月6日をもって発足，さらに同年4月には60の政府関係特殊法人のうち57法人が独立行政法人に移行した。

　この再編の特徴をいくつか挙げておこう。まず，中央官庁のスリム化という目標とは逆に，公共事業予算の7割が集中する国土交通省や職員数約30万人を要する総務省といった巨大官庁が誕生した。また1府12省庁体制下では唯一の「府」となる内閣府は，他省庁よりも一段上の存在に位置づけられ，「首相の知恵袋」としての機能を担うこととなった。このうち内閣府に置かれた**経済財政**

172

諮問会議，総合科学技術会議，中央防災会議，男女共同参画会議の4つの会議のうち，経済財政諮問会議は，予算編成やマクロ経済運営の基本方針を決める実権を財務省から移すのが狙いであった。

地方分権改革

次に地方分権改革についてみてみる。「55年体制」崩壊以前の臨調および行革審の地方分権改革に対する基本的な姿勢は，国がおこなった企画立案を自治体が実施するといういわゆる機能分担論に立ったものであった。

こうした機能分担を機軸とした臨調・行革審の改革の方向性に大きな変化が生じたのは，細川連立政権が誕生して以降のことである。1993年，「地方分権の推進」が衆参両院で決議され，その後，地方6団体の地方分権推進委員会など[5]が相次いで具体的な分権のあり方，制度改革の内容を提言した。これらの提言内容を踏まえて，1995年5月には「地方分権推進法」（のち「地方分権改革推進法」，2007～10年）が制定された。同時に総理府に地方分権推進委員会が置かれ，地方分権推進計画の作成のための具体的な指針を首相に勧告するとともに，地方分権推進計画に基づく施策の実施状況を監視し，その結果に基づき首相に意見を述べるなどの役割を負った。

地方分権推進委員会は，**機関委任事務の廃止，市町村合併の推進，地方税財源の充実確保**などを含む勧告を4次にわたっておこなった。当初予定していた事項についての勧告は4次で終えたが，さらなる分権改革の推進が地方分権推進委員会に求められた。しかし，1998年夏の参院選敗退を受けての橋本首相退陣によって，十分な改革提言を盛り込めないまま，11月に第5次勧告を小渕首相に提出した。

地方分権推進委員会の勧告を受けて，政府は「地方分権推進計画」（1次・2次）を閣議決定した。さらにこれらに基づき，99年7月「地方分権の推進を図るための関係法律の整備等に関する法律」（**地方分権一括法**）が可決成立した。そし

---

(5) 全国知事会，全国市長会，全国町村会，全国都道府県議会議長会，全国市議会議長会，全国町村議会議長会の6団体。

て，同法のうち「地方自治法」改正を中心とした大半が2000年4月1日に施行された（以上の流れは，森田編（2000）を参照）。

「明治維新・戦後改革に次ぐ『第三の改革』というべきもの」「世紀転換期の大事業」（地方分権推進委員会中間報告，同第1次勧告）と言われた「第1次分権改革」を具体化した「地方分権一括法」の内容は，第1に，国および地方自治体が分担すべき役割の明確化，第2は，機関委任事務制度の廃止およびそれにともなう事務区分の再構成，第3は，国又は都道府県の関与等の抜本的見直し，第4は，事務・事業の拡充，第5は，地方公共団体の行政体制の整備・確立や市町村合併の推進のための措置であった（西尾・神野編 2004：34-36参照）。しかし，「地方分権一括法」では税源移譲の問題が大きな課題として残されている旨が指摘され，この問題は小泉政権での「**三位一体改革**」に引き継がれていくことになった。

日本版金融ビッグバンと日銀法改正

1996年11月，橋本首相は三塚博蔵相および松浦功法相に対し，2001年までに日本の金融市場がニューヨーク，ロンドン並みの国際金融市場として再生することを目標として，金融システム改革，いわゆる**日本版金融ビッグバン**に取り組むよう指示を出した。日本経済のためには，1,200兆円ともいわれる個人金融資産がより有利に運用される場が必要であり，これらの資金を成長産業へ供給していくシステム構築が急がれたからである。

これを受けて1997年6月，金融制度調査会，証券取引審議会，保険審議会による金融システム改革答申がまとまり，改革全体の具体的措置とスケジュールが明らかになった。そこでは，市場原理が働く自由な市場のために，銀行・証券・保険分野への新規参入を促すこと，長期金融と短期金融の分離原則などに基づく商品規制を撤廃し，証券・銀行の取扱業務を拡大することなど，具体的な提言が盛り込まれていた。そして，これら金融システム改革は，順次実行されていった。

まず組織改革として，1998年6月，総理府の外局として**金融監督庁**が設置さ

第9章　不良債権問題と金融危機

れた。それまで民間金融機関にかかわる行政は大蔵省が担っていたが，1998年
2月に大蔵省金融検査部の幹部職員が銀行などからの過剰な接待を受けていた
ことや検査日などの事前漏洩が横行していたことが明らかとなり，官僚・金融
機関の接待スキャンダルが発覚した。これらの不祥事等に端を発する省庁再編
の流れのなかで，大蔵省から金融政策部門が切り離されて**財務省**となった。す
なわち大蔵省銀行局や証券局等の所掌事務のうち，民間金融機関等の検査・監
督機能は財務省には移管されず，新たに金融監督庁が設置された。そして金融
監督庁は，1998年12月，総理府の外局として国務大臣を委員長とする金融再生
委員会の管理下に入り，2000年7月1日，**金融庁**に改組された。

　金融庁は，「我が国の金融の機能の安定を確保し，預金者，保険契約者，有価
証券の投資者その他これらに準ずる者の保護を図るとともに，金融の円滑を図
ることを任務とする」(「金融庁設置法」3条) ものとされた。金融庁の具体的な任
務は，① 安定的で活力ある金融システムの構築，②時代をリードする金融イン
フラの整備，③利用者保護に配慮した金融のルール整備と適切な運用，④明確
なルールに基づく透明かつ公正な金融行政の徹底 (市場規律と自己責任の原則)，
⑤金融行政の専門性・先見性の向上と体制の整備，⑥外国金融監督当局との連
携強化と国際的なルール策定への積極的な貢献，とされた。

　1997年に改正，翌年に施行された「**日本銀行法**」(**日銀法**) も橋本政権下でお
こなわれた重要な法改正であった。旧日銀法は戦時中の1942年に制定されたも
ので，法制定時の時局から「国家経済総力の適切なる発揮を図るため国家の政
策に即し通貨の調節，金融の調節および信用制度の保持育成に任ずる」，「専ら
国家目的の達成を使命として運営せらしむる」機関として位置づけられてお
り，**日銀の独立性**は著しく制約されていた。それゆえ，日銀法改正の最大の目
的は，中央銀行としての独立性を明確にすることにあった。

---

(6)　金融再生委員会設置法に基づき，一時国有化銀行の処理や金融機関の健全化・金融シ
　ステムの安定化のための公的資金注入をおこなうため，政府が2年間の時限で設けた機
　関。主な業務は，①金融再生法に基づく金融機関の破綻処理 (破綻認定，破綻処理方法の
　決定等)，②早期健全化法に基づく資本の増強，③金融破綻処理制度，金融危機管理の企
　画・立案であった。

175

一般に中央銀行の金融政策には政府からインフレ的な経済運営を求める圧力がかかりやすい。なぜならば，インフレによって通貨価値が下落すれば政府債務は目減りし，実質的な民間から政府への所得移転がおこるからである。こうした事態を避けるためには，金融政策運営を政府から独立した中央銀行という組織の中立的・専門的な判断に任せることが適当であるとの考えが先進諸国では支配的な意見となっていた。したがって日本の金融が国際化していくうえで法改正が必要であると考えられたのである。さらに，日銀の金融政策は日々の業務を通じて遂行されており，金融政策と日銀の業務は密接不可分の関係にある。そのため，金融政策の独立性確保のためには日本銀行の業務運営についても自主性が与えられていることが必要であるとされた。

　新日銀法では，日本銀行が日本における中央銀行として銀行券を発行するとともに通貨および金融の調節をおこなうこと，銀行その他の金融機関の間でおこなわれる資金決済の円滑な確保をはかり，もって信用秩序の維持に資することが日本銀行の目的として掲げられており，これにより日本銀行の政府からの独立と業務運営における自主性に十分な配慮がなされなければならないことが明確に規定された。一方で，金融政策の透明性の確保のために「金融政策を審議する政策委員会の会合（**金融政策決定会合**）の議事要旨等の公開」と「国会報告等の充実」も盛り込まれた。

3. アジア通貨危機

タイバーツの暴落

　1997 ～ 98年にかけて**アジア通貨危機**が発生し，日本経済は1973年の第1次石油危機以来のマイナス成長（1997年，－0.7％，98年，－1.9％）を記録した。通貨危機の直接の原因は，為替レートを対米ドルで固定していた東南アジア諸国がドイツ並みの低金利で対外債務を累積していた結果，タイからヘッジファンド等の短期資本が急速に流出したことによる。これがインドネシアや韓国にも波及した。対米ドルレートの大幅な切り下げによってこれらの国々の回復は早

かったが，日本では安定成長への復帰期待が大きく殺がれ，従来の不採算事業の見直しが進められた結果，失業率も4％台へと上昇した。本節では，このアジア通貨危機について述べる（中村・永江・鈴木 2011，参照）。

アジア通貨危機は，1997年7月からタイを中心にはじまった。なぜ，タイだったのか。「**東アジアの奇跡**」(7)と言われた経済発展を経験したアジア諸国の多くは，ドルと自国通貨の為替レートを固定するドルペッグ制を採用していた。1990年代のはじめはドル安で比較的通貨の相場は安定していたため，固定相場制のなかで金利を高めに誘導していたアジア諸国には利ざやを求める外国資本が流入し，資本が蓄積される一方で，輸出需要によって順調な経済成長を遂げていた。とくにタイはこのパターンの典型であった。

しかし，1992年以降の中国の改革開放政策の推進により，東南アジアに展開していた日系，欧米系企業の多くがより人件費の安い中国への生産シフトを強めていた。1990年代のタイ経済はそれまで年間平均経済成長率9％を記録していたが，1996年に入るとその成長も伸び悩みを見せはじめ，はじめて貿易収支が赤字に転じた。さらに，1995年以降アメリカのドルが高めに推移するように

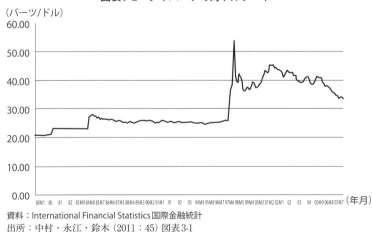

図表9-2　タイバーツの対ドルレート

資料：International Financial Statistics 国際金融統計
出所：中村・永江・鈴木（2011：45）図表3-1

---

(7) 世界銀行が1993年に出したレポートのタイトルに由来する。

なったことにより，連動してアジア各国の通貨が上昇した。その結果，アジア諸国の輸出は伸び悩み，投資家らはアジア諸国の経済成長の持続可能性に疑問を抱くようになっていった。とくにアジア諸国に多く投資していたヘッジファンドは，アジア諸国の経済状況に比較して通貨価値が過大であると考えた。そのため，ヘッジファンドは通貨の空売りを仕掛け[8]，政府等が買い支えることができなくなったアジア各国の通貨は変動相場制を導入せざるをえない状況に追い込まれ，通貨価値が急激に下落したのである。

IMFの緊急支援，通貨危機の拡大

　この通貨危機を乗り切るため，タイは1997年8月に**国際通貨基金（IMF）**へ支援を要請し，IMFから40億ドル，世界銀行から15億ドル，アジア開発銀行から12億ドル，日本から40億ドルなど，計172億ドルの資金援助が決定された。資金援助の条件として，IMFは，経常収支の黒字化，財政収支の黒字化，インフレ率を一定率にする金融政策をおこなうことなどをタイに課した。しかし，信用を失ったバーツの下落は止まらず，1ドル＝25.78バーツだった為替レートは半年後の1998年1月には1ドル＝53.81バーツまで落ち込んだのである。これによって，タイ経済は景気後退を強め，国内では企業の倒産やリストラが相次ぎ，失業者が増加した。

　タイのバーツ切り下げの影響はタイだけにとどまらず，周辺のアジア諸国へと波及し，東南アジアや東アジアの多くの通貨も大幅に減価した。とくにインドネシアおよび韓国の経済は大きな打撃を受けた。マレーシア，フィリピン，香港，中国，台湾も程度の差はあれ，影響を受けた。日本に関しては融資の焦げつきが多発し，1997年4月の消費税率引き上げによる財政緊縮とタイミングが重なった結果，1997〜98年における金融危機の要因の1つとなった。また，新興国における通貨不安はアジア地域に留まらず，1998年8月からはじまったロシア財政危機，1999年1月のブラジル通貨危機など同様の混乱をまねいた。

---

(8)　「空売り」とは先物市場で高値で通貨を売ること。その後，予想通りにその通貨が安くなれば，それを買い戻すことによって儲けることができる。

第9章　不良債権問題と金融危機

　アジア通貨危機について，当初は外資や輸出に依存したアジア固有の体質が問題の原因であるとのとらえ方が一般的であった。しかし，ロシア，ブラジルに通貨危機が伝播するとアジア固有の問題ではなく，既存の国際通貨体制が内包する問題であると考えられるようになっていった。そのため，国際通貨体制の再構築，国際緊急融資制度の見直し，短期資本移動規制とヘッジファンド規制，民間金融機関関与などの必要性が広く認識されるようになった。さらにIMFが課した厳しい緊縮財政や金融政策の条件が急激に経済を縮小させ，危機を深刻化させたとの批判も根強い。[9]

4. ITバブル，経済再生戦略

ITバブル

　橋本龍太郎内閣総辞職後の自民党総裁選で梶山静六元官房長官，小泉純一郎元厚相を破り勝ち残ったのは，小渕恵三であった。小渕内閣の支持率は当初非常に低かったが，1999年1月に小沢一郎率いる自由党との連立政権を構築して，政権基盤を安定させた。

　一方，アメリカ経済は1990年代後半から「**ニュー・エコノミー**」（景気循環をともなわない右肩上がりの経済成長を実現する経済構造）と呼ばれるほどの経済成長を達成した。インフレは適度に抑えられ，失業率は5%以下に落ち，1990年代末，株式市場は空前の活況を呈した。これを支えたのは，コンピュータの発展と**情報通信技術**（**Information Technology: IT**）をベースにした新しい産業・企業の出現であった。もともと1960年代に軍事目的で開発されたコンピュータのネットワーク（のちに**インターネット**と呼ばれるようになる）は，1980年代以降に学術目的での利用が進み，1990年代に入ると家庭用のパーソナル・コンピュータ（PC）が爆発的に普及していったこともあって，一挙にその利用者を拡大していった。

---

(9)　インドネシアでは1998年にスハルト大統領の独裁体制が崩壊，韓国でも「朝鮮戦争以来の国難」「IMF危機」とまで言われた。

そうしたコンピュータ・ネットワークのインフラを基盤として登場してきたのが，ネットワーク上の仮想空間を舞台に**eコマース**と呼ばれる商取引のモデルを構築していったAmazonやeBayといった企業であった。こうした企業はそのドメイン名からドットコム企業と呼ばれたが，投資家たちはこぞってこれらのドットコム企業に投資した。

経済戦略会議

小渕首相は，自らの内閣を「経済再生内閣」と位置づけ，「富国有徳」をスローガンに景気回復を目指し，総額約42兆円の景気対策をおこなった。「日本一の借金王」と自嘲するほどのなりふり構わない財政出動は，上述のアメリカのIT関連株上昇を中心とした好景気にも支えられ，ある程度の効果をもったといってよい。しかし，こうした公共事業費の増加は，生産性の低い建設業部門などへの資本や労働力の移動を助長し，資源配分の非効率性をもたらした側面を否定できない。

一方，短期的な景気対策だけではなく，中長期の観点から「経済再生」を目指すべく，1998年8月には**経済戦略会議**を発足させた。首相の諮問機関として経済再生と21世紀における豊かな経済社会の構築のための構想について調査審議し，意見具申をおこなうことを任務とした経済戦略会議は，まず10月に「短期経済政策への緊急提言」を出し，さらに1999年2月に「日本経済再生への戦略」（経済戦略会議答申）を発表した。答申では，日本経済が低迷から脱却できていない要因として，① バブル経済崩壊後の本格的な調整が未だ不十分，② 他の先進諸国を上回る急速なスピードでの少子化・高齢化の進行，③ 日本的システムの綻び，を挙げた。そして，「経済再生に向けた基本戦略」として，各経済主体が将来への自信を取り戻せるような新しい日本型システムを構築する必要があると考え，官民双方が抜本的な構造改革に取り組むことが必要不可欠であるとした。

このような視点から，経済戦略会議が日本経済の再生に向けた基本戦略として提示したものは，要するに構造改革の断行，規制や保護からの決別，バブル

の清算と21世紀型金融システムの構築（間接金融に過度に依存した日本型金融システムの変革），産業再生に向けた枠組み作り，社会資本整備の戦略的実行，ということであった。

　また経済戦略会議は，提言の具体性を高める観点から，「答申に盛り込まれた各種提言に関連する法律」一覧を作成するとともに，提言の着実な実行に向けた戦略ステップを提示した。さらに，主要な提言については，提言実行の優先順位を明確にする観点から，経済再生に向けた戦略ステップを示した。

　しかし，小渕首相はその後，病に倒れ，2000年5月に亡くなってしまったので，本格的な「構造改革」は，森喜朗政権を経て小泉純一郎政権に持ち越されることとなった。

5.　ゼロ金利から量的緩和へ

ITバブルの崩壊

　図表8-2でも示したように，1997〜98年の金融危機後，日本経済は消費者物価対前年比がマイナスになるというデフレ状況に本格的に突入していった。こうした状況下で通貨の安定を担う日本銀行はどのような金融政策を実施していったのか，本節ではこの時期の金融政策を中村・永江・鈴木（2011）によりながらみていこう。

　1998年4月1日，日本銀行の政府からの独立性を高めるべく新日銀法が施行されていたが，同年3月に第28代日銀総裁に就任した速水優は，1999年2月，政策金利である**無担保コールレート翌日物**（以下，無担保コールレート）を史上最低の0.15％に誘導することを決定した。この金融緩和政策は，当時，速水総裁が「ゼロでもよい」と発言したことから**ゼロ金利**政策と呼ばれるようになった。

　前節でみたように積極的な経済対策と日銀のゼロ金利政策導入が，ITを基盤とした新しい起業を後押しし，アメリカのIT景気と連動した景気拡大が日本でもみられた。しかし，FRB（アメリカ連邦準備制度理事会）による度重なる利上げによって2000年3月をピークにアメリカのナスダック市場の株価は下落，日本

181

図表9-3 NASDAQ総合指数の動向

出所：NASDAQ Composite-45 Year Historical Chart より作成。

図表9-4 政策金利の推移（1990〜2010年）

出所：日本銀行webサイトより作成。

でも4月には下落に転じ，ITバブルはあっけなくはじけた（図表9-3）。しかし，日銀は2000年8月にゼロ金利をいったん解除した。これはITバブルの崩壊が即

第9章　不良債権問題と金融危機

座に景気の全面的後退をもたらさなかったからであるが，2000年末には世界的
な景気後退がはじまり，2001年9月11日のアメリカの**同時多発テロ**によってさ
らに不況は深刻化した。日銀は2001年2月に再びゼロ金利政策を採用，3月に
は**量的緩和策**の導入に踏み切った。

ゼロ金利導入に至る経緯

　時間をさかのぼって1998年の速水日銀スタート時点から最初のゼロ金利導
入に至る経緯をみておこう。

　1998年6月12日，約17兆円規模の総合経済対策を織り込んだ補正予算案が
可決される見込みとなった状況下で開催された金融政策決定会合（以下，決定会
合）では，財政政策に歩調を合わせる形で，一層の金融緩和を実施すべきである
との意見が出されたが，新日銀法下における最初の政策変更がおこなわれたの
は，9月9日の決定会合においてであった。国内の設備投資，住宅投資の低迷，
さらに雇用所得に関する経済指標の低迷が続いたことを踏まえ，この決定会合
では「無担保コールレートを，平均的にみて0.25％前後で推移するよう促す」
との議長案が提出され，賛成8，反対1で可決された。また決議には「なお，金
融市場の安定を維持するうえで必要と判断されるような場合には，上記のコー
ルレート誘導目標にかかわらず，一層潤沢な資金供給をおこなう」の一文が挿
入され，継続的な金融緩和策の実施が示唆された。

　一方で金融危機の高まりのなかで，無担保コールレート誘導という手法のみ
で金融安定化へ誘導することの限界が専門家の間でも指摘されていた。また
「金融再生法」の影響で市中銀行への公的資金注入の準備が整いつつあるなか，
市中銀行が資産圧縮のために融資を縮小，なかには「貸し剥がし」にでる懸念
が生じつつあった。そのため10月28日の決定会合では，企業金融の円滑化の
ため，**コマーシャルペーパー**（**CP**）[10]**オペ**の導入が検討された。そして，翌11月
13日の決定会合では「最近の企業金融を踏まえたオペ・貸出面の措置について」

（10）　企業が短期資金の調達を目的に，オープン・マーケットにおいて割引形式で発行する
　　　無担保の約束手形のこと。社債とは異なり，1年未満の短期である。

183

として，CPオペの積極活用が決定された。

　しかし一連の金融緩和策によっても，国内経済における潜在的デフレ懸念は解消されなかった。むしろ1998年末から1999年初頭にかけての円高の進行と長期金利の上昇により，景気浮揚効果への疑念が深まっていった。とくに長期金利については，大蔵省資金運用部の国債買い入れの停止や，日銀の国債買い切り減額への懸念によるものと思われる上昇がみられ，1999年2月には2.4％台に上昇した（図表9-5）。

　ゼロ金利突入の契機となった決定会合は，1999年2月12日に開催された。この決定会合で政策を動かした最大の要因は，長期金利の上昇に対する解釈であり，長期金利の大幅上昇と，その結果としての円高の昂進，株式市場の低調が，財政・金融政策の効果を相殺する可能性について対処が必要であるとの認識が共有されたのである。委員のなかにはコールレートをこれ以上低下させることによる短期金融市場の機能低下を懸念する意見や，逆にコールレート操作からさらに踏み出した量的緩和政策の導入を主張する意見もあったが，結局「無担

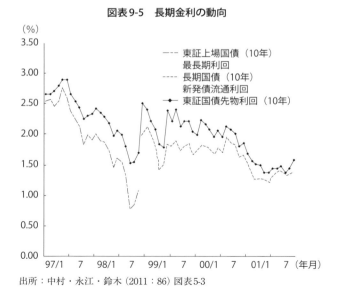

図表9-5　長期金利の動向

出所：中村・永江・鈴木（2011：86）図表5-3

保コールレートの目標を当面0.15％前後にまで引き下げ，そこで市場の状況をみたうえで，金利をさらにゼロに近いところにまで下げていくことが適当ではないか」との意見が優勢をしめ，その結果，「より潤沢な資金供給をおこない，無担保コールレートを，できるだけ低めに推移するよう促す。その際，短期金融市場に混乱の生じないよう，その機能の維持に十分配意しつつ，当初0.15％前後を目指し，その後市場の状況を踏まえながら，徐々に一層の低下を促す」との議長提案が可決された。「より潤沢な資金供給」という記述により一層の金融緩和方針を明瞭に示し，無担保コールレート水準目標をさらに一段階引き下げた0.15％に設定したのである。

　決定会合の内容が発表された後，これに反応する形で無担保コールレートは低下を続け，2月16日には目標を下回る0.10％にまで低下，さらに3月には0.02〜0.03％の間を推移するようになった。これは事実上のゼロ金利への突入であった。ゼロ金利突入を市場は好感し，上昇を続けていた長期金利も1.5％に低下し，日経平均株価も15,000円台を回復したのである。

　ゼロ金利突入後，政策委員らの立場は二分されることとなった。すなわちゼロ金利突入をもって金融政策の役割はひとまず終わり，あとは政策金利を引き上げるタイミングを見定めるべきだと考える者と，ゼロ金利政策のみでは不十分であり，今後一層の景気刺激策を要すると考える者とであった。後者の代表的論者であった中原伸之委員は「（ゼロ金利をもって）金利の政策が打ち止めになってしまうのかについて，仮に打ち止めという感じが出れば，必ず金利の反発を招いたり，色々反応が出る」という懸念を表明し，この問題意識は会合内で共有された。[11]その結果，4月9日の会合において速水総裁が後日記者会見において「デフレ懸念が収まるまでゼロ金利を続ける」というコメントを発することとなった。この総裁発言は後に「**時間軸効果**」と呼ばれる効果を目指した政策コミットメントとして最初のものだとされている。

---

(11)　日本銀行「金融政策決定会合議事録」http://www.boj.or.jp/type/release/teiki/gijiroku/
　　gjrk990225a.pdf

「時間軸効果」とは，市場の「期待」に働きかける政策手法であるが，ここではゼロ金利に到達したことにより，市場がこれ以上の金融緩和を不可能と判断し（打ち止め感を感じ），長期金利等の上昇期待を形成することを回避するため，中央銀行がゼロ金利をある一定の期間継続することを明言し，金利水準を低位に維持することを目指した手法を指す。この「時間軸効果」は後の量的緩和策導入時にも併用されることになるが，この時点ではゼロ金利を「時間軸効果」で補強する（それによって量的緩和導入を回避する）ことを目的として採用された。

1999年夏には，年頭から進行しつつあった円高に対する懸念が決定会合の関心の中心となった。前年8月には147円64銭という円安にあった為替相場は，その後円高基調へと転じ，1999年9月1日には110円を突破し，なおも上げ止まる気配がみられなかった。

こうしたなかで追加的な金融政策の発動を求める意見もあったが，この時点での日銀の姿勢は極めて慎重であり，従来のゼロ金利政策の効果を高く評価する一方で，量的緩和策を含む追加的金融政策の発動を忌避していた。つまり，1999年末時点において，日銀の支配的考えは，ゼロ金利をいつ解除するかにあったといえる。

インフレ・ターゲティングをめぐる議論

しかし，1999年10月27日の決定会合では，**インフレ・ターゲティング**の導入の是非に関する議論もおこなわれていた。議論では，中長期的な政策運営に対するコミットメントを示すというインフレ・ターゲティングの基本的な考え方は評価しつつも，ゼロ金利と時間軸効果による複合的政策効果は，インフレ・ターゲティングのメリットを取り込んでいるとの認識から，追加的な政策の導入に消極的な議論が主流を占めた。またインフレ・ターゲティングの懸念材料として，(1)インフレを数量的にも時間的にも正確に起こすことは困難であること，(2)インフレがオーバーシュートするおそれがあること，(3)経済変数の変動を過度に増幅させ経済全体の厚生にマイナスになることなどが指摘された。またターゲティングの実効性についても，(1)1年までの短期金利がゼロにまで低

下すると，ベースマネーと短期金融資産とがほぼ完全な代替財となり，こうした状況下では，短期資産を購入してベースマネーを供給する通常の量的緩和の効果は乏しい（同種の資産同士の交換に過ぎない），(2)「目標インフレ率をアナウンスすることによって，人々のインフレ期待を変え，そのことが人々の財・サービスに対する需要を刺激する」という議論があるが，単にアナウンスメントをおこなうだけで期待形成に効果を与えるとは考えられない等の疑問点が出された。

ゼロ金利解除

結局この時点では量的緩和策，インフレ・ターゲティングは実施されず，むしろ2000年に入り，アメリカの景況回復を受けて日銀では，**ゼロ金利解除**に向けての議論が進められることとなった。こうした議論の背景には，日銀が目指すべき物価水準についての認識の違い，とくに伝統的なインフレ防衛を中央銀行の主要な使命と考える委員の考え方と景気刺激のため一定のインフレ率を許容し誘導すべきであると考える委員との間に認識の対立が存在した。

4月，小渕恵三首相が倒れ，政権は森喜朗内閣に移行した。小渕内閣の積極財政路線を継承した森首相は，6月12日の党首討論においてゼロ金利の継続を求める発言をした。日銀はこれに反発する形で，14日，速水総裁が記者会見をおこない，ゼロ金利は非常事態で決めた緊急対策であり，金融政策の自由度を復活させるためにも，ゼロ金利を継続すべきではないとの談話を発表した。日銀の独立性と政治の介入，財政政策と金融政策の連携の問題を巡り，政府と日銀の関係が緊張感を増していったのがこの時期であった。

決定会合における政府委員の発言も活発化し，景気の先行きについて厳しい見通しが示され，ゼロ金利の継続を要望する趣旨の発言が繰り返されるようになった。しかし，ゼロ金利解除の方針が覆ることはなかった。7月4日に発表された日銀短観では，大企業の業績判断指数（DI）は6期連続の改善をみせ，景気の回復基調がアピールされた。7月17日の決定会合では，ゼロ金利解除は見送られたが，19日には速水総裁の「ゼロ金利翌月解除」が示唆され，また8月7日

の国会答弁における，総裁の「デフレ懸念の払拭が展望できた」との発言により，解除は秒読み段階に入り，ついに2000年8月11日の決定会合でゼロ金利解除が断行されたのである。

量的緩和へ

　ゼロ金利解除後，金融政策目標は無担保コールレートを，平均的にみて0.25％前後で推移するよう促す方向で進められた。実際，同金利は，おおむね0.25％前後で落ち着いて推移し，ゼロ金利解除は比較的落ち着いて受け入れられた。株式市場も8月下旬にはいったん日経平均17,000円台を回復した。

　しかし，10月に入るとニューヨーク市場において中東危機への懸念から，原油価格が高騰をはじめ，株価も急落気配をみせはじめた。これを受けて日経平均も15,000円を割る事態となった。国内の**消費者物価指数**（**Consumer Price Index：CPI**）も連続マイナスを記録し，**卸売物価指数**（**Wholesale Price Index：WPI**）も11月9日に8カ月ぶりとなる下落をみせた。日銀は当初こうした動向に対して楽観的であったが，12月の短観では大企業製造業のDIの伸びが止まり，年度下期の売上高，経常収益の下方修正を余儀なくされる。さらに2001年1月，ニューヨーク株式市場ダウ平均とナスダックがともに急落，日経平均株価も13,000円台に下落した。

　内閣府も2001年2月，2000年7〜9月期の実質国内総生産が年率換算で2.4％減と発表した。こうした厳しい情勢を受けて日銀でも2001年2月9日の決定会合において，無担保コールレートは現状維持としたものの，ロンバート型貸付制度の導入，短期国債のアウトライト・オペの積極活用，手形オペ導入の具体化の3点を新しい流動性供給方式として採用したほか，2月28日の決定会合では無担保コールレートの目標を0.15％に引き下げる議案が可決された（再ゼロ金利）。しかし，これはすでに景気後退について有効な施策とは受け取られなかった。その後3月19日の決定会合において，日銀は市中銀行の日本銀行当座預金残高が5兆円程度となるよう金融市場調節をおこなうとする**量的緩和策**の採用に至ったのである。

コラム⑨ ITと21世紀の消費社会

　ITは世界規模での情報通信ネットワークとそれを支えるコンピュータ技術を総称して使われていることばである。ICT（Information and Communication Technology）ともいう。ITが21世紀社会のコア技術の1つとなるであろうことについてはさまざまな議論や異論がある。確かにITが永久に経済繁栄をもたらすといった「ニュー・エコノミー論」は馬鹿げているであろう。しかし，20世紀社会が**フォードシステム**に代表される大量生産・大量消費の時代であったとすれば，ITがもたらす生産・消費体制は，世界規模での最適調達とグローバル・ネットワークを通じた個別顧客への販売など，これまでの生産・消費のあり方を大きく変えつつあることも，また事実であろう。

　「こういうものを作ったから売れるだろう，売らねばならない」ではなく，最初から最終需要者の顔がみえる生産が可能になり，消費者も生産過程に入り込んでいくような方向性は，すでにだいぶ以前から現れている。またこうした生産・消費のあり方は，それまでの流通形態を大きく変えてきた。大衆消費社会の殿堂が，百貨店・スーパーマーケットに代表されるような大規模小売店舗であったとすれば，これからの流通を担っていくのは，多様な需要形態にきめ細かく対応できるネットワーク上のヴァーチャル・ショップ（仮想現実店舗）のような形であろう。ヴァーチャル・ショップにおいて扱われる商品数は，当初，あまり多くはなかったが，Amazonに典型的に見られるように，在庫を抱えずに多くの商品数を扱える（ロングテール）といった利点を活かしてこれまでの流通形態は変わりつつある。さらに当時Web 2.0と呼ばれたカテゴリーにくくられる新しい技術の普及は，生産者と消費者とのつながり方を大きく変化させている。たとえば，Googleなどのロボット型検索エンジンの進化，SNSなどの仮想コミュニティ，Wikipedia などの参加型文書作成システムなどはその代表的なものである。セキュリティ上の問題点などを抱えているとはいえ，こうした技術の発展は，確実に消費社会のあり方を変えようとしているのではなかろうか。

第10章
「失われた10年」の諸相

> 　本章では，第8・9章であつかった時期（いわゆる「失われた10年」）の様相
> をやや観点を変えてみていく。第1節では，長期的な視点から戦後日本の産業
> 構造の変化をたどりつつ，リーディング産業の変化をみる。第2節ではこの
> 時期の規制緩和政策によって進んだ産業界内部での再編成をとくに金融業に
> ついて追っておく。第3・4節は「失われた10年」でもっとも深刻なダメー
> ジを受けたと考えられている雇用および地方経済の情勢について述べる。そ
> して第5節では，当時なされていたこの長期停滞および「日本型経済システ
> ム」をめぐる主な議論を紹介する。

1. 産業構造の変化

デフレ不況期の産業構造

　戦後日本の目覚ましい経済成長を主導してきたのは製造業であり，とくに高
度経済成長期には，機械・金属・化学といった重化学工業がその中心を担った。
戦時中の遅れを取り戻すべく積極的に導入された技術と「投資が投資を呼ぶ」
と形容された旺盛な設備投資が，この発展を支えた。またこれは，川下の産業
にも波及効果を及ぼし，農村から都市への人口流入・世帯数増加とあいまって，
いわゆる「三種の神器」「3C」といった製品群への需要増をもたらし，内需主
導型の成長を加速させた。

　安定成長期には，自動車などの輸出産業が経済を主導して成長を続けた。前
の時代の成長率からみれば「低成長」とも言われたが，加工組立型産業の成長
率は，相対的に高率の8.9％を記録した。しかし，バブル後の不況期において製
造業の実質経済成長率は年平均1.2％程度にとどまった。確かに**サービス産業化**
は進展したが，それは相対的に価格の高いサービス業の名目値での割合が大き

第10章 「失われた10年」の諸相

図表10-1　経済活動別実質国内総生産の年平均成長率（1955～2000年）

(%)

	1955－73年	1973－85年	1985－90年	1990－2000年
産業計	9.4	3.6	5.2	1.5
農林水産業	1.1	－ 0.2	0.8	－ 3.3
鉱　業	7.4	－ 0.8	1.4	－ 3.9
製造業	12.8	4.2	4.8	1.2
軽工業	10.0	2.2	2.3	－ 1.3
重化学工業	18.2	5.9	6.4	2.5
基礎素材型産業	17.2	3.1	3.4	0.5
加工組立型産業	20.0	8.9	8.4	3.8
建設業	10.8	0.4	8.0	－ 2.4
電気・ガス・水道	11.0	4.3	3.7	2.2
サービス産業	9.5	4.4	5.2	2.5

資料：内閣府経済社会総合研究所編『長期遡及主要系列国民経済計算報告　平成2年基準（昭和30年－平成10
　　　年）』2003年。内閣府経済社会総合研究所「平成15年度国民経済計算」
　　　（http://www.esri.cao.go.jp/jp/sna/h17-nenpou/17annual-report-j.html）

注：85－90年までは1990年基準68SNA，90－2000年は1995年基準93SNAによる。
　　重化学工業は化学，石油・石炭製品，一次金属，金属製品（以上，基礎素材型），一般機械，電気機械，輸
　　送機械，精密機械（以上，加工組立型）。軽工業は食料品，繊維，パルプ・紙，窯業・土石製品，その他の製
　　造業。サービス産業は卸売・小売業，金融・保険，不動産業，運輸・通信業，サービス業。

出所：牛島（2017：272），表6-1

図表10-2　国内総生産の経済活動別構成比（1955～2000年）

(%)

	国内総生産構成比（名目）					国内総生産構成比（実質）				
	1955	1973	1985	1990	2000	1955	1973	1985	1990	2000
農林水産業	21.0	6.1	3.4	2.6	1.5	21.4	5.2	3.3	2.7	1.7
鉱　業	2.1	0.8	0.3	0.3	0.1	0.8	0.6	0.3	0.3	0.2
製造業	30.0	36.4	31.4	28.3	23.6	16.1	28.1	30.0	26.2	25.3
軽工業	17.4	13.1	11.1	10.0	8.1	12.6	13.9	11.7	10.1	7.6
重化学工業	12.5	23.3	20.3	18.4	15.5	3.5	14.2	18.3	16.1	17.7
基礎素材型産業	7.5	11.1	7.8	7.3	6.0	2.5	8.5	8.0	6.8	6.1
加工組立型産業（機械）	5.0	12.1	12.5	11.1	9.5	1.1	5.7	10.3	9.3	11.6
建設業	4.8	9.1	8.4	10.5	8.0	10.7	13.6	9.3	11.1	7.5
電気・ガス・水道	2.5	1.8	3.4	2.7	3.0	2.1	2.7	2.9	2.9	3.1
サービス産業	39.7	45.9	53.0	55.6	63.9	49.0	49.8	54.1	56.8	62.2

出所：図表10-1に同じ。

191

かったにすぎず，実質値でみると製造業のGDPに占める比率はさほど下落していない。

　本節では，バブル崩壊後のデフレ不況期に産業構造がどのように変化したのか，また次の**リーディング産業**は何なのかについて，当時おこなわれた議論を中心にみていく。

　まず，バブル崩壊後の10年間（1990〜2000年）の経済活動別実質国内総生産の年平均成長率を確認し，国内総生産に占める各産業の構成比を1973〜85年の時期と1985〜90年の時期とで比較しておこう。

　高度成長期にはまだ1.1％の年成長率があった農林水産業は，1973〜85年の時期には−0.2％，1985〜90年の時期には0.8％，1990〜2000年期には−3.3％となっている。国内総生産に占める比率からみれば，名目値1.5％，実質値1.7％となっている（いずれも2000年時点，以下同様）。1955年ではともに20％以上を占めていたのであるから，半世紀のうちに産業としての農林水産業はその地位を大きく後退させた。

　農林水産業以上に衰退が激しかったのは，鉱業である。戦後復興期から高度成長期のとば口にかけて石炭は日本の主要なエネルギー産業であった。しかし，海外の安価な石油がもたらしたエネルギー革命（第5章3を参照）は，その後の石炭産業の運命を決定づけた。もっとも石炭産業は，1955年に「石炭鉱業構造調整臨時措置法」が制定され，1962年に「石炭対策大綱」の閣議決定により漸次的な産業縮小政策が採られ，2002年に「同法施行規則を廃止する省令」が出されるまで細々とではあるが，継続してきた[(1)]。

　製造業のうち軽工業（食料品，繊維，パルプ・紙，窯業など）もそのウェイトを大きく後退させた産業である。1955〜73年では10.0％の年平均成長率があったが，1973〜85年で2.2％，1985〜90年では2.3％，1990〜2000年には−1.3％となり，構成比では名目8.1％，実質7.6％となっている。軽工業のうち，かつ

---

(1)　しかし，1990年代には主要炭鉱の閉山が相次いだ。1990年3月の南大夕張炭鉱（北海道），94年2月の赤池炭鉱（北海道），95年3月の空知炭鉱（北海道），97年3月の三池炭鉱（福岡），2001年池島炭鉱（長崎），太平洋炭鉱（北海道）などである（三和・原編，2007：195）。

ての日本のリーディング産業であった綿紡績業においても，1990年代に入って次々と紡績工場が閉鎖されていった。紡績会社は，「国内の工場を閉鎖してアジアへ移転するところもあれば，収益悪化で操業を停止して跡地をショッピングセンターに貸与する企業もある。［中略］各企業は長引く不況の中で懸命に業種転換を進め，人員削減などリストラ（事業の再構築）を図っている」（『日本経済新聞』1995年1月8日朝刊）としている。しかし，1990年代の迷走を経て2004年に事実上破綻し，**産業再生機構**の支援を受けることになったカネボウ（旧・鐘淵紡績）の事例からもわかるように，業態転換や多角化戦略には困難がつきまとっている。

　重化学工業部門のうち，化学，石油・石炭製品，一次金属，金属製品を生産する基礎素材型産業についてみると，高度成長期に17.2％の年平均成長率を遂げていたものが，1973 〜 85年には3.1％，1985 〜 90年には3.4％，そして1990 〜 2000年には0.5％と落ち込み，構成比も名目値6.0％，実質値6.1％となっている。一方，加工組立型産業は，成長率が1955 〜 73年で20.0％，1973 〜 85年8.9％，1985 〜 90年8.4％，全体の伸びが低迷した1990 〜 2000年でも3.8％ともっともよく健闘している。電気機械や精密機械などの高付加価値型産業がこの加工組立型産業部門に含まれており，工業用ロボットやNC機械（Numerically Controlled Machine Tools: 数値制御された工作機械）の導入で労働生産性を高めていったこと，人件費のかかる部分を海外工場へと移転させていったことなどがこの伸びを支えてきた。構成比でも名目9.5％，実質11.6％となっている。

　公共事業などに依存する比率が高い建設業は，バブル崩壊後の成長率の下げが大きかった。バブル期には年率8.0％成長を達成していたが，1990 〜 2000年期には−2.4％と非常に急激な下落を経験した。構成比では名目8.0％，実質7.5％と決して低くない数値であるだけに，成長の急激な鈍化がもたらした影響は大きかったといえる。電気・ガス・水道といったインフラ部門の成長率は，1973 〜 85年で4.3％，1985 〜 90年で3.7％，1990 〜 2000年で2.2％と微減に留まった。構成比もおおよそ3％台である。

　サービス産業の年平均成長率は，1973 〜 85年 4.4％，1985 〜 90年 5.2％，

1990～2000年2.5%であったが，構成比は名目値63.9%，実質値62.2%となっており，日本の今後を占ううえでもっとも重要な産業であることに間違いない。

リーディング産業論

一方，日本は得意の「ものづくり」を中心にリーディング産業を創出していくべきであるとの議論は多い。2000年，『日本経済新聞』に16回にわたって連載された経団連産業問題委員会による「リーディング産業開拓21世紀経済の礎に」と題されたレポートをみると，日本は「経済の成熟化に伴い，国内総生産（GDP）や雇用における第3次産業の比率が増しており，ともに5-6割を占めるようになっている。／しかし，サービス収支は赤字が続いており，第3次産業は国際競争力があるとは言えない」と指摘し，「21世紀初頭においても，国際競争力があり，経常収支を均衡させることができる産業は，製造業を中心とする第2次産業にならざるを得ないと考えられる」としている。したがって日本は，戦後「製造業の発展の中で蓄積された『ものづくり』の技術・人材・基盤を有効に活用し，創造的な技術革新に挑戦することで，需要と供給の新たな好循環を生み出す必要がある」のであり，具体的には「(1) 新たな需要を創出するような『ニューフロンティア技術』(2) コスト競争力を左右する生産性を大幅に向上させる生産技術 (3) 環境やエネルギーなど成長のボトルネックとなる問題を解決するための技術——以上の三つの新技術が求められる」と述べた。さらにニューフロンティア技術の代表例として挙げられているのが，「バイオテクノロジーを中心とするライフサイエンスと，情報通信分野」であった（『日本経済新聞』2000年8月31日朝刊）。

一般に，どの産業がリーディング産業になるのかを予想することは難しいし，ましてやキャッチアップ過程を終え，モデルとする国や地域が存在しない経済発展の段階にあって政策的にリーディング産業を創出することは不可能であろう。上のようにさまざまな議論がなされ続けていること自体，リーディング産業不在の状況を反映しているのかもしれない。

2. 金融業界の再編成

メガバンクへの再編過程

　この時期，さまざまな業界において再編成が進行していったが，なかでも金融ビッグバンによって進行した金融自由化の波に洗われた金融業界（銀行，証券，保険）の再編成はドラスティックであった。ここでは**3大メガバンク・グループ**（みずほ，三井住友，三菱ＵＦＪ）とりそなホールディングス[(2)]を中心に，この時期の銀行業界の再編過程を概観する（この4グループにかつてのいわゆる都市銀行15行のうち北海道拓殖銀行を除くすべてが含まれている）。

　現在の**みずほフィナンシャルグループ**は，1971年に第一銀行と勧業銀行の合併で誕生した第一勧業銀行（第5章参照），1880年創業の安田銀行にそのルーツをもつ富士銀行，同じく1897年に政府系特殊銀行の1つとして設立され，戦後，普通銀行に転換した日本興業銀行の3行が合併し，2000年に誕生した。現在は主要子会社として，みずほ銀行，みずほ信託銀行，みずほ証券を有する。

　三井住友フィナンシャルグループは，その名の通り，かつての財閥であった三井系銀行・証券会社と住友系銀行・証券会社が統合されて2002年三井住友銀行を核とする持株会社として誕生した。三井銀行は，太陽神戸銀行と1990年に合併し，太陽神戸三井銀行（1992年さくら銀行と行名変更）となり，2001年に住友銀行（1986年に平和相互銀行を吸収合併）と合併し，三井住友銀行となった。現在，子会社に三井住友銀行のほか，三井住友カード，三井住友ファイナンス＆リース，SMBC日興証券を有する。

　現在の**三菱UFJフィナンシャル・グループ**は，2005年10月に三菱東京フィナンシャル・グループとUFJホールディングスが合併して誕生した。三菱東京フィナンシャル・グループ側は，三菱銀行が，横浜正金銀行の承継銀行であった東京銀行を1996年に吸収合併して誕生した東京三菱銀行を核に，1998年に三菱信託銀行と日本信託銀行の株式を吸収し，2001年には持株会社三菱東京フィ

（2）　ホールディングスは，1997年に独占禁止法改正によって設立可能となった持株会社。

ナンシャル・グループを誕生させた。一方のUFJ側の再編統合過程はやや複雑だ。当初は，あさひ銀行（1991年に誕生した協和埼玉銀行が，1992年に行名変更）と東海銀行が合併を模索していたが，1990年に三井銀行と太陽神戸銀行が合併し，2000年に第一勧業銀行，富士銀行，日本興業銀行が合併すると，取り残された形となった上位行の三和銀行が「東海・あさひ」連合に接近し，「東海・あさひ」連合側も3行による持株会社方式で統合に合意した。しかし，三和銀行は合併を主張したためにあさひ銀行が離脱し，結局，2001年4月に三和銀行，東海銀行，東洋信託銀行が株式移転により株式会社UFJホールディングスを設立し，これら3行はUFJホールディングスの完全子会社となった。そして，2002年1月に三和銀行および東海銀行が合併し，UFJ銀行が誕生した。

りそなホールディングスの前身は，協和銀行，埼玉銀行，および大和銀行の3つの都市銀行である。協和銀行は，日本貯蓄銀行を前身として戦後，都市銀行となった。埼玉銀行は，戦時統制の一環で旧国立銀行の八十五銀行と武州銀行，忍商業銀行，飯能銀行が合併してできた埼玉銀行（地銀）が1969年に都市銀行へ転換して発足した。2行は1991年に合併して協和埼玉銀行となり，1992年に行名をあさひ銀行と変更した。

大和銀行は1918年に野村徳七（野村財閥創業者の二代目）によって設立された大阪野村銀行がその前身である。1925年，証券部が独立して現在の野村証券となり，大阪野村銀行は野村銀行と改称した。野村銀行は1944年に信託兼営を開始し1948年に大和銀行に改称，大蔵省による信託専業の考え方にはしたがわず，独自路線を歩んだ。

しかし，バブル崩壊によるダメージをこうむったことに追い討ちをかけるように，1995年，同行ニューヨーク支店において総額約11億ドルの巨額損失が発生，すべての国際業務から撤退を余儀なくされた（第9章）。これにより大和銀行は大きな不良債権を抱え，1998年には公的資金による優先株式4,080億円の注入を受けた。その後，個人や中小企業を主要な取引顧客とし，親密な地方銀行をグループ内に取り込む「スーパーリージョナルバンク」への転換をはかった。2001年12月，大和銀行は近畿大阪銀行と奈良銀行とともに，株式移転により

持株会社大和銀ホールディングスを設立し，各行はその傘下に入った。2002年
3月，あさひ銀行が株式交換により大和銀ホールディングスの傘下となり，2003
年3月にはあさひ銀行の埼玉県内の営業拠点と資産を新設の埼玉りそな銀行に
譲渡し，残ったあさひ銀行と大和銀行が合併する形でりそな銀行となった。

異業種からの参入

　再編成が進んだのは，従来の銀行業界内部だけの出来事ではなかった。金融
の自由化は，製造業，流通業，IT産業などの異業種による金融業参入を促した。
ここでは，代表的ないくつかの参入事例をみておく。

　一般に金融業への参入のケースとしては，金融業以外の一般事業会社が既存
銀行の株式を取得する場合と，まったくの新設の場合とがある。注目されるよ
うになったのは，1999年のイトーヨーカ堂（アイワイ銀行，現セブン銀行），ソ
ニー（ソニー銀行）の参入表明である。また既存銀行も「新たな形態の銀行」を
設立したが，その1つとして2000年に設立・開業したジャパンネット銀行（三
井住友FG傘下）がある。また2001年にはイーバンク銀行が設立された（現在，楽
天の子会社）。

　このうち流通小売業界大手のイトーヨーカ堂が設立した**セブン銀行**をみてお
こう。イトーヨーカ堂は，2001年4月に銀行営業の予備免許を取得し，資本金
202億500万円で「株式会社アイワイバンク銀行」を設立（2005年，株式会社セ
ブン－イレブン・ジャパン，株式会社イトーヨーカ堂，株式会社デニーズジャパンの
3社が株式移転により3社の持株会社として**セブン＆アイ・ホールディングス**を設立し
たのにともない，社名を「セブン銀行」に変更），銀行営業免許を取得し，5月から
営業を開始（新規口座開設の受付開始）した。セブン銀行は，事業会社向けの融資
業務は一切おこなわず，セブン＆アイのグループ各店舗に現金自動預け払い機
（ATM）を設置することによる，提携先金融機関や利用者からの利用手数料で収
益をあげている点に特徴をもっている。与信業務はおこなわないので，そのた

---

(3)　セブン＆アイ・ホールディングス設立のきっかけは，2005年のライブドアによるニッ
　　ポン放送買収騒動であり，敵対的買収防衛策としての持株会社設立であった。

めのコストをゼロにしている。消費者やグループの事業者から受け入れた預金は，国債・政府保証債など信用リスクの低い商品に限定して運用している。ソニー銀行がネット専業銀行であるのに対して，セブン銀行は，ATMによる決済（現金出納サービス）専業銀行といえる。

3．労働市場の変化

「就職氷河期」「超就職氷河期」

　1997年後半からの景気悪化は，雇用者数の伸びを鈍化させ，有効求人倍率が低下するなかで完全失業率を急激に上昇させた。さらに1998年から2002年までの完全失業率をみると，ITバブルの短い好況期に若干好転したが，2001年以降ふたたび上昇に転じ，2002年には5.4％（男性5.5％，女性5.1％）を記録した。

　本節では，当該期における雇用情勢の悪化の様相，また新卒市場を襲った「**就職氷河期**」，フリーター，ニートと呼ばれる主に若年労働者の雇用問題，労働市場改革とその影響，そして，1996年，1999年，2003年の労働者派遣法改正に

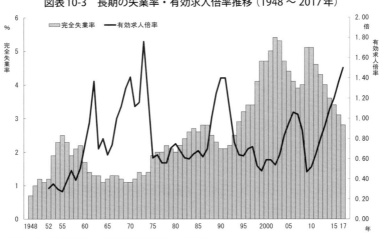

図表10-3　長期の失業率・有効求人倍率推移（1948～2017年）

出所：労働政策研究・研修機構統計資料より作成。

第10章 「失われた10年」の諸相

ついて述べる。

　図表10-3からも明らかなように1997年の経済危機をきっかけに雇用情勢は男女とも一段と悪化していった。完全失業者数は359万人（前年比19万人増）となり，過去最高を更新した。求職理由別にみると，景気の悪化にともなう勤め先や事業の都合等による非自発的理由による離職者が増加している。

　図表10-4で新規学卒労働市場の就職率の動向をみると，高専卒を別にすると，中卒から大学卒まで1998年3月卒業者をピークに2001年3月卒業者まで連続して減少し，2002, 2003年3月卒業者の就職率も依然として低水準となった。

　「就職氷河期」ということばが使われはじめたのはバブル崩壊後の1994年頃からで，1997 ～ 98年の経済危機のあおりを受けた1998年以降の就職氷河期を1994年のそれと区別するために「**超就職氷河期**」と呼ぶこともある。この時期は，企業の業績悪化や新興国との競争激化によって企業側に新卒を育てる余裕がなくなり，現場に即投入できる「即戦力」を新卒に求める風潮が現れた。こ

図表10-4　新規学卒就職率の推移（1997 ～ 2003年）

(単位：%)

卒業年	中卒	高卒	専修学校卒	高専卒	短大卒	大学卒
1997年3月卒	96.7	98.5	91.5	100.0	90.5	94.5
1998	95.5	98.2	89.5	100.0	86.6	93.3
1999	92.1	96.8	86.3	100.0	88.4	92.0
2000	86.7	95.6	83.2	100.0	84.0	91.1
2001	84.7	95.9	84.1	100.0	86.8	91.9
2002	78.6	94.8	83.3	98.3	90.2	92.1
	(64.4)	(89.7)				
2003	−	−	85.0	95.7	89.6	92.8
	(64.3)	(90.0)				

資料：厚生労働省・文部科学省調べ
　（注）1）就職率とは，就職希望者に対する就職者の割合である。
　　　　2）中卒及び高校卒の就職率は厚生労働省調べで，当年6月末日現在の状況。
　　　　3）専修学校卒，短大卒，大学卒の就職率は，当年4月1日現在の状況。
　　　　4）（　）内は就職内定率で，当年3月末現在。
　　　　5）短大卒は女子学生のみ。
　出所：厚生労働省（2003）第3表

図表10-5　年齢別完全失業率の推移（1980, 85, 90, 95, 98, 2001年）

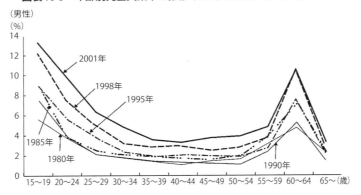

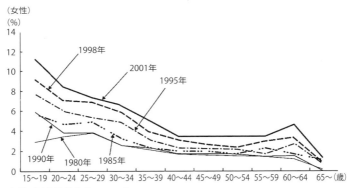

出所：厚生労働省（2002：70）

れにより，雇用のミスマッチが多数発生し，単純に求人数が増えても失業率が下がりにくくなり，本人の能力とかけ離れた職場に渋々入って短期間で解雇に追い込まれる者が増大した。新規学卒者の就職難は，年齢階層別の完全失業率の推移（図表10-5）にはっきりと現れている。

ニート問題

　さらにこの頃，クローズアップされてきた問題として，最初から就職活動をあきらめて，無業になってしまう若者たち，いわゆるニート(4)の問題がある。

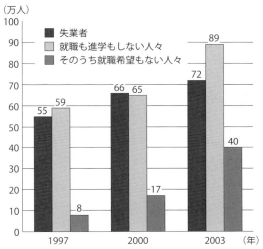

図表10-6　就職も進学もしない若者たち（15〜24歳）

注：1997年と2000年については総務省（旧総務庁）統計局「労働力調査特別調査」より作成。2003年については総務省「労働力調査詳細結果」より作成。1997年と2000年については2月の数値。2003年については1月から3月にかけての平均値。

出所：玄田ほか（2004：21）

ニートはそもそも求職活動をおこなっていないので、上記の学卒者の就職率にその動向が反映されないのである。ニートの存在やその実態をめぐっては、その後さまざまな議論があるが、2000年時点で20歳前後だった若者もすでに40歳前後となっており、問題解決は一層の困難さを帯びている。

政府の雇用対策，労働基準法等の大改正

　1996年12月、橋本首相の諮問機関である経済審議会の行動計画委員会は、橋本首相に「構造改革のための経済社会計画－活力ある経済・安心できるくらし」

---

(4)　もともとはイギリス政府が労働政策上の人口の分類として定義したことばで"Not currently engaged in Employment, Education or Training"の略語であるが、日本では「働く意欲のない若者」とするなど誤用が多い。

を提出した。そのなかでは労働市場をめぐる問題について,「構造改革の過程に
おいて雇用の安定を図ることは, 国民生活をめぐる最大の課題であり, 同時に
変化に柔軟に対応できる人材が育成される『能力開花型社会』を構築していく
ことが必要である」と述べ,「これらの課題を達成するためには, 新規事業の展
開等の支援を通じた新たな雇用の創出や各人の個性を活かした職業能力開発を
支援していく必要」があり,「その際, 女子労働者が自ら可能性を追求でき, そ
の能力を十分発揮できる環境を整備していく視点が重要である」とされた。ま
た今後求められる政策対応の方向性として, 男女雇用機会均等法や労働基準法
(労基法) 上の女子保護規定等の見直しをおこなうこととした。

　経済審議会の答申と同時期, 労働省は労働規制を緩和しつつ, **裁量労働制**業
種の拡大などを実現すべく, 労基法の抜本的見直しに着手し, 1998年の第143
回臨時国会で約50年ぶりとなる大改正がおこなわれ, 1999年4月から施行され
た。また1985年制定の**男女雇用機会均等法**も改正され, 改正労基法と同時に施
行された。改正男女雇用機会均等法は, 募集・採用, 配置・昇進, 教育訓練,
福利厚生, 定年・退職・解雇において, 男女差をつけることが禁止, またセク
シュアル・ハラスメント[5]への配慮義務が新たに設けられた。

　労働行政の根幹となる労基法の改正がおこなわれた背景には, 産業構造の急
速な転換で同法が労働実態にそぐわなくなってきたことがあった。労基法の主
な改正内容は, ①労働契約期間の上限延長, ②企業の中枢部門で企画, 立案等
をおこなうホワイトカラー労働者について, 新たな裁量労働制を導入, ③時間
外労働の上限基準を設定, ④女性労働者の時間外労働を規制していた女子保護
規定の解消にともなう「激変緩和措置」の導入, ⑤労働契約締結時に労働時間
などの労働条件を文書で明示, ⑥退職する労働者から請求があった場合, 退職
事由を付した退職証明書を公布するなどであった。

　たとえば, 労働時間の問題では, 実際に働いた時間にかかわらず, 一定の時

---

(5)　セクシュアル・ハラスメントを含むハラスメントということばが登場してきたのもこ
　　の頃のことであった。

間だけ働いたとみなすことができる裁量労働制の対象業種が，ホワイトカラー業種を中心に拡大された。

　労働契約の問題では，契約社員などを対象に1年までしか認められていなかった労使間の契約期間の上限が延長された。同制度は戦後の就職難の時に労働者の拘束の弊害を排除するために実施されていたが，外国人研究者などを期限付きで雇う場合も増えており，1年の契約期間では優秀な人材を確保できないとの不満が出ていたことが背景にあった。

　改正労基法は，「労働者の保護は国の責任」とした労働政策の方針を踏まえつつも，**労働市場の自由化**を容認する姿勢を示したものであり，産業構造の転換や雇用の流動化が進むなかで，労使の調和をはかりつつ労働環境の整備を支援しようとしたものであったが，労働市場の自由化は雇用の不安定化を助長するとの批判が相次いだ。

労働者派遣事業の規制緩和

　労働市場改革のなかで大きく変わったのは，従来，原則的に違法とされていた**労働者派遣事業**が大幅に緩和されたことである。もともと労働契約は雇用者と労働者の直接雇用が原則であり，職業安定法により間接雇用が禁止されていたのも，派遣労働者の劣悪な労働環境が問題となっていたからである。にもかかわらず，「業務処理請負業」として人材派遣会社が労働者の派遣をおこなっていたのは，企業にとって人件費・福利厚生費を低減できるメリットが存在したからである。1986年の**労働者派遣法**制定時，「使用者責任を免罪化する」「派遣法の規制規定が不十分」との批判もあったが，1996年，1999年，2004年とその対象業種を拡大する方向で労働者派遣法は改正された。[6]

　これら労働者派遣法改正の背景には，バブル期の余剰人員を抱えた企業の窮状が存在したため，企業寄りの法改正には厳しい批判が相次いだ。しかし，派

---

(6)　1999年改正では，派遣労働は製造業を除いて原則自由化され（ポジティヴリストからネガティヴリストへの変更），さらに小泉政権下の2004年には，製造業務の派遣解禁，紹介予定派遣の法制化がなされた。

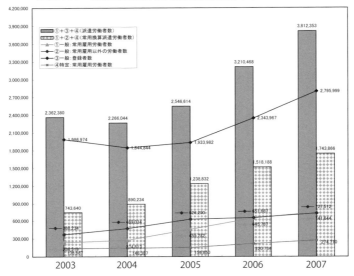

図表10-7 労働者派遣された派遣労働者数等（2003〜07年度）

※常用雇用以外の労働者数は常用換算（常用雇用以外の労働者の年間総労働時間数の合計を常用雇用労働者の1人当たりの年間総労働時間数で除したもの。）としている。

出所：厚生労働省（2008）

遣労働者の数は2004年にいったん減少したが，その後も増え続けており，2006年頃からはこうした派遣労働者の厳しい雇用実態がさまざまな形で問題とされ，**ワーキングプア層**を生み出す一因となっていると言われている。もっとも，雇用確保を優先すれば，派遣労働であっても失業よりは好ましいのであるし，ライフスタイルの変化にともなう働き方の多様性を担保する側面もある。

4．地域経済への影響

地域経済格差

　バブル崩壊後のデフレ不況下の日本において，グローバル化の進展にともなって日本の製造業の国際競争力が失われていくのではないかとの議論が生じ

た(「**産業空洞化論**」)。また中国からの輸入急増による貿易・サービス収支の赤字化,製造業縮小による雇用の縮小,また特定の製造業と強く結びついた地域経済が大きな打撃を受けるのではないかという懸念も生じた。本節ではこのうち当該期における地域経済の状況を概観する。

2004年度の『年次経済財政報告』は,第2章「地域経済再生の展望」において,1990年代後半から2003年にかけての地方経済格差の問題を取り上げて,その分析をおこなっている。そのなかで「地域間の経済格差とその要因」について,(1)「地域間の所得格差は傾向的に縮小しつつあるが,最も所得の高い地域と低い地域の間には2倍の格差が存在」,(2)「地域間の所得格差を要因分解すると,生産性格差の寄与度が最も大きいが,労働力率も一定の寄与」,(3)「生産性格差は地域の産業特化の状況や人的資本に依存」,(4)「かつては,失業率の高い地域から低い地域に労働移動が生じ,失業率格差の縮小に貢献していたが,最

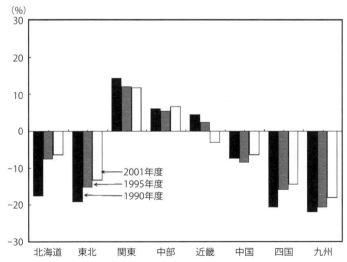

図表10-8　地域ブロック別1人当たり県民所得(全国平均との乖離)

(備考) 1. 内閣府「県民経済計算」(平成13年度)により作成。
　　　 2. 地域区分は付注2-1のEを用いている。
出所:内閣府(2004)第2-2-1図

近では地域間労働移動が大きく縮小」している点を指摘している。

　地域間の経済格差を説明する最大の要因が労働生産性の違いであるということは，高い生産性をもった産業に特化している地域と生産性の低い産業に特化している地域に「格差」が発生しているということである。推計によると，製造業，サービス業等に従事する人の割合が高いほど，その地域の生産性は高い一方，農林水産業，建設業等で働く従業者の比率が高いと地域の生産性は低下する傾向がある。

　さらに『年次経済財政報告』は，こうした産業特化の程度は，「技術革新を促すような制度要因や人的資本の状況（就業者の教育程度）等にも影響を受けると考えられる。［中略］地域の15歳以上人口に占める高等教育修了者（短大・高専・大学卒等）の割合と地域の生産性との相関を調べると，かなり強い相関関係がみられることが分かった。このように，地域の生産性は，より生産性の高い産業に特化している度合いが大きいほど，人的資本が高いほど，それに比例して高いということがいえる」と述べている。

　次に，失業率の地域間格差を分析し，「地域間における失業率格差については，地域間の産業構成の違いによって生じている面が大きい」としている。もっとも，「こうした失業率の地域間格差は，失業率の高い地域から低い地域への労働移動があれば，やがて是正されていく」。事実，「1990年時点では，両者の相関関係は弱いながらも失業率の高い地域で転出超過，失業率の低い地域で転入超過となる傾向がみられ，労働移動が失業率格差を是正する方向に働いていた。しかしながら，2000年時点をみると，そもそも地域間の労働移動自体が大幅に縮小するとともに，地域の失業率との相関もほとんどみられなくなっている」。

　一般に「何らかのショックで地域の労働に対する需要が大きく減少したような場合には，それに対する労働市場の調整は，地域間労働移動の増加あるいはその地域の労働力率の低下（非労化）という形であらわれる」が，日本の場合，「地域の失業率が高いと労働力率が下がるという形で調整が行われているが，労働移動がますます低下すると，そうした労働力率による調整だけではショッ

クを吸収できず，失業率が上昇する結果となる」としている。

そして，1990年代における地域経済格差の要因について，次のように結論づけている（内閣府 2004：124）。

> 何らかの市場の不完全性によって，必要な調整が妨げられ，不利な状況を甘受しなければならないとすれば，それは政策的に是正していく必要がある。それが構造改革である。[中略] 政策的に地域間の格差を是正していくことには依然として意義がある。特に，産業構造の変化に対応した労働移動の円滑化や人材育成を，教育・訓練を通じて行うことは重要である。また，地域間の労働移動についても，労働市場における取組を含め，移動の円滑化を図っていく必要がある。

地域経済の再生に向けて

ここに指摘されているような地域経済の産業構造を変革していく試みとしては，たとえば，1997年に制定された「**地域産業集積活性化法**」（**特定産業集積の活性化に関する臨時措置法**）や1998年制定の「**新事業創出促進法**」（2005年に廃止，「中小企業の新たな事業活動の促進に関する法律」に統合）がある。しかし，こうした上からの地域活性化政策が十分に成果を生んでいるかどうかについては議論があるところである。

5. 「長期停滞」をめぐる論争

「長期停滞」の要因は何か

最後にバブル経済崩壊後の「長期停滞」あるいは「失われた10年」の原因をめぐっての議論について触れておく。この問題に関しては，岩田（2005）が簡潔な整理をおこなっているので，まずそれをみておこう。

岩田は財政政策や輸出に頼らないと，すぐに景気が悪くなり，デフレになってしまうという状況がバブル崩壊後の日本経済の特徴であることを指摘したう

えで,「人々が今後もデフレが続くと予想するようになったため,設備投資や消費が停滞した」(岩田 2005：79) ことが,長期停滞を招いた原因であるとし,このデフレ予想の定着を招いた原因を日銀の金融政策の失敗にあったとする研究を支持する (**長期停滞＝デフレ原因説**)。一方,この「デフレ原因説＝金融政策の失敗説」に対して,エコノミストの間では日本経済の構造改革の遅れが原因であるとする「**長期停滞＝構造原因説**」を支持するものが多く,それはつまるところ日本経済の供給サイドに長期停滞の原因があり,主に次の5つの要因によって潜在成長率と労働生産性が低下したという議論に整理できると指摘する (同上：80-81)。

① 「日本的経営の不適合説」：日本的経営がグローバル経済化のなかで,不適合になり,米国型経営の適合性が高まったが,日本的経営から米国型経営への構造転換が遅れた。
② 「銀行の貸し渋り説」：銀行の不良債権処理が遅れたため,貸出が減って,成長産業への資金供給が細った。
③ 「銀行の追い貸し説」：銀行の不良企業への追い貸しによって,生産性の低い企業が温存されたため,土地と労働および資金の低生産性産業から高生産性産業への移動が進まず,効率的な産業構造への転換が遅れた。
④ 「規制改革と政府企業の民営化の遅れ説」：規制改革や政府企業の民営化が遅れたため,効率的な産業構造への転換が遅れた。
⑤ 「非効率的な公共投資説」：公共投資が失業対策として,生産性の低い地方に重点的に配分され,東京圏のような生産性の高い地域の社会資本整備が遅れたため,社会資本の生産性のみならず,民間資本の生産性も低下した。

岩田は,長期停滞の原因を潜在成長率や労働生産性の低下に求める「構造説」にしたがえば,日本経済全体の供給能力が低下するのだから,需要の増加率が

第10章 「失われた10年」の諸相

潜在成長率を上回り，結果として企業が需要増加にあわせて供給を拡大しよう
とするならば，失業率は下がるはずだと論じる。しかし，3節でみたように1997
年以降に失業率が急激に悪化したことは明らかであり，また2002年の景気回復
期に失業率が低下していることからも，構造要因に基づく潜在成長率の低下
や，雇用のミスマッチによる説明ではデフレ下の失業率上昇を説明できない
し，またそもそも1990年代以降に潜在成長率や労働生産性が低下したという有
力な実証研究がない（長期停滞をもたらすほどの低下はない）ことを指摘してい
る。

停滞をめぐる4つの論点

　上記の岩田の簡潔な整理にほぼ合致する論点をめぐってのより詳しい論争に
ついては，岩田も依拠している浜田宏一・堀内昭義・内閣府経済社会総合研究
所編（2004）が有益である。同書は，「1.　停滞は日本経済が抱えている構造問題
を解決しなかったからだという『構造問題説』，2.　刺激すべきときに刺激しな
かった財政政策の失敗によるという『財政政策要因説』，3.　デフレをもたらし
た金融政策によるものだという『金融政策要因説』，4.　不良債権の早期処理に
失敗したことが銀行機能低下を通じて長期停滞をもたらしたという『銀行機能
低下要因説』」の4つの論点をめぐって，それぞれ第一人者による論争が収録さ
れている。

　1. については，構造要因を強調し，「生産性」の解明こそが，日本経済再生の
的確なアプローチであるとする宮川努と「生産性改善」は政策目標にならない
とする野口旭との論争，2. については1997年の橋本内閣期におこなわれた財政
収縮が停滞をもたらした大きな要因であるとする山家悠紀夫と財政政策の影響
は限定的であるとする中里透・小西麻衣との論争，3. については金融政策の失
敗が長期停滞の原因であるとする岡田靖・飯田泰之と，不十分な金融緩和が投
資を鈍らせているとする仮説は成り立たないとする渡辺努の論争，そして4. に
ついては銀行機能の低下がデフレ停滞をもたらしたとする宮尾龍蔵と，逆に銀
行機能の低下が生産性の低下の「主因」であるとは考えがたいとする堀雅博・

209

木滝秀彰の論争である。

これらの論争について，最後に共同編者である浜田と堀内が総括コメントを寄せているが，あえて意見の相違を調整せずに，論点を論点のまま残して読者の判断に委ねる形になっている。

1990年代以降の「長期停滞」の問題は，恐らく今後も議論が継続されていくビッグ・イッシューの1つであろう。ここではひとまずこの時期に大きな論争があったことを指摘しておくに留める。

コラム⑩　デフレと「価格破壊」

　1990年代半ば以降のデフレ下にあって，円高による低価格輸入品が日本の物価を引き下げることは消費者の経済的厚生を高める，いわゆる「**良いデフレ**」論が論壇をにぎわせた。しかし，デフレ自体を良いデフレと悪いデフレとに区分する考え方は，一般価格と相対価格を混同したことによって生じる誤謬であり，デフレは経済にとって常に好ましくないものである。一方，この時期より少し前，1990年代前半にはいわゆる「**価格破壊**」[8]が進展していったこともまた事実である。

　1993年9月15日・16日，『日本経済新聞』は「崩れる価格体系（上）（下）」と題した囲み記事を朝刊1面に掲載し，「日本の消費財の価格体系が変わり始めた」として，その原因を価格支配権のメーカーから小売への転換を挙げ，「歴史的な転換点を迎えた」とした。そのことを象徴する「事件」は，大手化粧品メーカーである資生堂が，大幅値引きを武器に販路を開拓してきた「価格破壊」小売チェーンの河内屋に対する自社製品の出荷停止をおこなった問題に端を発する公正取引委員会による立ち入り検査であった。「河内屋（小倉弘子社長）との取引を巡り独占禁止法（不公正な取引方法の禁止）違反の疑いがあるとした公取委の資生堂販社への立ち入り検査は，メーカー，小売業界に大きな衝撃を与えた」（同上）のである。

　こうした低価格戦略を採ったのは，いわゆるディスカウントショップだけではなかった。大手のスーパーも，競って自社ブランドの低価格商品を店頭に並べた。国産ビール各社もスーパーがプライベートブランドの輸入ビール攻勢をしかけてきたのに対抗して，ビールより税率の低いビール味の発泡酒を発売，発泡酒市場での激しい競争が繰り広げられた。

　ファーストリテイリング（ユニクロ）もこの時期，低価格戦略で台頭してきた企業である。ユニクロは，1984年6月，それまで山口県宇部市で男性向け衣料品を取り扱っていた小郡商事が，広島市にユニセックスカジュアル衣料品店「ユニー

---

(8) 「価格破壊」ということばは，城山三郎がダイエー創業者の中内㓛をモデルに描いた城山（1979）に由来するとされている．

ク・クロージング・ウエアハウス」(UNIQUE CLOTHING WAREHOUSE) を開いたのがはじまりであり，ユニクロの呼称はこの店舗名の略称に由来している。もともとはナショナルブランド衣料品の小売店であったが，アメリカンスタイルの倉庫風の建物内にクラシックな映画ポスターや有名スターのポートレイトを展示した特徴的な店舗を全国に展開し，いち早く中国に優良な工場を持ち製品を低価格で調達するモデルを構築した。

ユニクロのほかには，100円ショップ「ダイソー」の大創産業，低価格衣料品のしまむら，「無印良品」の良品計画，家電のコジマ，ヤマダ電機などが「低価格戦略」によってこの時期に台頭してきた。このように「価格破壊」は流通，小売業界を中心に進んでいった。

もっともこのような各企業の低価格戦略の台頭といわゆるデフレの進行は分けて考えなければならないであろう。実際，消費者物価がはじめて2年連続のマイナスとなったのは，第9章でもみたように1999 〜 2000年のことであり，本格的なデフレに突入する以前から，外食産業などでは低価格戦略が常態化していたのである。

しかし，1990年代末から2002年頃までのデフレによる消費不況では，小売業はますます深刻な業績不振に陥り，2002年，全国の百貨店・スーパーの売上高は11カ月連続のマイナス成長を続けていた。

ユニクロのファーストリテイリングも，2002年頃から日本では在庫が急増，イギリスでの業績もふるわず，利益が大きく落ちこんだ。さらに価格破壊の先鞭をつけていた日本マクドナルドの低価格戦略も曲がり角に来ていた。「価格破壊」「低価格」を武器にしたさまざまな企業の戦略もまた，2002年頃を境に大きく変化していったのである。

第11章
デフレ下での構造改革からアベノミクスまで

　本章では21世紀に入ってから第2次安倍内閣成立までの12年間の日本経済と世界経済の動向を跡づける。まずは2001年に誕生した小泉純一郎内閣のもとでの経済政策をあつかう。小泉政権時代の経済政策は，既得権益層を「抵抗勢力」と位置づけてのさまざまな規制改革と，1990年代の日本経済の重荷であった不良債権問題の最終処理を実行するものであった。改革には痛みがともなうことを国民にアピールした小泉首相の政治術は，1920年代末の浜口雄幸首相を彷彿とさせたが，その一方で大型の財政出動実施など，景気に配慮した政策もおこなわれた。結果，景気は非常にゆるやかではあったが拡大を続け，戦後最長の69ヵ月を記録した。しかし，物価下落は依然として続き，デフレ下での景気拡大という特異な現象を呈した。

　小泉政権後は，第1次安倍晋三内閣，福田康夫内閣，麻生太郎内閣と短命政権が続いた後，民主党が政権を獲得した。しかし，人々の期待とは裏腹に民主党政権ははかばかしい成果を上げるどころか内政・外交ともに失策を繰り返し，あえなく瓦解した。そして，2012年末に成立した第2次安倍内閣は大胆な金融緩和政策を軸としたいわゆる**アベノミクス**を発動したのである。

【主要な出来事】

2001年	小泉純一郎内閣成立，米で同時多発テロ事件（9.11テロ）
2003年	イラク戦争（第2次湾岸戦争）勃発，りそな銀行の実質国有化
2005年	郵政民営化をめぐり総選挙（自民党圧勝），道路関係4公団民営化
2006年	ライブドア事件，会社法施行
2007年	郵政民営化，社会保険庁の年金記録漏れが問題化
2008年	リーマン・ショック
2009年	鳩山由紀夫民主党政権成立
2011年	東日本大震災，東京電力福島第1原子力発電所事故
2012年	第2次安倍晋三内閣成立

1. 小泉構造改革

「失われた10年」の克服

　2000年を迎える際にコンピュータが誤作動を起こすのではないかという，いわゆる「2000年（Y2K）問題」は，高度情報化社会のもつ陥穽の一端を明らかにした騒動でもあった。この問題自体は事なきをえたが，一方で日本経済は依然として停滞から抜け出せないままであった。脳梗塞による突然の辞任を余儀なくされた小渕恵三の後を継いだ森喜朗内閣はITを基盤とした高度情報通信社会構想（e-Japan構想）などを打ち出したが，迫力を欠くものであったことは否めない。その後，自らの失言等で辞任せざるをえなくなった森首相の後継レースに勝利したのは，小泉純一郎であった。小泉純一郎政権の課題は「失われた10年」の克服であり，戦後の経済環境の変化に対応できなくなっていた制度や規制の改革であった。

　具体的には，不良債権処理，増税なき財政再建，公共部門の改革（郵政3事業，道路公団改革など），規制改革を進めるための構造改革特区の設置，田中角栄内閣以来の方針であった「国土の均衡ある発展」という目標から，市場を最大限に活用した「世界に開かれた日本」へ転換することなどであった。小泉首相はこれらを「痛みを伴う構造改革」として位置づけ，国民に支持を訴え，2001年4月から総裁任期切れの2006年9月まで5年5カ月にわたって政権を担当した。

　これらの改革に対しては，自由民主党内にも大きな反対があったが，小泉首相は反対派を「抵抗勢力」と明確に位置づけ，「自民党をぶっ壊す」に代表されるメッセージを発し続け，国民の支持をえた。小泉首相のこうした政治手法については，「ワンフレーズ政治」「劇場型政治」などの批判はあったが，党内に強い権力基盤をもたない首相にとっては，有効な手法であったことは確かであろう。

　また小泉政権が発足した後，中国やアメリカの経済の好調に支えられて輸出が伸び，景気が緩やかながらも回復し，戦後最長の景気拡大を経験したことも政権の安定的運営に資するところが大きかったと考えられる。もっともこの景

気拡大は，国民にはほとんど実感されず，「実感なき景気回復」（『平成19年度　年次経済財政報告』）といわれた。その理由は，経済成長のペースが非常に緩やかであったこと，賃金も物価もほとんど上がらなかったこと，企業利潤は改善したが，その恩恵が家計にまではおよばなかったことなどが挙げられる。

輸出が「実感なき景気回復」を牽引

　景気回復をリードした輸出は，2001年の49兆円から2006年には75兆円へと1.5倍に増大した。1990年代と比べてその伸び率は大幅に拡大し，小泉政権下では一貫して貿易黒字を計上した。とくに2002年以降の外需のGDP成長率に対する寄与度は約25％を示した（内閣府 2006：38）。この輸出増加に寄与したのは，輸送用機械・電気機械・一般機械の機械類であった。また対中貿易が2000年から増加に転じ，貿易額（輸出入合計）は2002年の1兆2,708億円から2006年には2兆4,578億円へと2倍になった。対中貿易額は，2006年に対米貿易額と肩を並べ，2007年には中国は第1位の貿易相手国になったのである（図表11-1）。

　2001年11月にWTOドーハ・ラウンドがはじまったが，国際的にみて，この時期の経済交渉の焦点は，FTA（自由貿易協定）・EPA（経済連携協定）にあっ

図表11-1　対米・対中貿易の推移（2000 ～ 07年）

（単位：10億円）

	アメリカ		中　国	
	輸出	輸入	輸出	輸入
2000	15,356	7,779	3,279	5,941
2001	14,711	7,472	3,764	7,026
2002	14,874	7,237	4,980	7,728
2003	13,412	6,825	6,636	8,731
2004	13,731	6,763	7,994	10,199
2005	14,806	7,074	8,837	11,976
2006	16,934	7,911	10,794	13,784
2007	16,896	8,349	12,839	15,035

資料：財務省統計
出所：浅井・井出（2011：193）図表2-2

た。グローバル化の進展により，貿易・投資の自由化を迅速に進めるために，各国が2国間の経済協定の締結を急ぐようになったためである。政府は，2004年12月に「今後の経済連携協定の推進についての基本方針」を決定した。この基本方針は，EPAをWTOの多角的自由貿易体制を補完するものと位置づけ，**東アジア共同体**の構築を促す効果があるとした。また経済産業省の「グローバル戦略」（2006年5月）は，「遅くとも2010年には我が国の全貿易額に占めるEPA締結国との貿易額の割合が25％以上になっていることが期待される」と述べた。

最初に発効したEPAはシンガポールとの間の協定であり（2002年11月発効），メキシコ（2005年4月発効），マレーシア（2006年7月発効）との協定がそれに続いた。メキシコとの協定は，自動車輸出の促進効果があり，シンガポールとの協定はサービス貿易の拡大に効果があった。フィリピンとの協定は，2006年9月に署名締結にいたった。また，多国間での取組みとして，日本・ASEAN包括的経済連携協定の交渉を2005年4月から開始した（2007年5月，基本合意）。

為替レートが円安傾向で推移したことは，輸出の拡大に寄与した。2002年1月31日には135円20銭を記録した後，一転して急激な円高が進み，2004年末には103円台になったものの，2005年から2007年にかけて再び円安が進んだ。

不良債権問題の抜本的解決

小泉純一郎が首相就任当時，「構造改革の一丁目一番地」として位置づけた課題，それが「不良債権問題」の抜本的解決であった。しかし，当初金融庁が策定したプランは微温的なものにとどまり，その実現が危ぶまれていた。このため小泉首相は，2002年9月の内閣改造の際，柳澤伯夫金融担当相を更迭し，かわって民間から経済財政政策担当相に起用されていた竹中平蔵・慶應義塾大学教授に金融担当相を兼務させた。

---

(1)　FTAは，関税等の通商上の制限の撤廃に関する協定。EPAは，関税等の撤廃に加えて，投資，サービス分野，知的所有権，競争，人の移動などを含んだより包括的な協定。

第11章　デフレ下での構造改革からアベノミクスまで

　竹中金融担当相は，「**金融再生プログラム**」(通称「**竹中プラン**」)を策定し，資産査定の厳格化のため，ディスカウント・キャッシュフロー法(DCF法)を用いた市場価格による査定を徹底させるなどの方策を実行していった。これによってメガバンクの不良債権処理は徹底された。たとえば，みずほ銀行の不良債権比率は他の4大銀行グループに比べて大幅に低く，不良債権繰り入れの甘さが指摘されていたために，金融庁検査で大幅な追加処理がおこなわれた。

　さらに「竹中プラン」の衝撃の最たるものは，りそな銀行への2兆円規模の公的資金注入による実質国有化であった(2003年5月発表)。この初の公的資金の予防的注入に踏み切った理由は，自己資本に算入していた繰延税金資産が監査法人の指摘で大幅に減額され，自己資本比率が大きく低下し，国内基準行に必要とされる4%を割り込むことになったためであった。[(2)]

　銀行国有化が本当に不良債権処理を徹底させられるのか，またこれによって日本の金融機関は再生し，V字回復をはたすことができるのかといった疑問がメディアなどでも出されたが，現実には，4月にバブル崩壊後最安値をつけていた日経平均株価は反転，4大メガバンクも不良債権比率を翌年9月までに半減させ，日本経済は非常に緩やかではあるが，長期の景気拡大局面に向かうこととなった。もっとも地方銀行の不良債権は対象外であったためその処理は停滞することとなった。また銀行融資が打ち切られた企業は**産業再生機構**(2003 ～ 07年)による救済をおこない，企業再生をはかった。

郵政民営化

　「郵政民営化」の実現は，小泉首相が1979年に大蔵政務次官に就任して以来の悲願であった。なぜ「郵政民営化」が問題となっていたのであろうか。1つは全国に張り巡らされた特定郵便局の利権と選挙の際にそれが集票マシンとなっている問題点があった。2つ目は郵便事業そのものの効率化問題，そして3つ目

---

(2)　将来の会計期間に帰属すべき税金費用(損金)を当期に前払いしたと考え，これを繰延処理することにより生じる資産。

が郵便貯金によって集められた貯金が財政投融資という形で非効率な公営事業に流れ込んでいた問題である。

2005年9月に行われた郵政民営化の是非を問う総選挙では，郵政民営化法案に反対票を投じた議員の選挙区に「刺客」と呼ばれた候補が立てられ，郵政民営化賛成側が圧勝し，その後の国会で郵政改革関連法案は可決成立し，2007年10月1日，**日本郵政グループ**が発足した。そして，郵政3事業は持株会社日本郵政のもと4つの別会社に分割された。

しかしその後，2009年の政権交代で郵政3事業改革はいったん後退する。2012年には**郵政民営化法改正法**が成立し，郵便事業と郵便局事業が再統合され，郵貯と簡保の株式完全売却の義務化も廃止，金融事業のユニバーサルサービスの義務づけなどもおこなわれたためである。しかし，2015年11月には日本郵政，ゆうちょ銀行，かんぽ生命が東証上場をはたした。

財政投融資改革

次に**財政投融資（財投）改革**について，そのスタートが切られた2001年4月までの経緯を述べよう。

そもそも財投とは，郵便貯金，簡易保険，公的年金などで政府機関に集まった資金を，住宅金融公庫，国民生活金融公庫をはじめとする公的金融機関のほか，日本道路公団などの公共事業実施機関，国の特別会計，地方自治体などに供給する仕組みである（俗に資金が集まる側を「入り口」，資金の供給を受ける財投機関を「出口」という）。一般に政府の公的なサービスの供給は，租税や国債で調達された資金をもとにおこなわれるが，財投では金融商品の形で資金が集められ，財投機関の事業収入で償還する。このため，財投は金融的手段による財政活動と言われる。しかし，独立採算で事業をおこないうるのであれば，民間にまかせるべきであるというのが大原則である。したがって，財投事業をおこなうための条件は，採算性は低いが政策的な理由で必要とみなされる場合に限られることとなる。また同じ理由で財投機関の多くには，国による補助金などの財政移転がなされている。

しかし，歴史的な経緯からみれば，「出口」である財投機関の事業の必要性から「入り口」によって資金調達がおこなわれたのでは必ずしもなく，郵貯や簡保などの「入り口」に集まった資金をどのように使うのかを考えて，「出口」が作られてきた経緯がある。いきおい「はじめに原資ありき」の財投になりがちなのであり，国民から預かった資金で無駄な道路ばかり作っている，などの批判にさらされやすい。

では，2001年改革に至るまでの財投システムについての認識はどのようなものであったのだろうか。第7章でも触れた第2次臨時行政調査会最終答申（1983年）では，「原資所管官庁等から有利運用の要請が強く出されてはいるものの，公共的な性格を有する資金をできるだけ有効かつ整合的に配分するためには，統合運用の現状は維持されるべきである」と述べられ，「統合運用」の現状を肯定する内容となっていた。これが，1986年6月の第1次臨時行政改革推進審議会では，その運用および対象事業についての「徹底した見直し」が必要であるとの認識が出てきた。

大きな変化が生じたのは，1993年の自民党単独政権崩壊後のことである。1997年11月，大蔵省資金運用審議会懇談会（座長・貝塚啓明）は，財政投融資の抜本的改革について「民業の補完としての財政投融資に対するニーズは，時代の推移に従って質・量ともに変化してきているが，現行の郵便貯金および年金積立金の預託義務制度の下では，出口の所要資金量と入口の資金量とが切り離されているため，市場原理と財政規律が必ずしも十分に機能していない状況にある」と述べ，今後の財政投融資の資金調達のあり方としては，「① 財投機関債（政府保証のない特殊法人債券）② 政府保証債（政府保証のある特殊法人債券）③ 財投債（国の信用で市場原理に基づいて一括調達する債券）が考えられる」（大蔵省1997）とした。

そして，1999年12月，大蔵省は「財政投融資制度の抜本的改革案」を発表し，これに基づき，2000年5月24日に「資金運用部資金法等の一部を改正する法律」が成立した。

この法律は，2001年4月から施行されたが，これによって郵便貯金や年金積

219

立金の全額が資金運用部に預託されるという従来の財政投融資システムは，特殊法人等が政策を遂行するうえで真に必要となる資金を市場から調達するシステムへと変更され，つまり，郵貯は自主運用に移行し，財投システムは原則として必要な資金量だけ財投債の発行により資金調達をおこなうようになったのである（財務省理財局 2001）。

そのほかの構造改革政策

また，小泉改革のなかで国や地方自治体が，事業の最終責任をもちつつも，民間事業者に公共施設の整備や運営を委託する**民間資金等活用事業**（Private Finance Initiative：PFI）や官業への民間参入を促進するための「**市場化テスト**」が導入された。さらに国から地方への補助金である国庫負担金の削減，国税の財源移譲，地方交付税改革を一体とするいわゆる「**三位一体改革**」は2004年から実施されたが，財源移譲が少ないなどの問題をはらんでいる。

規制改革は，1994年から行政改革委員会規制緩和小委員会などが推進していたが，小泉政権下ではより多様な分野を対象に規制撤廃や緩和が推進された。とくに小泉改革の象徴的な政策として2003年には**構造改革特区**が実施されたことが挙げられる。これは，個々の規制を撤廃した場合の効果を測る「社会的実験」といえる。また**道路公団改革**では，1972年に導入された「料金プール制」が廃止されたが，分割民営化は上下分離方式を採用した不十分なものとなった。

高齢化と景気の長期停滞で社会保障収支が急速に悪化（社会保障給付＞社会保険料）し，これが一般会計の赤字を恒常化させた。増税せずに財政を均衡させるには，「聖域なき歳出削減」が必須であり，年金，医療，介護の**総額管理方式**が導入されたが，持続的な費用の削減につながらなかった。しかし，公共事業費

---

(3) 第2次安倍内閣では「国家戦略特区」として首相イニシアティブのもとで地域振興と国際競争力向上を目的とするものとして規定し直された。
(4) 道路の運行・運営部分（上部）とインフラ部分（下部）を分離して，各々別会計で経営をおこなう方式。

は1998年の14.9兆円から2008年には7.3兆円へと大幅に減少した。その間，一時的に大型の財政出動も実施されたが，全体としては非効率な所得再配分政策にメスを入れた点が評価される。

日本企業のコーポレート・ガバナンス改革

2005年7月，これまで「商法」「有限会社法」「商法特例法」に分かれていた会社関連法が統合・再編され，新会社法が成立し，翌年5月1日から施行された。

新会社法の特徴は，まず起業熱が高まるなか，個人でも容易に株式会社の設立が可能となったことが挙げられる。とくに"資本金は1円から"が，新会社法が紹介されるときの決まり文句であった。ほかにも会社設立などの際に出資金が払い込まれたことを証する保管証明が不要になり，登記手続きも簡略化された。要するに誰でも自由に会社を設立できるようになったのである。

また有限会社に代わってLLC（合同会社）が誕生したが，「構成員課税」制度が財務省の反対でかなわず，2005年8月には経済産業省が中心となって新会社法の枠外でLLP（有限責任事業組合）の法制化もなされた。

新会社法が目指したのは，このような自由な会社設立の環境整備ばかりではなかった。雪印食品の牛肉偽装事件（2001年），西武鉄道の有価証券報告書虚偽記載事件（2004年），カネボウの粉飾決算事件（2005年）など，2000年代に入って相次いだ企業の不祥事によって**ステーク・ホルダー**に多大な損害が与えられたことから，厳しい内部統制のルールが株式会社に適用されることとなった。内部統制の新しいルールは，大企業の経営者に意識改革を迫ると同時に，新たなコスト負担も強いることになるものであった。

新会社法施行に端的に示されるように，日本の企業を取り巻く環境は大きく変化してきた。企業買収・合併（M&A）の大型化・ボーダーレス化もその1つである。業種を問わずに生き残り競争が激しさを増すなかで，**「選択と集中」**を迫られた結果，ドミノ倒しのように合併・再編が進んでいった。バブル期や1990年代後半に続くこの第3のM&Aブームは，しかし，リーマン・ショックに端を

発する世界的な景気後退により激減していった。

　また企業統治を意味するコーポレート・ガバナンスも，より株主重視の方向で変革されてきている。企業同士の株式持ち合いによる「物言わぬ株主」はもはや過去のものとなり，企業経営者は，株主はもとより従業員や顧客，地域住民などさまざまなステーク・ホルダー（利害関係者）の動向に気を配りながら会社経営をおこなうことが必要不可欠となっている。またそれらに実効性をもたせるためビジネス・コンプライアンスの強化や情報開示制度も順次整えられてきている。

2.　リーマン・ショックと東日本大震災

サブプライム危機からリーマン・ショックへ

　2008年9月15日，アメリカ第4位の証券会社・投資銀行であったリーマン・ブラザーズが総額6,130億ドル（約65兆円）に上る巨額負債を抱えて破綻した。**リーマン・ショック**である。これをきっかけに世界的な規模での金融危機・同時不況がもたらされた。

　リーマン・ブラザーズが破綻した原因は，サブプライム・ローン（低所得者向け住宅ローン）が債権化されて組み込まれた各種金融商品の信用不安（**サブプライム危機**）によるものであった。もともとアメリカでの住宅需要の拡大，住宅価格の上昇を背景に，信用度の低いサブプライム・ローンが組み込まれた各種証券に高い格付けがなされていた。しかし，住宅

図表11-2　リーマン・ショックによる株価暴落

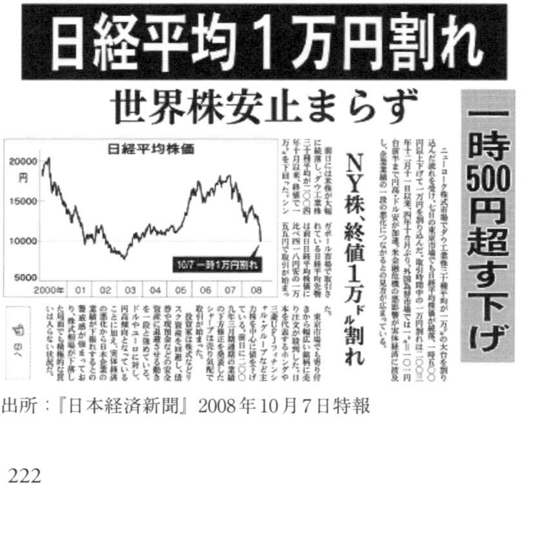

出所：『日本経済新聞』2008年10月7日特報

価格が下がり，ローンの返済が滞るようになると，これら証券類の信用が低下し，危機が顕在化した。

9月29日，アメリカ下院は，伝統的な自己責任の原則にのっとって「緊急経済安定化法」を否決したが，10月に上院が同法案を可決すると下院も同調し，アメリカ政府は7,000億ドル（約74兆円）の公的資金投入を決定した。それでも信用不安は止まらず，世界的な株価暴落が発生していった。日本も2002年以来，長期の景気拡大局面にあったが，このリーマン・ショックによって日経平均株価は暴落し，不況に陥った。

高成長を続けていた中国もリーマン・ショックを契機に成長に急ブレーキがかかった。アメリカをはじめとする海外市場の消費低迷もさることながら，新興国を中心とした取引先の資金繰りの悪化が，中国経済の減速をもたらした。これに対して中国政府はいち早く4兆元（約56兆円）の景気刺激策を打ち出した。リーマン・ショックは1997年のアジア通貨危機とは異なり，アメリカ市場の崩壊がまさに危機の中核であり，他国の苦境を救出するようなゆとりをアメリカがもっていないことが問題であったため，外部から救済をえられない状況での景気刺激策であった。

一方，震源地であったアメリカは自国経済の立て直しのため，大規模な金融緩和策を講じた。2006年にFRB議長に就任していたベン・バーナンキは，2008年11月，**量的緩和第1弾**（QE1）を発動し，12月には事実上のゼロ金利政策を導入した。結局，2010年6月までの間に1兆7,250億ドル（約155兆円）の資金供給をおこない，2009年1月に第44代大統領に就任した民主党のバラク・オバマもこれらを支持したのである。

アメリカや中国がいち早く金融危機の対策を打ち出したのには，実は日本での「失敗」の経験があった。日本はバブル崩壊後，速やかで大規模な金融出動を渋り，停滞を長引かせた過去があった。アメリカではそうした日本の経験から学び，上記のような徹底的な緩和策を実行したのだが，逆に日本では対応が遅れることとなった。

もっとも，リーマン・ショック時に政権の座にあった福田康夫首相もその後

継の麻生太郎首相もまったく無策であったわけではない。しかし，たとえば麻生政権時代の景気対策は，定額給付金の支給，高速道路料金の値下げ，エコカー減税，エコポイント制度の実施など，規模では約1年の間に総額75兆円にも上るものであったが，継続して景気を上昇させるにいたるものではなかった。こうした財政のバラ撒き政策はいずれ増税などによって再び自らに戻ってくると予想する国民や企業の行動は消費や投資に向かわないからである。

　当然，1999年以来の自公政権に対する国民の不満は増しこそすれ，減ることはなかった。リーマン・ショックの翌年，2009年におこなわれた統一地方選では4月の名古屋市，5月のさいたま市，6月の千葉市と政令指定都市の市長選挙で自公推薦候補が民主党の支援する候補に相次いで敗れた。7月の都議会議員選挙でも自民党は，第1党の座から転落するなど大敗を喫した。こうした趨勢のなか，鳩山由紀夫が率いる民主党は8月の総選挙で308議席を獲得して圧勝し，歴史的な政権交代を実現したのである。

　しかしこの民主党への期待は，ただちにその経済政策の失敗によって打ち砕かれることとなった。民主党政権下においてもデフレ不況からの脱却は容易には進まなかったからである。リーマン・ショックの後，各国中央銀行がマネーストックの拡大に躍起になっていたのとは対照的に日銀は金融緩和に慎重な姿勢を崩さず，大胆な金融緩和に踏み切ることはなかった。橋本政権時代の1998年に改正された日銀法の下，政府からの独立性を強めた日本銀行の金融政策の失敗を民主党政権の責任にしてしまうのは，フェアではないかもしれないが，結局，デフレ脱却が経済再生の鍵であることを理解できなかったツケは小さくなかった。

　はたして，早くも2010年7月におこなわれた参議院議員選挙で民主党は惨敗し，以後，2012年末まで「ねじれ国会」のなかで苦しい国政運営を強いられることとなった。さらに子育て支援や高校無償化などの実現のために国債発行を増加せざるをえなくなったことも民主党政権への不信感を増したのであるが，決定的であったのは，その外交政策の挫折であった。沖縄県外への米軍基地移設という公約を白紙撤回し，共同声明をださざるをえなくなったことは，鳩山

政権の支持率を急落させた。その後，鳩山は辞任，菅直人が首相になったが，上にも述べたように選挙には勝てなかったのである。さらに菅首相は，消費税増税で仕事をつくり，それを経済成長につなげる「第三の道」を模索するとしたが，経済理論を無視した思いつき的な方策は「カン（菅＝勘）ノミクス」と揶揄されたのであった（遠藤 2010）。

東日本大震災

　民主党政権が内外の政策の舵取りに右往左往しているさなかの2011年3月11日午後2時46分，東北地方太平洋沖で大規模地震が発生し，東日本の沿岸各地を津波が襲った。この大地震・津波の被害は，2018年6月8日時点で死者1万5,896人，行方不明者2,537人，全壊建物12万1,778棟，半壊建物28万925棟，その他，道路の損壊4,198カ所，橋梁被害116カ所など，東北地方の太平洋沿岸全域に及んだ（警察庁 2017）。またこの大地震の津波によって引き起こされた東京電力福島第1原子力発電所の炉心溶融事故は，日本のみならず世界的なエネルギー政策の根幹からの見直しを迫っている。

3. 台頭する中国経済と日本

中国経済の躍進

　日本が長期停滞に陥っているなかで，高度経済成長を遂げてGDP規模で日本を抜き去ったのが中国である。

　中国の高度成長は第8章でもみたように社会主義市場経済体制に移行してのちに本格化していったが，グローバルな環境に依存する部分，すなわち貿易や外資導入に依存する部分が大きかった。したがって，外交問題の安定が重要な課題であった。なかでもアメリカとの関係は重要であった。1989年の「**六四天安門事件（第2次天安門事件）**」以後，人権重視のアメリカ外交のなかで中国とアメリカの関係は冷え込んでいたが，1993年から8年間のクリントン政権のもとでは国内のビジネス界からの強い要求によって中国との経済関係を重視する方

225

図表11-3　中国，日本，アメリカの名目GDP（兆ドル）と1人あたりGNI（ドル）

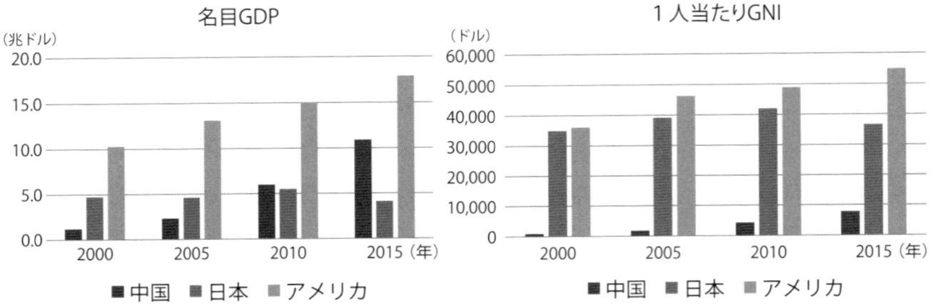

名目GDP

（兆ドル）

1人当たりGNI

（ドル）

■中国　■日本　■アメリカ

■中国　■日本　■アメリカ

出所：The World Bank "World Development Indicators"より作成。

向に政策転換がおこなわれた。

　またアメリカと並んで重要な日本との関係も，1990年代の終わり頃から変化していった。1998年11月の江沢民国家首席来日時には，年1回の指導者の相互訪問，政府間ホットラインの敷設，朝鮮半島問題や多角的貿易体制，東アジア経済問題などの国際分野における協力を盛り込んだ「**平和と発展のための友好協力パートナーシップの構築に関する日中共同宣言**」が出された。中国側は日本との協力関係はアジアの振興と不可分であるとし，東アジア協力の枠組みの下での日本との協調強化を期待した。しかし，2001年に中国からのシイタケ，ネギ，イグサなどの輸入増に対して日本側から緊急輸入制限が出されると，中国側からの報復関税によって日本企業がダメージを受けるなど，貿易面での摩擦も生じた。

　1997年2月，中国の改革開放路線を一貫してリードしてきた鄧小平が亡くなった。その年の7月に生じたアジア通貨危機は，改革に行き詰まっていた国有企業の業績を悪化させる一方で，財政引き締めの継続か緩和かをめぐっての政策論争が繰り広げられた。リーマン・ショックの際にも同様の問題が発生したが，まさに大国中国がグローバルな経済問題にどう対応するかが問われた問題であった。とくにアジア通貨危機の際に問題となったのが，アジア諸国の通貨に対して割高になっていた人民元を切り下げるか否かの問題であった。もし人民元をそのまま据え置けば，通貨危機で景気後退した東アジア諸国への輸出

第11章　デフレ下での構造改革からアベノミクスまで

減で中国経済は大きなダメージを負いかねなかった。

　しかし，このとき結局，中国は**人民元切り下げ**や元安誘導はしなかった。元の切り下げによってアジア各国の通貨切り下げ競争がおこるリスクを避けることが主要な要因であった。結局，1998年の中国の経済成長率は7.8％と好調を続けた。このことは世界から評価され，中国が「責任ある大国」であるというイメージを印象づけた。その一方で日本は円安を放置していると批判を浴びた。

　一方，すでに1997年の第15回党大会では鄧小平理論を正統教義とし，社会主義についてより柔軟な姿勢をとるようになっていた中国共産党であったが，2001年，江沢民が中国共産党創立80周年記念講話において，私営企業主，すなわち資本家の共産党への入党を実質的に容認し，2002年の第16回党大会で中国共産党は労働者階級の前衛であると同時に，中国人民と中華民族の前衛であると規定したことは重要である。ここに至って「中国共産党は，もはや社会主義ではなく，開発主義とナショナリズムに依って立つ政党であることが明らかに示された」（高原・前田 2014：137）からである。1970年代から紆余曲折を経ながらも「改革開放」の旗のもとに経済成長を志向してきた中国であったが，世紀の変わり目においてイデオロギーの面からもグローバル時代に適応した大きな転換がはかられていったのである。それを象徴する出来事は，2001年11月のWTO加盟実現であった。GATT時代からの加盟の努力が実を結んだわけであったが，これを機として貿易，外資導入の拡大がさらに成長を加速させていった。

胡錦濤体制から習近平体制へ

　江沢民の後を継いで胡錦濤が国家主席に就任した2003年，中国はSARS（重症急性呼吸器症候群）の大流行という思いがけない災難に遭遇し，同年第2四半期の経済成長率は6.7％にダウンした。また経済成長が加速し，中国が鉄鋼，家電，電子情報機器などで「世界の工場」の地位を盤石のものにしたことによって人々の生活水準が目に見えて向上する一方，さまざまな社会矛盾が表面化してきた。2003年の第16期三中全会決定では，5つの問題（都市と農村，沿海と内陸，

227

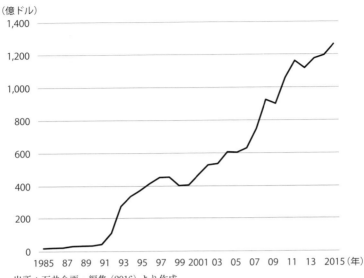

図表11-4　対中直接投資実行額（1985 ～ 2015年：億ドル）

出所：石井企画・編集（2016）より作成。

経済と社会，人と生態系，国内発展と対外進出）が指摘され，それぞれについての均衡ある発展が，胡錦濤総書記の重要思想として位置づけられた。こうした決定が，社会的弱者への配慮，バランスの取れた発展の強調，すなわち「**和諧社会**」の実現として唱えられたのである。さらに2006年末には胡国家主席と温家宝首相は速度重視から均衡の重視へと発展のモードを転換し，政策目標を「速くかつ（効率が）好い発展」から「（効率が）好くかつ速い発展」へと変更した。

　日本では2006年に小泉純一郎のあと首相となった安倍晋三が中国を訪問し，北京において胡国家主席と会談し，日中の戦略的互恵関係の構築を約した。(6) 日本は2003年にりそな銀行を事実上国有化するなどの政策をおこない，それをきっかけに経済は上向いていたが，中国との貿易関係が拡大していたことも経済が順調であった理由の1つであった。事実，2007年には香港を含まない中国

---

(6)　その後，2008年5月に来日した胡錦濤国家主席と福田康夫首相の間で「『戦略的互恵関係』の包括的推進に関する日中共同声明」が出された。

第11章　デフレ下での構造改革からアベノミクスまで

が日本の最大の貿易相手国となったのである。

　2008年のリーマン・ショックに際し，日本では株価が暴落し，デフレが再度深刻化していった。一方，中国では全人代財経委員会が金融引き締め政策の見直しを国務院に要求し，さらには緊縮財政から大々的な景気刺激策へ転換した。結果，中国の経済成長率は2009年には9.2％を達成し，他国に先駆けて危機からの脱出に成功した。もちろん，財政拡大による経済成長のモデルがいつまでも有効に機能するとは限らない。リーマン・ショックからの回復が速かった中国ではあったが，いつまでも途上国型の労働力や資本の投入による成長が継続できるわけではない。持続可能な成長のためには生産性の向上が常になければならない。中国の場合，その生産性の向上が他国よりも一層政治改革と結びついている点に特徴がある。

　2008年に四川大地震を経験した中国と，2011年に東日本大震災を経験した日本は，こうした災害時の連携を深めつつも，一方で外交政策のスタンスの違いや歴史認識問題などの懸案を抱えている。2012年には胡錦濤の後を継いで習近平政権が誕生し，同年末には第2次安倍政権も誕生した。グローバル化が進むなかでの両政権の舵取りには，内政面での安定と外政面での協調がますます不可欠となってくるであろう。

4. アベノミクスの発動

金融政策のレジーム転換

　東日本大震災後の2011年4月に行われた統一地方選挙での与党敗北後，菅直人首相の退陣要求が高まった。8月の民主党代表選挙では野田佳彦が代表に選ばれ，9月2日，民主党と国民新党の連立による野田内閣が発足した。野田首相は，第1〜3次にわたる補正予算（うち復興事業予算9兆1,000億円）の財源を所得税や法人税の臨時増税によって今後10年間でまかなうとし，さらに2012年8月には，消費税率を段階的に10％まで引き上げるとした消費増税関連4法案を成立させた。野田首相は，さらに11月の国会中，自由民主党総裁・安倍晋三との

229

党首討論において議員定数削減法案可決に協力するならば，衆議院を解散すると約束し，実際にそれをおこない，民意を問うた。しかし，この総選挙において民主党は大敗北を喫し，政権は3年4カ月ぶりに自民党・公明党の連立政権（第2次安倍内閣）に渡ることとなった。

　第2次安倍政権による経済政策は，**アベノミクス**と呼ばれているが，その第1弾は，大胆な金融緩和によるデフレ脱却であった（「第1の矢」）。安倍首相は，2012年11月の選挙戦中からこの方針を打ち出し，それに反応したマーケットでは円安と株高が進行した。さらに安倍首相は，「**デフレ脱却と持続的な経済成長の実現のための政府・日本銀行の政策連携（アコード）**」（2013年1月22日）を発表した。これによって政府・中央銀行が一定の範囲内の物価上昇率の目標を定め，その範囲内に収まるようにする政策＝**インフレ目標**政策をはじめて採用することになった。白川方明日銀総裁が任期満了を待たずに辞任を表明（実際には3月19日に辞任）したことを受けて，安倍首相は，物価目標導入に積極的な黒田東彦・アジア開発銀行総裁を次期日銀総裁に，岩田規久男・学習院大学教授を副総裁に指名するなど，金融レジームの大胆な転換をはかった。

　2013年4月4日，黒田日銀総裁が，2年以内に物価上昇目標2％を達成するためマネタリー・ベースを2倍にすると発表すると，"緩和は小出し"と予測していた市場には衝撃が走った。旧日銀首脳部は，通貨供給の増加は資金不足の経済では有効だが，企業の内部留保が多い状態では効果が少ないという立場（通貨量が増加しても金利がゼロに近いと消費や投資が増えない＝「**流動性の罠**」の状態）であったからである。しかし，この"黒田バズーカ砲"によって「流動性の罠」の状態でも金融緩和が継続しておこなわれるという期待が高まり，為替レート下落を通じた輸出増加が見込まれ，株価・地価の上昇による資産効果を通じてデフレ脱却が可能になるとの期待が高まった。

第11章　デフレ下での構造改革からアベノミクスまで

補遺：消費税増税とアベノミクスの中間評価

消費税増税

　当初，アベノミクスによる金融緩和は経済にプラスの影響を与えた。しかし，2014年4月に消費税率が5%から8%へと引き上げられると，株価は低落し，国内消費も落ち込んだ。この税率引き上げは，2013年4〜6月期のGDP上昇傾向をみての首相判断であったが，結果的には順調に景気回復に向かっていた日本経済の足を引っ張ることになった。その間も日銀は緩和政策を継続していたが，当初目標とした2年間で2%の物価上昇も遠のく形となってしまった。

　アベノミクスにはいわゆる「第2の矢」(機動的な財政出動)，「第3の矢」(規制改革による成長産業の創出)が用意されていたが，これまでみてきたように，そもそもこの2つの政策は，これまでの政権も何度もおこなってきた政策であり，新鮮味はない。「第1の矢」こそアベノミクスのアルファであり，オメガなのである。そのためにはデフレ脱却を阻害するような増税政策は，できるだけ回避していくことが求められる。事実，その後，2016年に安倍首相は当初2017年に導入が予定されていた消費税率の10%への引き上げを2019年10月に延期することを表明している。またプライマリー・バランス(基礎的財政収支)の黒字化目標も2018年1月に開かれた内閣府の経済財政諮問会議(議長・安倍首相)で出された中長期の経済財政に関する試算をもとに2025年度に黒字化するとしていたものを，2027年度に先送りした。また2018年に任期切れを迎えた黒田日銀総裁を再選し，金融緩和に積極的であった岩田副総裁の後任に同じく「リフレ派」と見做されている若田部昌澄・早稲田大学教授をあてるなど，引き続き金融政策における政府と日銀のアコードを継続する姿勢を押し出している。

アベノミクスの中間評価

　第2次安倍政権による経済政策の最終的評価は現時点(2018年5月)では不可能だが，中間的な「成績」を数字で確認しておこう。[7]

---

(7)　なお詳しくは野口(2018)などを参照されたい。

231

まず,経済全体の規模を示すGDP（名目と実質）はどうなったのか。2017年度の名目GDPは548.1兆円であり,2012年度の494.5兆円と比較し11％拡大している。実質GDPは499.4兆円から532.5兆円と6.6％拡大している。名目と実質のGDP,およびGDPデフレータと国内需要デフレータの対前年度比上昇率は図表11-5の通りである。

　名目と実質の雇用者報酬も徐々に改善してきており,2017年度は対前年度比伸び率で,それぞれ2.3％,1.7％となっている（図表11-6）。

　アベノミクス発動以降でもっとも改善がみられるのは,雇用情勢である。就業者数は2012年の6,280万人から5.4％増加し,6,620万人（2018年3月現在）,失業率は4.3％から2.5％へと劇的に低下している。正社員も2013年から2017年

図表11-5　名目・実質GDP, GDPデフレータの対前年度比上昇率（2013～17年度）

図表11-6　名目・実質雇用者報酬対前年度比上昇率（2013～17年度）

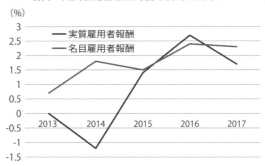

出所：図表11-5, 6とも内閣府「国民経済計算（GDP統計）」より作成。

にかけて3.7％増加している（総務省統計局，労働力調査）。有効求人倍率は0.80
倍から1.50倍へ上昇し（2018年3月に1.59倍），戦後初めてすべての都道府県で
1倍を上回った。正社員の有効求人倍率も2018年3月に1.08倍へ上昇し，2004
年の調査開始以来最高水準を記録した（『日本経済新聞』2018年4月27日付朝刊）。
図表10-3をみると，完全失業率では高度成長期の水準には達していないが，有
効求人倍率ではほぼ同程度にまで高まっていることがわかる。全規模の雇用人
員判断DIは0から−28へ，設備判断DIは＋6から−3へ，不足感が強まって

図表11-7　就業者数・雇用者数の推移（2012～18年3月）

	就業者数		雇用者数		
		前年差		前年差	短時間女性雇用者数（注）
	万人	万人	万人	万人	万人
2012年	6,280	− 13	5,513	1	994
2013年	6,326	46	5,567	54	1,063
2014年	6,371	45	5,613	46	1,111
2015年	6,401	30	5,663	50	1,110
2016年	6,465	64	5,750	87	1,147
2017年	6,530	65	5,819	69	1,123
2017年2月	6,427	51	5,754	48	1,107
3月	6,433	69	5,728	58	1,094
4月	6,500	80	5,757	57	1,109
5月	6,547	76	5,796	57	1,055
6月	6,583	61	5,848	87	1,096
7月	6,563	59	5,839	96	1,129
8月	6,573	84	5,840	97	1,127
9月	6,596	74	5,866	74	1,126
10月	6,581	61	5,877	62	1,108
11月	6,552	75	5,865	86	1,147
12月	6,542	52	5,863	43	1,186
2018年1月	6,562	92	5,880	87	1,140
2月	6,578	151	5,875	121	1,148
3月	6,620	187	5,872	144	1,135

資料：総務省「労働力調査」
（注）非農林業に従事する週間就業時間が35時間未満の女性雇用者数である。休業中の者を除く。
出所：労働政策研究・研修機構統計資料より作成。

いる。

　ただし若年無業者は，2017年平均で54万人と，2010年に比べ4万人の減少となったものの，年齢階級別にみると，30〜34歳が17万人ともっとも多く，次いで25〜29歳が15万人などとなっているおり，「就職氷河期」「超就職氷河期」に就職できなかった若者の雇用問題は十分解消されるに至っていない（内閣府2018）。

　年齢階層別の女性の労働参加率の推移を2010年と2015年で比較すると，とくに25〜29歳の参加率が8割を超えるなど，全年齢階層において着実に上昇している。また，M字カーブの底をなしていた35〜39歳の労働参加率は，68.0%から72.4%へ4.4ポイント上昇するなど，プロファイルにも変化がみられる。

今後の課題

　アベノミクスの「第3の矢」は，制度・規制の改革を通じた成長戦略である。財政に依存せずに内需拡大をはかるには，企業の参入を実質的に規制している制度を改革することが重要である（農業・医療・介護・保育等の分野や，建設投資

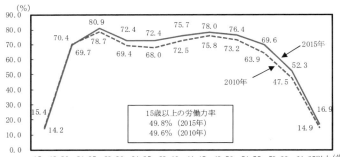

図表11-8　女性の労働参加率

備考：総務省「平成27年国勢調査 速報集計 抽出速報集計」，「平成22年国勢調査」により作成。

注：15歳以上の労働力率は15歳以上人口のうち就業者と完全失業者を合計した労働力人口の割合。労働参加率は，15〜64歳までの生産年齢人口に占める労働力人口（就業者＋完全失業者）の割合。

出所：内閣府（2016）

第11章　デフレ下での構造改革からアベノミクスまで

を活性化させる都市・住宅分野の改革）。また労働者の効率的再配分を進めるためには労働法制の見直しも必要である。

　1990年代以降の経済成長の減速要因は，国内要因としては不良債権の累積，金融市場の機能不全，財政・金融政策の失敗などが挙げられ，また国外要因としては世界経済の縮小，為替市場の不安定化などが挙げられる。これらはいずれも短期的な要因であり，前述のマクロ経済指標をみてもわかるとおり現時点ではほぼ解決済みの問題といえる。2013年以降の長期的な景気拡大動向もこれを裏づけている。リスクがまったくないわけではないが，大きな経済減速要因は見受けられない。

　しかし，こうした経済成長が今後も持続可能かどうかという問題を考えると楽観視はできない。多少景気が良くなったとしても国内の消費需要がなかなか力強く回復していかないのは，将来が見通せない不安があるからである。合理的な消費者は将来の増税や社会保険の負担増を見越しつつ，現在の消費態度を決めているからである。では今の日本が抱いている不安の実体は何であろうか。そして，それらはどのようにして解決することができるのであろうか。

　日本経済の高パフォーマンスを支えてきた日本的経済システムがグローバル化，人口の減少・高齢化，情報通信技術の高度化などにもかかわらず，維持されてきたことが生産性の低下をもたらした。現状，潜在的な需要があるにもかかわらず，規制によって競争が制約されている分野が多い（とくにサービス産業）。規制緩和によって供給制約がなくなる可能性は大きいとみるべきであろう。

　一方，短期的な総需要管理面で適切な金融・財政政策を講じることは今まで以上に重要である。世界経済のシンクロニシティーが高まっている現在，わずかな政策ラグが経済全体に与える影響は非常に大きくなっている。たとえばリーマン・ショックのような危機が発生した場合，それを「対岸の火事」とみなすことは絶対に避けなければならないのである。

235

コラム⑪　経済格差問題

　経済成長にともなって経済格差が発生するという、いわゆる「格差問題」は古くて新しい問題である。しかし、経済成長論の第一人者であるサイモン・クズネッツは、ある程度経済成長が進めば、経済的弱者への所得再分配がおこなわれ、格差は縮小傾向に向かうことを見いだした。これを図示したものがクズネッツの逆U字曲線と呼ばれるものである。

　一方、経済格差は今後拡大する一方であり、富める者はますます富み、貧しい者はますます貧しくなることを膨大なデータの分析を使って主張したのが、トマ・ピケティ（2014）である。ピケティはデータの分析から税引き後の資本収益率(r)と経済成長率(g) の間に $r>g$ という関係があり、このままで

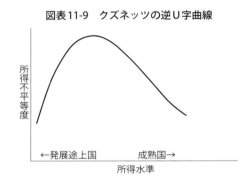

図表11-9　クズネッツの逆U字曲線

いくと経済格差が一方的に開いていくと主張した。日本でもこのピケティの主張に大きな関心が集まり、大部の専門書にもかかわらず、ピケティの本は大ベストセラーになった。

　しかし、ピケティの主張にはその後、いろいろな角度からの批判がなされている。たとえば、岩井克人（2014）は英米型のコーポレート・ガバナンスのあり方が、英米での経営者の高額報酬を生み出し、格差を拡大させていると指摘している（逆に言えば、ピケティの理論と実証は1980年代以降の英米でのスーパー経営者の登場を説明できていない）。また田中秀臣（2015）は、「ピケティの問題視する経済格差は社会のわずかな人たちに富や所得が集中することで出現するのだが、日本ではその種の経済格差は深刻ではない。むしろ日本では『貧しい人が多すぎる』ことが経済格差を深刻化させている」とする（田中・原田 2015 も参照）。

　ここではその「貧しい人」を非正規雇用労働者として、なぜ非正規雇用労働者が増加してきたのかをあらためて確認しておこう。

そもそも「終身雇用」は，バブル崩壊後しばらくの間までは持続していた（第8章参照）。しかし，1997年の橋本失政，およびアジア通貨危機を契機とするマイナス成長転換以降に企業の雇用判断は大きく変化し，1998年から2005年頃までは定年退職者の非補充や希望退職などで雇用の削減期間が続いた。さらに小泉政権時代におこなわれた労働力の流動化政策によってパートタイム，派遣，契約社員などの労働者が大幅に増加し，2010年には全体の35％に達した。

　しかし，雇用のポートフォリオ（正規社員と非正規社員の適切な組み合わせ）は平均的な経済成長率に大きく依存している。1970年代初頭までの非常に高い経済成長率を前提にすれば，企業が正規社員を増加させ，非正規社員を減らそうとするインセンティブは高まる。問題はこうした経済成長が鈍化したあとも，企業がすぐに雇用調整をおこなえず，少なくともバブル期までは正規社員の雇用を増加させていったことである。そのため，1990年代の雇用者報酬比率は戦後最大にまで高まっていった。当然，これは企業の利益を圧迫した。1990年代以降，ロー・リスク，ロー・リターンの非正規社員比率が増大したことは，しごく当然のことであった。

　したがって，経済全体が停滞するなかでは派遣労働を法律で禁止しても正社員になれる可能性は低いのであり，逆に無理に非正規雇用の労働者を正社員に転換させようとすれば，企業はそのような正規への転換が義務づけられているような労働者の雇用を回避するだけであろう。格差問題の解決にはまず全体の所得水準上昇，雇用の確保を優先させていかねばならないのである。

あとがき

　本書では日本の近現代史を振り返りつつ，今日の経済状況についてまで叙述を進めた。戦前・戦後を通じて日本が世界史の大きな流れに棹さす部分，あるいは自らそれを主導していこうとした部分の両面があった。また国民経済の適切な運営ができていた部分とそうでなかった部分と両面があった。

　いずれにせよ，国内外の政治情勢の安定は経済の成長・発展と密接に関連していることは確かであろう。政治の究極の目的が国民生活の安全・安心・安定の確保であるとすれば，国民の代表である政治家にとって経済に関する正しい理解は必須である。また国民自身もそうした観点から政治に対して厳しいチェックが必要である。国民の正しい状況把握のためには「第4の権力」と言われるマス・メディアの責任も大きい。それらの情報を学問的な側面から分析していく学者・エコノミストの責任が大きいこともちろんである。

　しかし，今日的諸課題を理論・歴史・政策から分析するための経済学，あるいは経済学を含む諸社会科学，あるいは人文科学・自然科学の総合的な役割が十分に理解され，そこに重きが置かれているかどうかと問われれば心許ない部分も大きい。

　少なくとも今後，日本の歴史的経験を踏まえてそこからえられる知見を外に発信していく必要性は増加する。とくに世界規模での**「持続可能な開発目標」**（**SDGs**）が掲げられている現状において，日本の役割，日本の歴史的経験は日本人が想像している以上に大きなものがある。

　本書は初学者向けのテキストではあるが，まずは日本の若者が自分の生きている時代の歴史的な位置づけを理解し，少なくとも外国の友人たちから日本の政治・経済について尋ねられて必要最低限のことを説明できるようにはしてもらいたいと切に願って著したものである。

　本書は，今まで私が書いてきたものをベースにしながら，参考文献に挙げた諸研究の成果をできるだけ取り込んだ。とくに第7章以降は，故・岡田靖氏（当

239

時，内閣府経済社会総合研究所主任研究官）のお誘いで私も参加させていただいた内閣府経済社会研究所の「バブル／デフレ期の日本経済と経済政策」研究プロジェクトの成果に多く依拠している。もとより日進月歩の成果をすべて取り込めたわけではない。しかし，それらはすべて私個人の責任である。今後，さらに良いものを書けるように努力することを約束してご寛恕をいただきたい。

最後に本書の執筆過程でさまざまなご助力をくださった皆様には深甚の謝意を表したい。とくに学文社の落合絵理さんには 1 年以上かかった執筆の過程で大変ご尽力をいただいた。記して謝意を表したい。

2018年8月

中村　宗悦

参考文献

ア行

阿向泰二郎（2018）「明治から続く統計指標：エンゲル係数」『統計Today』No.129（http://www.stat.go.jp/info/today/129.html：2018.9.7閲覧。以下，ウェブ掲載情報は2018.9.7時点で確認）

浅井良夫・井手英策（2011）「デフレ下の長期景気回復（2002～2006年を中心に）」（小峰隆夫編　2011b所収）

麻田雅文（2016）『シベリア出兵—近代日本の忘れられた七年戦争』中公新書

板谷敏彦（2012）『日露戦争，資金調達の戦い—高橋是清と欧米バンカーたち』新潮選書

石井勝之企画・編集（2016）『中国経済データハンドブック2016年版』日中経済協会

石井晋（2011）「プラザ合意・内需拡大政策とバブル（1985～89年を中心に）」（小峰隆夫編　2011a所収）

井上寿一（2011）『戦前日本の「グローバリズム」—1930年代の教訓』新潮選書

岩井克人（2014）「ピケティ『21世紀の資本論』に対する疑問—資本の定義に矛盾あり」（https://toyokeizai.net/articles/-/56156）

岩田規久男編（2004）『昭和恐慌の研究』東洋経済新報社

岩田規久男（2005）『日本経済を学ぶ』ちくま新書

牛島利明（2017）「6.　高度成長から平成不況まで」（浜野潔ほか　2017所収）

梅田俊英・横関至・高橋彦博，法政大学大原社会問題研究所編（2004）『協調会の研究』柏書房

遠藤典子（2010）「第3の道は，ない—カンノミクスを経済学で斬る」『週刊ダイヤモンド』98巻32号

大川一司・高松信清・山本有造（1974）『国民所得（長期経済統計1）』東洋経済新報社

大来洋一（2010）『戦後日本経済論—成長経済から成熟経済への転換』東洋経済新報社

大蔵省（1997）「財政投融資の抜本的改革について」（資金運用審議会懇談会とりまとめ）（http://www.mof.go.jp/singikai/unyosin/tosin/1a1502.htm）

大阪毎日新聞（1929）「社説　誤れる金解禁の災害視」1929年12月27日

―――（1930）「社説　合理化の根本概念」1930年1月27日

―――（1931）「社説　蔵相の演説／貯銀大会にて」1931年4月3日

大塩武（2004）「化学工業の成立」経営史学会編・山崎広明編集代表『日本経営史の基礎知識』有斐閣

大嶽秀夫（2003）『日本型ポピュリズム—政治への期待と幻滅』中公新書

岡崎哲二・奥野正寛編（1993）『現代日本経済システムの源流』日本経済新聞社

岡本隆司（2015）『袁世凱—現代中国の出発』岩波新書

小野清美（1996）『テクノクラートの世界とナチズム—「近代超克」のユートピア』ミネルヴァ書房

カ行

科学技術庁（1971）『昭和46年版科学技術白書　技術革新への新たな要請』（http://www.mext.go.jp/b_menu/hakusho/html/hpaa197101/hpaa197101_2_053.html）

─── （1977）『昭和52年版科学技術白書　技術開発試練の時を迎えて』（http://www.mext.go.jp/b_menu/hakusho/html/hpaa197701/hpaa197701_2_011.html）

外務省（1988）『1988年版外交青書』（https://www.mofa.go.jp/mofaj/gaiko/bluebook/1988/s63-2-3-1.htm）

環境再生保全機構（2015）『公害健康被害補償予防制度40年のあゆみ』（https://www.erca.go.jp/fukakin/40th/ayumi/index.html）

ガーシェンクロン, A., 池田美智子訳（2016）『経済後進性の史的展望』日本経済評論社

岸田真（2017）「4. 第1次世界大戦から昭和恐慌期まで」（浜野潔ほか 2017所収）

木村光彦（2018）『日本統治下の朝鮮─統計と実証研究は何を語るか』中公新書

黒田日出男監修, 帝国書院編集部編（2017）『図説日本史通覧』帝国書院

警察庁（2018）「被害状況と警察措置（2018年6月8日）」（https://www.npa.go.jp/news/other/earthquake2011/pdf/higaijokyo.pdf）

玄田有史・曲沼美恵（2004）『ニート　フリーターでもなく失業者でもなく』幻冬舎

厚生労働省（2002）『平成14年版 労働経済の分析─最近の雇用・失業の動向とその背景』

─── （2003）「平成15年版 労働経済の分析〈要約〉」（http://www.mhlw.go.jp/wp/hakusyo/roudou/03/index.html）

─── （2008）「派遣労働者が381万人に増加～労働者派遣事業の平成19年度事業報告の集計結果について～」（https://www.mhlw.go.jp/houdou/2008/12/dl/h1226-3b.pdf）

─── （2009）「派遣労働者が399万人に増加～労働者派遣事業の平成20年度事業報告の集計結果について～」（http://www.mhlw.go.jp/bunya/koyou/haken-shoukai16/dl/05.pdf）

─── （2011）『平成23年版 労働経済白書』（http://www.mhlw.go.jp/wp/hakusyo/roudou/10-2/dl/01_01.pdf）

─── （2017a）『平成29年版 厚生労働白書』（http://www.mhlw.go.jp/wp/hakusyo/kousei/17/）

─── （2017b）『平成29年（2017）人口動態統計の年間推計』（http://www.mhlw.go.jp/toukei/saikin/hw/jinkou/suikei17/dl/2017suikei.pdf）

国立社会保障・人口問題研究所（2017）「日本の将来推計人口（平成29年推計）」（http://www.ipss.go.jp/pp-zenkoku/j/zenkoku2017/pp_zenkoku2017.asp）

小峰隆夫編（2011a）『バブル／デフレ期の日本経済と経済政策　歴史編①　第2次石油危機への対応からバブル崩壊まで（1970年代～1996年）』内閣府経済社会研究所

小峰隆夫編（2011b）『バブル／デフレ期の日本経済と経済政策　歴史編②　金融危機, デフレと回復過程（1997年～2006年）』内閣府経済社会研究所

小峰隆夫・岡田恵子（2011）「バブル崩壊と不良債権対策（1990～96年を中心に）」（小峰編2011a所収）

小峰隆夫・村田啓子（2016）『最新 日本経済入門 第5版』日本評論社

近藤誠（2011）「石油危機後の経済構造調整とグローバリゼーションへの対応（1970年代～84年を中心に）」（小峰編 2011a所収）

参考文献

サ行

財務省（2018）『日本の財政関係資料』（https://www.mof.go.jp/budget/fiscal_condition/related_data/201803_00.pdf）

財務省理財局（2001）『財政投融資リポート2001』財務省理財局

沢井実（1996）「機械工業」（西川俊作・尾高煌之助・斎藤修編著『日本経済の200年』日本評論社

資源エネルギー庁（2015）『平成25年度エネルギーに関する年次報告（エネルギー白書2014)』（http://www.enecho.meti.go.jp/about/whitepaper/2014pdf/whitepaper2014pdf_2_1.pdf/2-1-1.html）

城山三郎（1979）『価格破壊　プライス・ダウン』光文社

―――（2011）『鼠―鈴木商店焼き討ち事件』文春文庫

新村出編（2018）『広辞苑　第七版』岩波書店

JTB総合研究所（2018）「年別日本人出国者数の推移（1964年以降)」（https://www.tourism.jp/tourism-database/stats/outbound/）

ジョンソン，C.A，佐々田博教訳（2018）『通産省と日本の奇跡：産業政策の発展1925－1975（ポリティカル・サイエンス・クラシックス)』頸草書房

杉山伸也・牛島利明編著（2013）『日本石炭産業の衰退―戦後北海道における企業と地域』慶應義塾出版会

全国銀行協会（2018）「平成元年以降の提携・合併リスト」（https://www.zenginkyo.or.jp/fileadmin/res/article/H/touhai.pdf）

タ行

高橋是清（1935）「高橋蔵相縦談」（『東洋経済新報』1935年5月4日号，聞き手：石橋湛山）

高原明生・前田宏子（2014）『シリーズ中国近現代史⑤ 開発主義の時代へ 1972-2014』岩波新書

武田晴人（2017）『鈴木商店の経営破綻―横浜正金銀行から見た一側面』日本経済評論社

田中角榮（1972）『日本列島改造論』日刊工業新聞社

田中秀臣（2015）「ピケティが本当に伝えたかった3つの論点」（https://ironna.jp/article/1137）

田中秀臣・原田泰（2015）「『21世紀の資本』ピケティ教授が提唱「金持ちの財産にもっと課税せよ」もし日本で実現したら，を考える」（http://gendai.ismedia.jp/articles/-/41814）

通商産業省企業局編（1962）「外国技術導入の現状と問題点―甲種技術導入調査報告書」通商産業省企業局

筒井清忠（2018）『戦前日本のポピュリズム―日米戦争への道』中公新書

角山榮（2018）『「通商国家」日本の情報戦略―領事報告をよむ』吉川弘文館

東京新聞・中日新聞経済部編（2016）『人びとの戦後経済秘史』岩波書店

東洋経済新報社（1982）『明治大正国勢総覧』東洋経済新報社

ナ行

内閣府（2004）『平成16年度年次経済財政報告―改革なくして成長なし IV』（http://www5.cao.

go.jp/j-j/wp/wp-je04/04-00202.html#sb2_2）

―――（2006）『平成18年度年次経済財政報告―成長条件が復元し，新たな成長を目指す日本経済―』（http://www5.cao.go.jp/j-j/wp/wp-je06/06-00000pdf.html）

―――（2014）『平成26年度年次経済財政報告―よみがえる日本経済，広がる可能性』（http://www5.cao.go.jp/j-j/wp/wp-je14/pdf/all_04.pdf）

―――（2016）『地域の経済2016―人口減少問題の克服』（http://www5.cao.go.jp/j-j/cr/cr16/pdf/chr16_1-3.pdf）

―――（2017）『男女共同参画白書　平成29年版』（http://www.gender.go.jp/about_danjo/whitepaper/h29/zentai/index.html）

―――（2018）『平成29年度　子供・若者白書（全体版）』（http://www8.cao.go.jp/youth/whitepaper/h30honpen/pdf_index.html）

中島久万吉（1930）「『合理化』は金解禁の後始末に非ず」『サラリーマン』1930年3巻9号，pp.17-31

中村隆英（1993）『日本経済―その成長と構造【第3版】』東京大学出版会

中村宗悦（1996）「戦間期東南アジア市場における在外公館とその機能」松本貴典編『戦前期日本の貿易と組織間関係―情報・調整・協調』新評論

―――（2003）「検証・サラリーマン税制―歴史的視点から」『別冊 環7　税とは何か』藤原書店

―――（2004）「金解禁をめぐる新聞メディアの論調」岩田規久男編『昭和恐慌の研究』東洋経済新報社

―――（2005a）『経済失政はなぜ繰り返すのか―メディアが伝えた昭和恐慌』東洋経済新報社

―――（2005b）「第2章　日本の大衆消費社会―その誕生から現代まで」渡部茂ほか『日本経済の経済学　第三版』学文社

―――（2008）『後藤文夫―人格の統制から国家社会の統制へ』日本経済評論社

―――（2012）「日本の近代化過程における経済政策思想―官民二分論を超えて―問題提起」『日本経済思想史研究』12号

―――（2014）『「週刊ダイヤモンド」で読む日本経済100年（電子書籍）』ダイヤモンド社

―――（2016）「第1章　日本経済の歩み―開国・開港からアベノミクスまで」渡部茂・中村宗悦編著『テキスト日本経済　第二版』学文社

―――（2017）「3．松方デフレから第1次世界大戦まで」（浜野潔ほか 2017所収）

Nakamura,M（2009）"Discussion on Rationalization during the Showa Depression", *Japanese Research in Business History*, Business History Society of Japan, vol.26.

中村宗悦・永江雅和・鈴木久美（2011）「金融危機とデフレーション（1997〜2001年を中心に）」（小峰編 2011b 所収）

永井知美（2012）「鉄鋼業界復活のカギは？―厳しさを増す収益環境、新興国需取り込みで活路を拓けるか」『経営センサー』東レ経営研究所

永江雅和（2017）「5．戦時経済から民主化・復興へ」（浜野潔ほか 2017所収）

西尾勝・神野直彦編集代表（2004）『自治体改革8　地方財政改革』ぎょうせい

日本銀行統計局編，石井寛治解題（1999）『明治以降本邦主要経済統計』並木書房

日本経済新聞社（1993）「崩れる価格体系（上）（下）」『日本経済新聞』1993年9月15日・16日朝刊

―――（2008）「日経平均一時1万円割れ」『日本経済新聞』2008年10月7日夕刊

―――（2000）「リーディング産業開拓―21世紀経済の礎に」『日本経済新聞』2000年8月16日～9月6日朝刊連載

―――（2018）「有効求人倍率1.59倍　3月，正社員は最高」『日経QUICKニュース』2018年4月27日

野口旭（2018）『アベノミクスが変えた日本経済』ちくま新書

野口悠紀雄（2010）『1940年体制（増補版）』東洋経済新報社

ハ行

橋本寿朗・長谷川信・宮島英昭（1998）『現代日本経済』有斐閣

櫨浩一（2017）「エンゲル係数の上昇を考える」ニッセイ基礎研レポート vol.61.（http://www.nli-research.co.jp/files/topics/56168_ext_18_0.pdf）

浜田宏一・堀内昭義・内閣府経済社会総合研究所編（2004）『論争　日本の経済危機―長期停滞の真因を解明する』日本経済新聞社

浜野潔ほか（2017）『日本経済史1600-2015 –歴史に読む現代』慶應義塾大学出版会

林雄二郎・宮崎勇（1957）『日本の経済計画』東洋経済新報社

原朗（1999）『改訂版 日本経済史―現代経済の歴史的前提』放送大学教育振興会

原田泰（1998）『1970年体制の終焉』東洋経済新報社

ヒックス,J.R.，新保博・渡辺文夫訳（1995）『経済史の理論』講談社学術文庫

ピケティ,T.，山形浩生・守岡桜・森本正史訳（2014）『21世紀の資本』みすず書房

福永文夫（2014）『日本占領史―東京・ワシントン・沖縄』中公新書

星野直樹（1959）「エネルギー革命の明暗相」『ダイヤモンド』1959年11月21日号

マ行

毎日新聞（2015）「戦後70年：数字は証言する データで見る太平洋戦争」（mainichi.jp/feature/afterwar70/）

松浦正孝（2002）『財界の政治経済史―井上準之助・郷誠之助・池田成彬の時代』東京大学出版会

増田弘（2017）『石橋湛山―思想は人間活動の根本・動力なり（ミネルヴァ日本評伝選）』ミネルヴァ書房

三上隆三（2011）『円の誕生―近代貨幣制度の成立』講談社学術文庫

三谷太一郎（2017）『日本の近代とは何であったか―問題史的考察』岩波新書

三和良一・原朗編（2010）『近現代日本経済史要覧　補訂版』東京大学出版会

武藤山治（1930）『井上蔵相の錯覚』東洋経済新報社

森田朗編（2000）『シリーズ図説・地方分権と自治体改革①分権改革と自治体』東京法令出版

文部省（1981）『学制百年史』（http://www.mext.go.jp/b_menu/hakusho/html/others/detail/1317552.htm）

ヤ行

八代尚宏（2016）『シルバー民主主義—高齢者優遇をどう克服するか』中公新書

―――（2017）『日本経済論・入門—戦後復興からアベノミクスまで　新版』有斐閣

山本長次（2013）『評伝・日本の経済思想　武藤山治—日本的経営の祖』日本経済評論社

吉川洋（2012）『高度成長—日本を変えた6000日』中公文庫

その他（＊随時更新のため，発表年が特定されないもの。）

総務省統計局「労働力調査」(http://www.stat.go.jp/data/roudou/index.html)

内閣府「国民経済計算（GDP統計）」(http://www.esri.cao.go.jp/jp/sna/menu.html)

内閣府経済社会研究所 (http://www.esri.cao.go.jp/)

日本銀行統計 (http://www.boj.or.jp/statistics/index.htm/)

日本銀行「東京インターバンク相場月次・月末時点」(https://www.stat-search.boj.or.jp/ssi/mtshtml/fm08_m_1.html)

日本銀行「金融政策決定会合議事録」(https://www.boj.or.jp/mopo/mpmsche_minu/record_all/index.htm/)

労働政策研究・研修機構統計資料 (http://www.jil.go.jp/kokunai/statistics/index.html)

NASDAQ Composite - 45 Year Historical Chart (http://www.macrotrends.net/1320/nasdaq-historical-chart)

The World Bank "World Development Indicators" (https://data.worldbank.org)

三越伊勢丹グループホールディングス「三越伊勢丹グループ全体のあゆみ 1673 ～ 2007」(http://www.imhds.co.jp/company/history.html)

ソニー，ホンダの社史については，各社のwebサイトを参照

索　引

あ行

IT バブル　165，179，181-182，198
赤字国債　87，100，126，128
アジア共同体　216
アジア通貨危機　134，165-166，171，176-
　177，179，223，226，237
アジア NIEs　124，133-134，136
アベノミクス　213，229-232，234
安定化9原則　76
安定恐慌　76
e コマース　180
一億総中流　101，103
一国両制　138
1兆円予算　80
一般消費税　126，128，156
1府12省庁体制　172
イラン革命　121-122
インフラストラクチュア（インフラ）　5-7，
　10，19-20，22，39-40，99，104，106，115，
　135，175，180，193，220
インフレ・ターゲティング（インフレ目標）
　186-187，230
ヴェルサイユ条約体制　10，50
売上税構想　156
エネルギー革命　94-95，192
円銀　3，44
エンゲル係数　100-101
円高不況　146，150
円ブロック　43
追い貸し　167，171，208
欧州委員会　162
欧州議会　162
欧州経済共同体　162
欧州原子力共同体（EURATOM）　162
欧州自由貿易連合　163
欧州諸共同体（EC）　162
欧州石炭鉄鋼共同体（ECSC）　161

欧州通貨制度（EMS）　151，162
欧州連合（EU）　64，161-163，165
欧州連合条約（マーストリヒト条約）　161-
　162
汚染者負担の原則　106
卸売物価指数（WPI）　22，77，188

か行

改革開放路線　121，133，160，226
外資導入　2，7，38，45，136，225，227
外需　92，133，215
開発独裁体制　138
カイロ会談　63
科学的管理法　33
価格破壊　211-212
加工組立型産業　87，123-124，190-191，193
貸し渋り　167，208
過剰雇用　166
過剰流動性　111，146-147，149-150
過度経済力集中排除法　70，96
株式持ち合い　125，222
貨幣法　6，44
官営八幡製鉄所　1，5，12
関税自主権　6
関税と貿易に関する一般協定（GATT）　87，
　96，121，146，227
関東大震災　21-22
企画院事件　53
機関委任事務の廃止　173
企業別組合　57，66，71，115
企業勃興　1，4
技術開発（R&D）　115
規制改革　172，208，213-214，220，231
規模の経済性（スケール・メリット）　12，
　96
キャッチアップ　1，4，112-113，115，194
QC サークル　90

247

9・18停止令　60
9カ国条約　10
教育改革　171
行政改革　125，128，156，171-172
　　――会議（行革会議）　171-172
狂乱物価　105，109，111-112，121-122
金解禁　16，21，24-26，32，34，36
金為替本位制　4
銀行離れ　140
金の不胎化　44
金本位制　1，3-4，6，8，21，24-26，28，36，
　40，44-45，110
金融
　　――危機　165-166，175，178，181，183，
　222-223
　　――緊急措置令　74，86
　　――再生プログラム　217
　　――システム改革（日本版金融ビッグバ
　ン）　171，174
　　――自由化　139，140-143，146-147，150，
　195
　　――政策決定会合　176，185
　　――ビックバン　97
金融監督庁　174-175
金融庁　165，175，216-217
グローバル化　83，115，121，133，204，216，
　229，235
計画経済　46
経済構造改革　171
経済財政諮問会議　172-173，231
経済戦略会議　172，180-181
経済団体連合会（経団連）　69，125
経済のサービス化　116，119
経済連携協定（EPA）　216
傾斜生産方式　67，75
系列取引　66，131
経路依存性　66
ケインズ政策　48
血盟団事件　31

ケネディ・ラウンド　96
現物先物（現先）市場　139
5・15事件　21，31
交易条件　94
公害対策基本法　106
公害問題　105-106，116，120
後期高橋財政　31-32
工場等制限法　106，114
工場法　71
公職追放令　70
公正取引委員会（公取）　96-97，211
構造改革　33，165，171-172，180-181，201-
　202，207-208，213-214，216，220
　　――特区　214，220
公的資金　169-170，175，183，196，217，223
後発性の利益　134
国際通貨基金（IMF）　63-64，87，94，178-
　179
国際的資本主義　1，4，6，8
国際復興開発銀行（IBRD）　63
国際連盟　10，31，40，42
国際労働機関（ILO）　10
国鉄の分割民営化　129
国内市場狭隘論　68
国民所得倍増計画　97，99
国民福祉税　158
小作争議　57
55年体制　67，146，156-158，173
護送船団方式　66，97，139，150
5大改革指令　71
国家総動員法　46，52，59
固定為替相場制　63
コブ・ダグラス型生産関数　88
コマーシャルペーパー（CP）オペ　183
米騒動　9-10，21，54

さ行

財政構造改革　171
財政投融資（財投）改革　172，218

248

索　引

財閥　23-24，28，32，56-57，68-69，135，137，
　195-196
財閥解体　68，70
財務省　173，175，221
裁量労働制　202-203
サービス産業化　190
サブプライム危機　222-223
サブプライム・ローン（低所得者向け住宅
　ローン）　222
産業革命　15
産業
　――空洞化論　205
　――合理化　32-34，36
産業再生機構　193，217
産業報国運動（産報運動）　57，66
3・3物価体系　74
3C　92，101，190
三種の神器　87，91-92，101，191
3大メガバンク・グループ　195
サンフランシスコ講和条約（日本に対する
　平和条約）　67，79-80
三位一体改革　174，220
地上げ　155
ジェノア会議　8，21
シェンゲン協定　163
時間軸効果　185-186
資源・エネルギー多消費型産業　123
資産効果（ピグー効果）　153，230
事実上の銀本位制　4
市場化テスト　220
市場の失敗　54，145
持続可能な開発目標　239
市町村合併の推進　173-174
私的独占の禁止及び公正取引の確保に関す
　る法律（独禁法）　70，96
自動車製造事業法　38
シベリア出兵　9
資本投入　87-88，112
シャウプ勧告　77-78

社会主義市場経済　160，225
社会保障構造改革　171
就職氷河期　198-199，234
終身雇用　66，115，237
住宅金融債権管理機構　169-170
住宅専門金融機関（住専）　168-170
集中と集積の利益　106
自由貿易協定（FTA）　146，216
主要食糧の需給及び価格の安定に関する法
　律（新食糧法）　55
純輸出　29，91
省エネルギー化（省エネ化）　123-124
消費　29，91
消費者物価指数（CPI）　77，111，165，188
消費税増税　165-166，225，231
消費税法　146，156
情報通信技術（IT）　115，179，180-181，189，
　197，214
情報の非対称性　141，167
昭和恐慌　21，24-25，27，31，33
昭和金融恐慌　21-24
昭和40年不況　87，98-99
初期対日方針　68-69，72，75，78
殖産興業　2-3
食糧管理法　54，59
所得税の源泉徴収　60，78
所有と経営の分離　70
自立的資本主義　1-4，6，8
自由貿易協定（FTA）　146，216
シルバー民主主義　109
辛亥革命　11
新貨条例　1，3，6，44
新経済政策（ネップ）　49
人口オーナス　104
新興財閥　23-24，56
人口ボーナス　94，104，113
新事業創出促進法　207
新自由主義的政策　125
新体制運動　52

249

新日本製鉄（新日鉄）　96-97
新平価解禁論　26
人民元切り下げ　227
神武景気　80，87，94
スタグフレーション　133
ステーク・ホルダー　221-222
ストップ・アンド・ゴー政策　94
スミソニアン・レート　110
生産性向上運動　90
政治改革関連3法（のち4法）　157-158
成長の限界　115
製鉄合同　32，35
済南事件　24
政府支出　29-30，91，93
世界大恐慌　21，26，35，50，63
セブン＆アイ・ホールディングス　197
セブン銀行　197-198
ゼロ金利　165，181-188，223
　　——解除　187-188
「1940年体制」論　66
銑鋼一貫生産　12
全国総合開発計画（全総）　106
戦後経営　4，6-7
全社的品質管理（TQC）　90
先進5ヵ国（G5）蔵相・中央銀行総裁会議
　133
選択と集中　221
全要素生産性（TFP）　87-89，112，115
戦略的工業化　135，137
占領地域救済経済復興（ガリオア・エロア）
　基金　75
総額管理方式　220
総合商社　39-40
増税なき財政再建　125，128，156，214
総力戦　56

た行
第一勧業銀行　96-97，195-196
第1次5カ年計画　49

第1次世界大戦　1，8-10，12，14，17，24，
　39，47，50，54-56，79
第1次石油危機　95，105，109，111，117，
　121-123，130，139，176
第1次農地改革　73
大学の大衆化　117
大衆消費社会　1，9，15-18，37，101-103，
　164，189
大西洋憲章　46，62
大戦景気　9，17，22
大東亜会議　62
大東亜共栄圏　46，58
大東亜共同宣言　62
第2次幣原外交　25
第2次国共合作　52
第2次石油危機　121-123，130，147
第2次世界大戦　46，49，51-52，62-64，107，
　110，129，132，159
第2次中東戦争（スエズ動乱）　95
第2次農地改革　73
第2次臨時行政調査会（第2臨調）　121，125，
　128，219
太平洋戦争　19，46，51，53，56，58，62，
　137
太平洋ベルト地帯　87，102
第4次中東戦争　105，110
高橋財政　28-29，32
竹中プラン　217
男女雇用機会均等法　202
地域産業集積活性化法（特定産業集積の活
　性化に関する臨時措置法）　207
小さな政府　76，108
チェルノブイリ原発事故　146，160
地方財政平衡交付金　78
地方税財源の充実確保　173
地方分権一括法　165，173-174
地方分権改革　171-173
中英共同声明　138
中流幻想　164

チューリップ・バブル 148
長期停滞＝構造原因説 208
長期停滞＝デフレ原因説 208
張作霖爆殺事件 21, 24
超就職氷河期 198-199, 234
朝鮮戦争 67, 78-80, 179
──特需 77-78
通商法301条 130
通商擁護法 41
デフォルト 8-9
デフレ脱却と持続的な経済成長の実現のた
　めの政府・日本銀行の政策連携（アコー
　ド） 230
デフレ不況 22, 27, 171, 190, 192, 204,
　224
テヘラン会談 63
電力管理法 55
電力戦 15, 55
東西冷戦 76, 78, 134, 160
投資 29, 91
投資が投資を呼ぶ 92, 97, 190
同時多発テロ 183, 213
統帥権干犯問題 28
統制経済論 36
道路公団改革 214, 220
特需景気 78
独占禁止政策 68, 70
独占禁止法 70, 96, 195, 211
特定産業集積の活性化に関する臨時措置法
　207
特別調達需要（特需） 78
土光臨調 121, 125
土地関連融資の抑制について（総量規制）
　146, 154-155, 169
ドッジ・ライン（経済安定計画） 67, 76-78
ドル買い 28
ドル・ショック（ニクソン・ショック） 105,
　109
ドル不安 110

ドル防衛問題 98

な行

内需 92, 131, 147, 149-150, 152-153, 190,
　234
鍋底不況 94-95
南海泡沫事件 148-149, 155
南巡講話 160
南進論 53
NIEs 134, 143
21カ条要求 11
二重構造 103
2000年（Y2K）問題 214
日印会商 42
日銀特融 87, 99
日銀の独立性 175, 187
日米安全保障条約 80, 87
日米円ドル委員会 143
日米円ドル問題 142
日米構造協議 131, 146
日米相互防衛援助協定（MSA協定） 80
日米通商航海条約 53, 80
日蘭会商 42
日露戦争 1, 6-7, 12-13, 15, 19
日韓基本条約 135
日清戦争 1, 4-7, 12, 19, 40, 57
日中戦争 38, 46, 51-52, 58
日中平和友好条約 122
2・26事件 32
日本異質論（リヴィジョニズム） 144
日本型
　──企業システム 115
　──コーポレート・ガバナンス 124-125
　──雇用慣行 71
日本株式会社 144
日本銀行法（日銀法） 174-176, 181, 183,
　224
日本経済連盟会 35-36, 69
日本原子力発電株式会社 95

251

日本国憲法　68，71
日本専売公社　129
日本電信電話公社（電電公社）　121，128-129
日本発送電株式会社　55
日本郵政グループ　218
日本列島改造計画　106
ニュー・エコノミー　179，189
ニューディール政策　46-47，68
年功序列型賃金　66
農地改革　68，72-73
農山漁村更生運動　31

は行

バブル（泡沫）　17，79，139，141，146-149，152-156，159，164-166，171，180，190，193，196，203，207，221，237
　　──景気　152-153，164
　　──崩壊　146，155，165，167，169，171，192-193，196，199，204，207，217，223，237
バランスシート不況　165
漢江（ハンガン）の奇跡　134-135
阪神・淡路大震災　146，158
飯米獲得人民大会（食糧メーデー）　84
東アジアの奇跡　177
PKO協力法　157
BIS規制　166
ファンダメンタルズ　146，148
封じ込め政策　78
福祉元年　107
福祉国家構想　107
福田ドクトリン　122
双子の赤字　133
物資動員計画　52
不動産担保融資　141，154
不平等条約　6
プライマリー・バランス（基礎的財政収支）　231

プラザ合意　79，121，132-133，146-147，149，153
ブラック・マンデー　146，153
不良債権　22，143，146，149，155，159，165-171，196，208-209，213-214，216-217，235
ブレトンウッズ協定　63
ブレトンウッズ体制　109-110，114
米穀法　54
平和と発展のための友好協力パートナーシップの構築に関する日中共同宣言　226
ベヴァリッジ報告書　107
ベビーブーム　84
ベルリンの壁　160
ペレストロイカ　159-160
変動相場制　110，121，162，178
貿易銀　44
貿易摩擦　9，42-43，129，144
ポツダム宣言　46，57，63-64，67-68，72
ポーランド侵攻　51

ま行

前川レポート　131，146-147
マルクス＝レーニン主義　49
マルタ宣言　160
満州国　8，21，31，55-56，62
満州産業五カ年計画　56
満州事変　18，21，28-29，31，38，40
満州重工業開発株式会社　56
みずほフィナンシャルグループ　195
三井住友フィナンシャルグループ　195
三菱UFJフィナンシャル・グループ　195
民間資金等活用事業（PFI）　220
無担保コールレート翌日物　181
村山談話　159
MOSS協議　131
持株会社　69-70，129，195-197，218
もはや「戦後」ではない　81
モラトリアム（支払猶予令）　23

や行

闇（ヤミ）取引　59
ヤルタ会談　64
有効需要　29, 48, 91
郵政民営化法改正法　218
輸出指向型工業化　134
輸出自主規制　130-131
輸出主導型成長　114
輸入為替管理令　51
良いデフレ　211
預金金利の完全自由化　143
預金保険法　168
4カ国条約　10
四小龍　134

ら行

ライフサイクル仮説　104
リクルート事件　146, 157
りそなホールディングス　195-196
リーディング産業　190, 192-194
リフレーション政策　21, 28-29
リーマン・ショック　213, 221-224, 226, 229, 235
流動性の罠　230
硫酸アンモニウム（硫安）　14
領事報告　39
量的緩和　165, 181, 183-184, 186-188
　――第1弾（QE1）　223
臨時行政改革推進審議会（行革審）　128, 219
臨時軍事費　73

ルーブル合意　146, 152-153
レイオフ（一時解雇）　130
連合国（軍）最高司令官総司令部（GHQ）　68-69, 71-76, 84, 86
労使協調路線　71
労働関係調整法　71
労働基準法　71, 201-202
労働組合法　70, 71
労働市場の自由化　203
労働者派遣事業　203
労働者派遣法　198, 203
労働集約型輸出工業　136
労働
　――生産性　33, 59, 89, 116, 195, 206, 208-209
　――投入　87-88, 112
　――民主化　68, 70
6大改革　171
六四天安門事件（第2次天安門事件）　146, 225
盧溝橋事件　46
ロッキード事件　121-122
ローマ条約　162

わ行

和諧社会　228
ワーキングプア層　204
ワシントン軍縮条約　10
ワシントン条約体制　10

【著者紹介】

中村 宗悦（なかむら　むねよし）

早稲田大学大学院経済学研究科博士後期課程単位取得満期退学
現　在　大東文化大学経済学部教授
主要著書：『日本経済史 1600-2015 歴史に読む現代』（共著）慶應義塾大学出版会（2017 年）／『「週刊ダイヤモンド」で読む 日本経済 100 年』ダイヤモンド社（2014 年）／『バブル／デフレ期の日本経済と経済政策（歴史編）2』（共著）内閣府経済社会総合研究所（2011 年）／『経済失政はなぜ繰り返すのか――メディアが伝えた昭和恐慌』東洋経済新報社（2005 年）ほか

テキスト現代日本経済史

2018年10月10日　第一版第一刷発行

著者　中村　宗悦

発行者　田中　千津子

〒153-0064　東京都目黒区下目黒3-6-1
電話　03（3715）1501 代

発行所　株式会社 学文社

FAX　03（3715）2012
http://www.gakubunsha.com

© Muneyoshi NAKAMURA 2018
乱丁・落丁の場合は本社でお取替えします。
定価は売上カード，カバーに表示。

印刷　新灯印刷
Printed in Japan

ISBN 978-4-7620-2830-4